浙江省自然科学基金
基于多层次网络促动的中小企业技术创新能力研究（LY15G020012）资助

企业管理的经济学分析

许志龙　著

海洋出版社

2019 年 · 北京

图书在版编目（CIP）数据

企业管理的经济学分析/许志龙著．—北京：海洋出版社，2019. 11
ISBN 978-7-5210-0456-4

Ⅰ.①企…　Ⅱ.①许…　Ⅲ.①微观经济学-应用-企业管理-研究　Ⅳ.①F272

中国版本图书馆 CIP 数据核字（2019）第 241946 号

责任编辑：王　溪
责任印制：赵麟苏
海洋出版社　**出版发行**
http：//www. oceanpress. com. cn
北京市海淀区大慧寺路 8 号　邮编：100081
北京朝阳印刷厂有限责任公司印刷　新华书店发行所经销
2019 年 11 月第 1 版　2019 年 11 月北京第 1 次印刷
开本：787mm×1092mm　1/16　印张：12
字数：270 千字　定价：90. 00 元
发行部：62132549　邮购部：68038093　总编室：62114335

前　言

企业管理学和微观经济学是两个不同的学科，但它们有一个共同的研究对象，那就是企业。这就让我萌生了一个想法：将这两个学科加以比较，看它们有什么相同之处，又有什么不同的地方。这些相同和不同会产生什么样的后果。黑格尔在《小逻辑》中说："假如一个人能看出当前显而易见的差别，譬如一支笔与一头骆驼，我们不会说这人有什么了不起的聪明。同样，另一方面，一个人能比较两个近似的东西，如橡树与槐树，或寺院与教堂，而知其相似，我们也不能说他有很高的比较能力。我们所要求的是能看出异中之同和同中之异。"这本书就是想通过对企业管理学和微观经济学的比较研究，发现它们的异中之同和同中之异。

经过比较我发现，这两个学科的异中之同是它们都涉及了企业准备、企业产生、企业生产、企业成本、企业利润、企业分配、企业决策、企业战略、企业机遇和风险等领域。同中之异是，第一，企业管理学主要研究的是企业运营的断面，是一种存量研究；而微观经济学主要研究的是企业运营的过程，是一种流量研究。第二，企业管理学主要关注的是企业内部的生产经营，而微观经济学不仅关注企业内部的生产经营，还关注企业外部的环境，关注企业与企业、企业与市场、企业与政府的关系。第三，企业管理学主要运用的是规范分析的方法，回答"应该是什么"的问题；而微观经济学主要运用的是实证分析的方法，回答"是什么"和"为什么"的问题。第四，虽然企业管理学也用到了数学，对企业的生产经营进行了定性和定量的研究，但它主要用的是初等数学，没有用到高等数学；而微观经济学不仅用到了初等数学，还用到了微积分、解析几何、线性代数和博弈论等。综上所述，我的结论是企业管理学更有利于操作，而微观经济学更有利于决策。

著名管理学家西蒙说："管理就是决策。"他是希望管理学对企业的研究更有利于管理者的经营决策。但由于企业管理学本身的这些特性，就影响了管理者的经营决策。为了使企业管理学成为一门更有利于管理者经营决策的科学，企业管理学就应该更多地借鉴微观经济学的理论与方法，以补齐经营决策的短板；或者说，微观经济学应该更多地介入到企业管理学中去，使得企业管理学更有助于管理者的经营决策。

近代科学不断分化，企业管理学和微观经济学等很多学科便脱颖而出。可是到了现代，科学呈现出综合化和整体化的趋势，不同学科相互借鉴、相互渗透、取长补短，很多新思想、新观念、新方法都产生于不同学科的结合部、交叉处。在这个过程中，经济学向其他学科的渗透表现得尤为突出，被称为“经济学帝国主义”。本书就是想顺应这个潮流，将微观经济学的理论和方法运用于企业管理的研究中，以弥补企业管理学的不足，同时也是为了使人们对企业管理的认识更加全面，更加科学，更加适应企业经营决策的需要。

作　者

2019 年 5 月

目　录

第一章　导　论

对于一个企业家来说，仅仅从管理学的角度来审视企业是不够的，还要从经济学的角度来审视企业。这是因为，仅仅从管理学的角度审视企业只能提高企业的效率，而从经济学的角度审视企业才能提高企业的效益。

第一节　企业的管理理论

随着企业的产生和发展，产生了企业的管理理论。企业的管理理论产生于20世纪10年代，早于企业的经济理论。

一、泰勒的《科学管理原理》

随着工业革命与生产规模的扩大，生产专业化程度日益提高，劳资关系也随之恶化。原有的企业组织形式与管理方式成为阻碍生产力提高的主要障碍，这种状况客观上要求用科学的管理来代替传统的经验管理方法。最先突破传统的经验管理思想的代表人物是弗雷德里克·温斯洛·泰勒（Fredrick Winslow Taylov）。他于1911年发表《科学管理原理》，提出了通过对工作方法的科学研究来提高工人劳动效率的基本理论与方法。他认为每项工作均有一种科学的工作方法，采用此法可以提高效率，使工人和雇主双方都受益，从而有助于解决劳资矛盾。泰勒的理论成为科学管理的理论基础，标志着科学管理思想正式形成，因而他被称为“科学管理之父”。

泰勒的科学管理理论对此后数十年的管理实践产生了重大影响，即使在今天看来，他的基本思想与原理仍然有重大的指导意义。但是，一种新思想、新事物的发展与推广不可能是一帆风顺的，科学管理也不例外。首先，科学管理受到管理者阶层的反对，因为这意味着他们要放弃早已习惯的经验管理方法。其次，工人们对科学管理的标准化操作也持反对态度，因为这使他们被当成了机器的附属品，而提高工效所获得的超额利润，大部分也被资本家占有。

科学管理的局限性主要在于其单纯的经济观点，把操作者当作“经济人”来看待，认为只要用经济刺激就能调动工人的积极性，没有从心理和社会的层面做了解和分析。它虽然曾不失为一种有价值的管理思想，但在今天看来也过于简单化了。

二、法约尔的《工业管理与一般管理》

如果说泰勒着眼于提高操作层的效率，那么，法约尔（Fayol）则关注整个组织，研究管理者干什么以及如何干好等一般的管理问题。1916 年，他出版了《工业管理与一般管理》。他的主要贡献表现为 4 个方面：①任何企业的经营活动包括技术活动、商业活动、财务活动、安全活动、会计活动和管理活动这 6 项基本活动，管理活动处于核心地位；②管理活动包括计划、组织、指挥、协调和控制这 5 项职能活动；③提出了管理人员应遵守的 14 项管理原则：分工、责权统一、纪律、统一指挥、统一领导、个人利益服从集体利益、按劳付酬、集中、层次结构、有序、公平、人员稳定、主动性和团体精神；④管理的成功不完全取决于管理者个人的能力，更重要的是要灵活运用管理的一系列原则。

法约尔从理论上概括了一般的管理理论、要素和原则，在学说上把管理科学提高到了一个新的高度，对以后的管理理论的发展起到了重要作用，因而被誉为“现代经营管理理论之父”。

三、梅奥的《工业文明中人的问题》

梅奥（Mayo）和他的助手们从 1927 年开始，在芝加哥附近西方电器公司的霍桑电话机工厂进行了为期 8 年的一系列试验，并于 1933 年出版了《工业文明中人的问题》一书，对霍桑试验的结果进行了总结，创立了人际关系学说。其主要内容有：①工人不是简单的“经济人”，而是“社会人”，他们不是简单地追求金钱收入，还追求友谊、安全感、归属感等；②组织中除了正式组织外，还存在非正式组织，即由于共同的爱好、兴趣等形成的非正式团体，它对生产率有很大的影响；③管理人员要善于鼓舞员工的士气，而士气的提高取决于社会因素，即他们的工作是否被上司、同伴、社会所承认。这些结论导致人们对组织中的人的重新认识，这对“科学管理”只重视物质条件，忽视社会环境、社会心现因素影响的观点，是一个很大的进步。

四、麦格雷戈的《企业的人性面》

人际关系理论的局限性主要在于把处理的人际关系作为调动员工积极性的主要手段，而忽视了以完成组织目标来调动员工的积极性，于是又产生了人力资源学派，其主要代表人物是道格拉斯·麦格雷戈（Douglas McGregor）。他于 1957 年发表了《企业的人性面》一文，提出了关于人的本质的理论，即著名的“X-Y 理论”，对管理实践产生了很大的影响。传统的管理理论对人性的假设是：员工通常是懒惰的，天生不喜欢工作，只要有可能就会逃避工作，逃避责任；员工是“经济人”，将选择在经济上获利最大的事情来做。因此，必须对员工采取“胡萝卜加大棒”的管理方式，既要制定严格的规章制度，迫使员工实现组织的目标；又要以金钱换取员工的服从。这种理论被称为“X 理论”。麦格雷戈认为这种理论已经过时，提出了“Y 理论”：工作对员工而言可能是一种享受，也可能是一种惩罚，要视环境而定；没有人喜欢外来控制和惩罚，人们希望实现自我管理和自我控制；大多数人在解决难题时充满想象力和创造性；人不仅是“经济人”，也是“社会人”，个人目标和组织目标在适当的时候是一致的。在“Y 理论”条件下，管理人员应创造使人发挥才能的环境，给员工更多的信任和自主权，实现员工的自我控制、自我管理、参与决策、分享权力。

五、现代企业管理思想

现代企业管理思想包括：以布莱克特（Blackett）为代表的管理科学思想，主张借助运筹学等数学方法以及计算机等手段，运用数学模型帮助管理者解决有关决策问题；以戴尔（Dale）为代表的经验（或案例）学派，主张通过分析经验（或案例）来研究管理学问题；以巴纳德（Barnard）为代表的系统管理学派，主张从社会组织系统的角度分析经理人员的职责、任务以及组织形成的原因；以西蒙（Simon）为代表的决策理论学派，认为管理就是决策；以卢桑斯（Luthans）为代表的权变理论学派，认为管理者应根据所处环境和遇到的问题，采取“具体问题具体分析”的方法；以海默（Hiqhmore）和钱皮（Ciampi）为代表的企业流程再造理论，阐述了生产流程、组织流程在企业市场竞争中的决定作用；以圣吉（Shegji）为代表的学习型组织理论，提出了学习型组织的 5 项修炼技巧，等等。

第二节　企业的经济理论

企业的经济理论产生于 20 世纪 30 年代，晚于企业的管理理论。这里我们不打算追溯企业经济理论的全部历史，只打算对现代企业经济理论的产生做一简单回顾。

一、科斯的《企业的本质》

对现代企业的经济理论有重要和直接影响的第一篇论文是科斯（Coase）的《企业的本质》。科斯认为，与市场通过契约形式完成交易不同，企业依靠权威在其内部完成交易。企业形成的原因，是为了减少市场交易费用，而把交易转移到企业内部。科斯的结论是，企业会扩大到如此程度，使得在企业内部再进行一次交易的费用等于同样的交易在市场上完成的费用。科斯的理论由此被称为“交易费用学派”。

科斯的交易费用理论对企业产生的原因进行了很好的说明，缺陷在于“交易费用”的概念太含糊。交易费用可以解释为交易过程中“阻力”带来的费用，这显然是不够的。另一方面，交易费用一词常被滥用，凡是解释不清的费用都被称为交易费用，这样的话，好像什么都解释，实际上却削弱了理论的科学性。

二、阿尔香和德姆塞茨的理论

1972 年，阿尔香（Alchian）和德姆塞茨（Demsetz）发表了一篇很有影响的论文。尽管这两位学者深受科斯的影响，但他们在这篇论文中反对科斯有关企业具有权威特征的观点。他们认为买卖物品的契约与雇佣劳动的契约并无区别，通过市场的交易与在企业内部的交易也无二致。他们提出，企业是个班组，这是因为生产需要由多人联合完成。在联合生产的条件下，每一个参加者都想“搭便车”，因此需要有人去监督他们。但是监督人也会偷懒，谁来监督监督人呢？没有人。因此，为了使监督人不偷懒，就必须把企业的剩余收入给他，以调动他的积极性。这个获取剩余收入的人就是企业家，所形成的生产方式便是资本主义的生产方式。阿尔香和德姆塞茨由此推断，资本主义生产方式比合作（Partnership）或集体（Cooperatives）经营方式的效率要高。阿尔香和德姆塞茨关于监督作用的观点对后人影响较大，但他们反对企业的权威特性的看法不为多数经济学家所接受。

阿尔香和德姆塞茨还代表“产权学派”的观点，这个学派在 20 世纪 70 年代很流行。它强调产权定义的明确性，并把财产所有权等用于对财产剩余回收的权利，同时又把人的积极性同获得这种剩余回收权利联系在一起。从上面介绍的他们关于企业的理论也可以看出产权的思想，这个学派认为财产私有制度是提高经济效率的必要前提。

三、阿罗的《组织的界线》

阿罗（Arrow）的《组织的界线》一书对后来的企业理论也有较大影响。阿罗认为，“市场失灵”使得企业有了存在的必要。市场失灵的原因很多，如垄断、公共产品、不完全信息、外部性等。阿罗特别强调不完全信息带来的外部性。我们现在认为市场失灵使得政府不得不出手，而阿罗当时认为不完全信息带来的外部性导致的市场失灵，使得企业有成立的必要，企业组织内部的信息系统可以优于市场上的信息系统。但阿罗对此没有给出令人满意的解释。

四、信息经济学与契约理论

现代企业理论是在以上几位经济学家的思想影响下发展起来的，这里的转折点是 20 世纪 70 年代由于引入不完全信息而产生的革命。这一革命的结果，产生了“信息经济学”“激励理论”“契约理论”或“委托-代理人理论”。

这些理论的研究推动了企业理论的发展，这是因为现代经济学家对企业的看法是以自由“契约”为基础的。现代化的生产要求人们分工从事专业化职业，这种专业化必然导致每人掌握的信息不一样。由于人们之间的利益相互冲突，为了协调经济活动、提高经济效益，选择什么样的经济至关重要。在自由竞争的市场环境下，人们经济活动的组织不是靠政府的行政命令，而是在买卖双方平等的基础上以自愿的契约形式来完成的。企业的基础是多方的契约，而决定契约形式的核心是信息的分配。现代企业理论的基本假定是，在市场上所观察到的契约形式，无论是明显的还是隐含的，都可以看作是在给定的信息条件下，使专业化了的生产要素之间的交易费用最小的某种反映。因此，如果某种交易在市场上完成的交易费用多，而在企业内部完成的交易费用少，那么交易就会在企业内部完成。也就是说，企业与市场是两种不同的但可以自由选择的经济组织形式。

五、微观经济学

20 世纪 70 年代，由于自然科学的发展和影响，数量分析特别是边际增量分析、统计方法和均衡概念等逐渐应用到经济研究上来。门格尔（Menger）、杰文斯（Jevons）、瓦尔拉斯（Walras）几乎同时各自独立地提出以边际效用决定商品价值的理论，引发了经济学上继亚当·斯密之后的第二次革命——边际革命，从而开创了经济学的一个新时期。经济学逐渐由一门主要研究整个国家如何致富的学问转变为主要研究消费者行为和企业行为的学问。

马歇尔（Marshall）对前人的工作进行了综合，他的《经济学原理》对个别市场或商品分别从需求和供给两个方面进行研究，阐述了供求决定均衡价格的理论体系。在均衡的基础上，他讨论了分配理论，指出存在 4 种生产要素：劳动、资本、土地和企业家才能，它们都对生产有贡献，并说明了这 4 种要素的价格是如何决定的。马歇尔被认为是微观经济学的奠基者。

微观经济学的研究对象是个体经济经济单位——个人、家庭和企业，分为逐步深入的 3 个层次。第一个层次，分析消费者和生产者的经济行为：消费者如何进行最优的消费决策以获取最大的效用，企业如何进行最优的生产决策以获取最大的利润。第二个层次，分析单个市场价格的决定：供给与需求如何相互作用形成均衡价格。第三个层次，分析所有单个市场的价格的同时决定，这种决定是作为所有单个市场相互作用的结果而出现的。微观经济学极大地丰富了我们对企业的研究，使企业理论进入一个新高度，并有了边际分析、均衡分析等新的工具。

第三节　经济学的跨学科研究

近代科学的特点是学科不断分化，越分越细。然而“分久必合”，现代科学又出现了一种新的趋势：综合化和整体化，学科之间的相互融合与渗透逐渐成为推动科学发展的新动力。在这种趋势中，经济学的跨学科研究表现得尤为突出，以至于被人们称为“经济学帝国主义”。①

一、经济学跨学科研究的表现

经济学的跨学科研究表现在多个方面，首先是修改“版图”，宣布别的学科的研究领地它也有一份；其次是通过一定的方法选择进入别的学科领地的“突破口”；最后就是全方位的“侵入”。

（一）“版图”的扩大

我们知道，由于生产资源是稀缺的，造成了人类选择的必要，于是产生了经济学。经济学可以简单地定义为研究资源配置及其效益的一门学问。本来这里的资源特指生产资源，即能够满足人类需要的经济物品的资源。但由于人类不仅需要经济物品，还需要教育、法律、伦理道德等非经济物品，而这些非经济物品也是需要资源的，这些资源也是稀缺的，于是一些经济学家便将资源的概念扩大了，泛指一切资源，既包括生产资源，也包括其他资源。这样一来经济学的定义域就扩大了，经济学研究的脚步便可以堂而皇之地踏上别的学科的世袭领地。例如，《法和经济学》是美国流行的一本大学教科书，作者罗伯特·考特和托马斯·尤伦用经济学理论和方法分析法学问题时的第一句话就是“在开始研究法和经济学之前，让我们先给经济学的主体下一个非常宽泛的定义：经济学研究理性行为，理性行为可定义为用有效率的手段追逐一贯的目的。”②

有的经济学家还嫌这样的定义不够宽泛，不能达到他们跨学科研究的目的，于

① 崔卫国：《现代经济学的跨学科断想》，经济科学出版社，2003 年，第 82-95 页。

② ［美］罗伯特·考特、托马斯·尤伦：《法和经济学》，上海三联书店，1991 年，第 1 页。

脆将经济学定义为是像数学那样的思维方法和工具。我国经济学家张维迎在北大的一次学术报告中，为了用经济学来解释历史、法律和文化现象，他说："首先我介绍一些经济学概念。经济学给大家的第一个感受即它是研究经济问题的……我先在这里纠正这个概念，经济学绝不仅仅或者并不主要是研究经济问题的科学，而是一种思维方法。更精确一点，经济学是研究人类理性选择的思维方法。"①

为了扩大经济学的"版图"，一些经济学家还扩大经济学中一些重要概念的定义域。例如，效用最大化是经济学的一个基本假设和研究目的，在古典和新古典经济学文献中，效用被定义为"凡能引起快乐或避免痛苦的事物"。这个外延已经比较宽泛了，美国芝加哥大学的贝克尔教授还用"扩展的效用函数"代替传统的效用函数，德国维藤大学何梦笔教授的"演进理性"、澳大利亚莫纳什大学黄有光教授的"快乐理论"、加拿大温莎大学盛庆琜教授的"综合效用论"，都从不同层面、不同角度触及效用的广义性质。过去有人说英雄人物舍己救人不符合经济人假设，现在则可以根据"综合效用论"这样解释：如果仅仅从英雄人物为了别人利益牺牲了自己利益或者生命这个行为本身来说，效用是负的。但是，社会对这一行为的评价高，这一项效用大于零；同时，他的精神理念得到了发扬，这一项远远大于零。因此，英雄人物的行为选择仍然是理性的，能够满足经济人追求效用最大化的假设前提。

还有些经济学家扩大消费品的定义域。传统意义上的消费品是商品和劳务，而在贝克尔看来，人们购买汽车，并不是为了汽车本身，而是为了通过以汽车为物质基础的生产和服务，来获得效用。于是消费品的概念在这里被扩大了，不仅商品、服务是消费品，时间是消费品，孩子也成了消费品，而且是耐用消费品。在西方国家，养儿不是为了防老，而是为了获得消费效用。为什么那里生育率低？主要是为了提高孩子的质量，从而获得更多的消费效用。人们起初对贝克尔的这种解释多有质疑，但当贝克尔获得美国人口学会的阿尔宁·塔奥伯奖和瑞典皇家学会的诺贝尔奖之后，这种质疑就大大减少了。别人获得诺贝尔奖是因为"深化了"经济学，贝克尔获得诺贝尔奖是因为"拓宽了"经济学。

（二）"突破口"的选择

经济学通过扩大一些概念的定义域，扩大了经济学的"版图"。但为了将经济学运用到别的学科，还需要找到别的学科的薄弱环节作为"突破口"。"突破口"的选择主要运用比较和类比的方法。

---

① 张维迎：《经济学家看历史、法律与文化》，载于文池主编：《在北大听讲座》，新世界出版社，2000 年，第 175 页。

在空间上并存的事物之间，以及在时间上相随的事物之间，都存在着差异性和同一性。比较的方法就是确定对象之间差异性和同一性的逻辑方法。黑格尔说：“假如一个人能看出当前显而易见的差别，譬如一支笔与一头骆驼，我们不会说这人有什么了不起的聪明。同样，另一方面，一个人能比较两个近似的东西，如橡树与槐树，或寺院与教堂，而知其相似，我们也不能说他有很高的比较能力。我们所要求的是要能看出异中之同和同中之异。”①

经济学跨学科研究的一个重要方法，就是寻找和别的学科的异中之同和同中之异。经济学向教育学扩张，就是将经济行为和教育行为进行比较，发现它们在本质上都是一种交换行为；经济学向政治学扩张，就是将经济行为与政治行为进行比较，发现它们在本质上都必须进行选择；经济学向法学扩张，就是将经济行为与法律行为进行比较，发现它们在本质上都要讲究效率等。这是看出不同学科的异中之同，从而找到经济学向别的学科扩张的“突破口”。经济学向管理学的扩张，则主要是寻找经济学与管理学的同中之异，这是因为它们有同一的研究目标——企业，但在企业的产生、运营、成本、利润、风险、停产等同样的问题上有不尽相同的表述和结论。为什么会有不同？怎样的表述和结论更科学？这是经济学向管理学扩张的一个“突破口”，也是本书需要探对的一个重要问题。

类比，是由两个或两类对象之间在某些方面的相似或相同，而推出它们在其他方面也可能相似或相同的一种逻辑思维方法。科学认识犹如登山一样，是在已有的基础上一步步试探性地摸索前进。在科学认识中，人们为了变未知为已知，往往借助类比的方法，把陌生的对象和熟悉的对象相比较，把未知的东西和已知的东西相比较。这种方法在科学研究中具有启发思路、提供线索、举一反三、触类旁通的作用，正如康德所说：“每当理智缺乏可靠论证的思路时，类比这个方法往往能指引我们前进。”②

类比的方法主要在建立假说时使用。假说是人们对未知的社会规律的一种假定性的解释，它是社会科学发展的一种必要形式。在科学发展的过程中，假说具有示导性、探索性、猜测性和可验性。假说本身还不是科学的理论，只是根据有限事实做出的一种合乎逻辑的推测。要想使假说成为科学的理论，还需要经过事实的检验，它本身又必须是可检验的，能被证实或证伪。例如，经济学里有一个定理叫边际收益递减规律，经济学家崔卫国在对教育进行经济学分析时经过类比提出了这样一个假说：在技术水平差不多的条件下，随着学习时间的延长，起初每增加一个单位时间所增加的学习收益是递增的，但到了一定程度后就会出现递减的现象。为了

① 黑格尔：《小逻辑》，商务印书馆，1980 年，第 253 页。

② 康德：《宇宙发展概论》，上海人民出版社，1972 年，第 147 页。

验证这个假说，崔卫国和他的团队以某高校的32名学生志愿者为对象进行了一个试验，试验结果也证明了在学习过程中确实存在着边际收益递减的规律。[①]

（三）全方位的“侵入”

经济学的跨学科研究是全方位的，首先表现为经济学的概念被众多学科引用。如成本、收益、欲望、效用、效率、均衡等经济学的概念，现在已被很多学科当作一种时髦引进，并结合本学科的情况创造了一些新词汇、新理论，如法律成本、教育效率、社会均衡、管理收益等。这些新概念、新理论用以解释传统学科难以解释的问题，收到了很好的效果。本书将成本的概念引入对企业管理的分析中来，将企业成本分为决策成本与代理成本，分别探讨了两者随人数增加的变化规律，找到了分权与集权的最佳位置。这个问题就是用传统的管理学理论难以解决的问题。

其次，经济学的跨学科研究还表现为经济学模型被众多学科所运用。60多年前，当数理经济学只是经济学的一个狭隘分支时，经济学注重的是案例研究，现在这个工作仍然在做，但经济学家对解释的兴趣超过了描述，而且在解释中运用了很多数学模型。现在这种模型越来越多地走进了法学杂志、教育学课本、政治课堂和管理学论文中。本书在分析企业风险时就用效用函数构筑了一个模型，用以解释管理者偏好对企业风险的影响，收到了很好的效果。

再次，经济学的跨学科研究还表现为与经济学交叉的学科不断涌现。由于经济学概念被越来越多的学科引入，经济学模型被越来越多的学科运用，在经济学与相邻学科的交叉点积累的知识便越来越多，逐渐自成系统形成了一些新的学科。这样的新学科从研究方法上分，大致有两类：一类是以实证分析方法为主的学科，如教育的经济分析、法律的经济分析、伦理道德的经济分析等；另一类是以规范分析方法为主的学科，如经济伦理学、经济法学等。贝克尔的《家庭经济分析》、罗伯特·考特和托马斯·尤伦的《法和经济学》就是比较著名的以实证分析方法为主的交叉学科。本书引用较多的《管理经济学》也是以实证分析方法为主的交叉学科。

最后，经济学的跨学科研究还表现为从事跨学科研究的经济学家越来越多。贝克尔从事跨学科研究获得诺贝尔奖以后，鼓励越来越多的经济学家从事跨学科研究。我国很多经济学家都在从事跨学科研究，如樊纲、张维迎、汪丁丁等。崔卫国教授则主要从事经济学的跨学科研究，他出版了《教育的经济学分析》《破解“钱学森之问”——高等教育的经济学分析》《个人发展经济学》《区际经济学》等多部跨学科研究专著。他还将经济学的触手伸向了文学，出版了一本经济学长篇小说《教授也疯狂》。他在《社会科学学导论》和《现代经济学的跨学科断想》这两部

---

① 崔卫国：《教育的经济学分析》，经济科学出版社，2003年，第89–90页。

专著中还专门对社会科学的整体化趋势以及经济学的跨学科研究进行了论述。

二、经济学跨学科研究的必然性

经济学出现跨学科研究的趋势不是偶然的，而是必然的，它和现代科学出现的整体化和综合化趋势是有密切关系的，可以说是现代科学大汇流的一个分支。人类研究自然界和社会，都是为人类服务这一个目的，目的的单一性使得各学科不仅会密切相关而且会殊途同归，汇集到一起、归结为一点，那就是人。这就是现代科学为什么会出现整体化和综合化的趋势，以及经济学为什么会出现跨学科研究的趋势的主要原因。

既然客观事物内部早就存在联系，为什么科学到现代才出现了汇流的倾向、经济学到现代才出现了跨学科研究的趋势？这与人类思维的发展有关。分析和综合是人类相辅相成的两种思维方式。分析是把意识的对象分解为它的要素；综合则是把相互联系的要素联合成一个统一体。在古希腊，一些具有朴素唯物论思想的哲学家也强调世界的整体性和统一性，但在当时学科没有分化，人们缺乏对世界细节的分析，因而只能在思辨的意义上对世界加以种种猜测，不可避免地被后来兴起的形而上学思维所取代。后来在漫长的历史发展过程中，科学在逐步分化，形成诸多分门别类的分支学科，使得世界“在细节方面得到证明”，于是人类思维由分析转为综合。正如恩格斯所说的那样：“我们现在不仅能够指出自然界各个领域内的过程之间的联系，而且总的来说也能指出各个领域之间的联系了。这样，我们就能够依靠经验，根据自然科学本身所提供的事实，以近乎系统的形式描绘出一幅自然界联系的清晰的图画。”① 恩格斯说的是自然科学，对社会科学也是一样。这时我们也就能说，只有社会科学发展到现代，尤其是当代，才呈现出汇流的趋势，经济学也才进行了跨学科的研究。

再说，科学家研究科学，经济学家研究经济，无法摆脱边际收益递减规律的影响。科学在高度分化的漫长过程中，对事物的细节的研究已经到了一定的深度，再要往深里研究，已经相当困难了。如果不进行跨学科的研究，不开辟新的路子，无异于钻进了死胡同。这时，人们没有忘记亚里士多德关于整体大于部分之和的古训，不断有人突破机械论的自然观，向整体思维跨进，取得了用传统方法无法得到的结论，进入了“柳暗花明又一村”的境地。这些成功鼓励那些仍然在旧思路上苦苦思索的学者们跳出传统思维，从而促进了学科的汇流和经济学的跨学科研究。经济学的跨学科研究，还与经济学的数学化趋势有关。经济学家蔡昉说：“现代经济学高度的数学化，令许多经济学家对在本学科的进一步深入研究望而却步，强烈地

① 《马克思恩格斯全集》第 21 卷，人民出版社，1971 年，第 349 页。

感觉到投入的边际报酬递减。这时，及时把投入转向另一个看似不那么肥沃的土地，似乎可以提高边际收益。”①

三、经济学跨学科研究的意义

第一，经济学的跨学科研究可以使其他学科能够借鉴经济学的理论和方法。人们都说经济学是社会科学中科学性最强的一门学科，是社会科学王冠上的一颗耀眼的明珠，这与经济学的数学化程度很高不无关系，因为一门学科只有很好地运用了数学，才能算是一门成熟的学科，就不仅有了质的确定性，还有了量的确定性。经济学进行跨学科研究，就可以将经济学运用数学的方法带到这些学科，推动这些学科很好地运用数学，提高其科学性。

经济学的跨学科研究不仅能将数学方法带到其他学科，还能将经济学的理论、概念带到其他学科，大大丰富了其他学科的内容。本书就是一本用经济学的理论和方法来研究企业管理的一部专著。它填补了企业管理学的空白，丰富了企业管理学的内容，提高了企业管理学的科学性。比如，企业管理学把企业的存在当成既定的事实，直接就分析如何进行管理；而本书则从企业的准备、企业的产生研究起，这样就能使立志做一名企业家的读者可以从头学起，一步步向着企业家的目标去努力。又比如，企业管理学里只有固定成本、变动成本的概念，没有机会成本的概念，这样就容易使企业管理者只注意显成本而忽略了隐成本，从而被企业经营中的假象所蒙蔽，造成决策失误。而经济学里的总成本是显成本与隐成本之和，这就可以避免这种事情的发生。再比如，企业管理学中企业的产量是由量本利法来决定的，而经济学里的产量是由边际收益等于边际成本的利润最大化原则决定的，有事实证明运用后者对企业更加有利。

第二，经济学的跨学科研究可以产生新的学科，使学科的百花园更加丰富多彩。我们以经济学向管理学和社会学的渗透来说明这个问题。如图 1-1，如果经济学、管理学和社会学都以企业为研究对象，这便为经济学向管理学和社会学渗透提供了“突破口”，随着知识的积累便分别分化出企业经济学、企业管理学和企业社会学 3 个分支学科。这 3 个分支学科又相互渗透和汇流，出现了交叉区域，其中 1 区是企业经济学和企业管理学的交叉区域，在这里诞生了企业管理经济学；2 区是企业经济学与企业社会学的交叉区域，在这里诞生了企业经济社会学；3 区是企业管理学和企业社会学的交叉区域，在这里诞生了企业管理社会学。在这些学科的共同交叉部分即 4 区，尚未听说有什么学科诞生，但肯定在这是可以大有作为的。

第三，经济学的跨学科研究，可以使人们看问题的角度由单向转向多维，由片

① 蔡昉：《鹰和人都吃鸡》，天津人民出版社，2002 年，第 29 页。

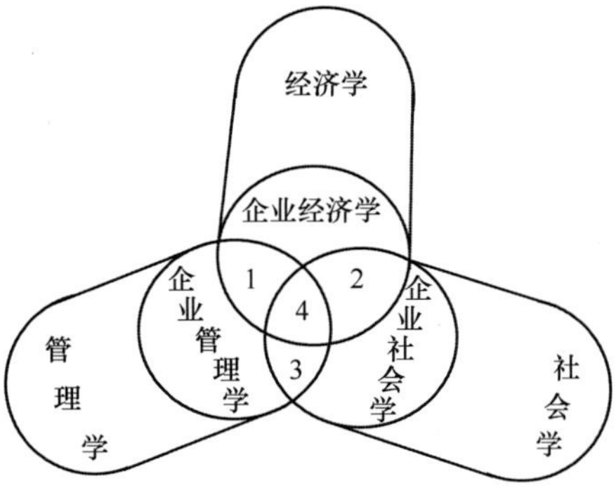

图 1-1　经济学向管理学和社会学的渗透

面转向全面，由平面转向立体。

例如，对于企业中的奖励和惩罚，经济学主要研究它们的效用，管理学主要研究它们的激励作用，而社会学主要研究它们的角色期待。经济学的跨学科研究会使得这 3 个学科相互渗透和汇流，奖励和惩罚手段就成了分别以经济学、管理学和社会学为 3 条坐标轴的三维空间的一个点（图 1-2），人们可以同时从这 3 个不同的角度去考察它们，就会对它们认识得更全面、更深刻，从而避免在实际运用这种手段时很容易出现的片面性和副作用。

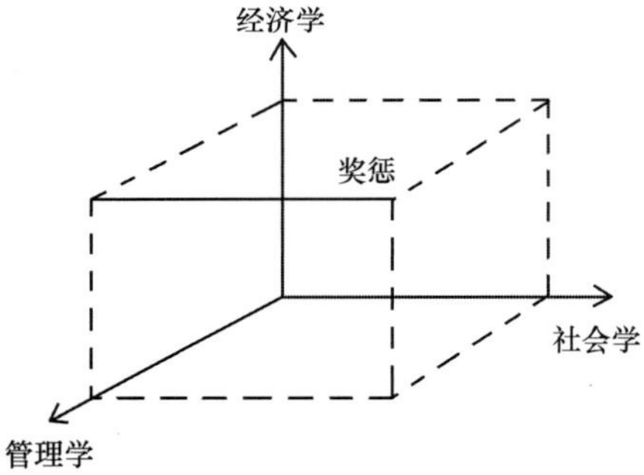

图 1-2　对奖惩的立体思维

第四节　企业管理的经济学分析方法

本书是一部对企业管理进行经济学分析的专著，是经济学向企业管理学扩张和渗透的产物。经济学是一门理论学科，它的内容比较抽象；企业管理学是一门应用学科，它的内容比较具体。要在两者之间搭起桥梁，还需要遵循一定的原则，运用一定的理论分析工具。

一、经济人假设

任何一门理论性的学科都从假设开头，否则现实世界复杂多变，如果没有假设排除次要问题，营造一个相对简单的环境，我们所要研究的问题就如一团乱麻，理不出头绪来。也就是说，假设是一种使问题得到简化的抽象，是理论研究的出发点。本书是用经济学的理论和方法对企业管理进行分析，所以它的基本假设也和经济学一样，是经济人假设。

经济人假设有两方面的内容：

(1) 在经济活动中经济主体（居民户、厂商或政府）所追求的唯一目标是自身经济利益的最大化；

(2) 经济主体所有的经济行为都是有意识的和理性的，不存在经验型的或随机的决策。因此经济人又被称为理性人。

有人对经济人假设提出质疑，认为经济人假设不符合实际，社会上的人不都是经济人，还有社会人，复杂人，正如管理学的假设那样。还有人占领了道德高地，说经济学家都是不道德的，作出经济人假设就是鼓励人们去自私自利，所以他们不是专家而是“砖家”。有的经济学家也认为自己理亏，千方百计说明经济人假设是符合实际的，为此不惜将效用的定义域扩大。这样的认识犯了 3 个错误：

第一，混淆了假设与实际的区别。假设如果完全符合实际，那就不是假设了。如果完全符合实际，没有排除次要因素和次要矛盾，要研究的问题仍然很复杂，像一团乱麻，难以理出头绪来。假设就是要排除一些次要因素和次要矛盾，留下主要因素和主要矛盾，营造一个相对纯净的简单的环境，以便于我们发现问题的本质和事物的规律性。比如，我们学过的几何学，它有一个假设就是点是没有大小的，线是没有粗细的，面是没有厚薄的。我们学过的物理学，它有一个假设就是面是光滑的，空气是没有阻力的。试问：这样的点、线、面、平面和空间在现实中存在吗？也是不存在的，但在这些假设的基础上建立的几何学、物理学，谁也不能否认是科学。又如，中学里我们学过的几何学叫欧几里得几何学，它有个基本假设：在平面上从直线外一点向这条直线能且只能作一条垂线。这个假设与我们看到的三维空间的实际是完全符合的。但是还有两种几何学——罗巴切夫斯基几何学和黎曼几何学，它们的基本假设就与我们看到的实际不相符合了，不是从直线外一点能且只能作一条直线和这条线垂直，而是能且能作很多条直线和这条直线垂直，或不能作任何一条直线和这条直线垂直。正是在与实际完全不符合的假设基础上建造起的这两个几何学，没人说它们不是科学。所以，假设只是一种使问题得到简化的抽象，它们既不必被直接观察到，也不必与可观察到的现象直接相符一致。只要能在假设与现象之间建立起合乎逻辑的联系，假设及由此推出的结论就算是有效的了。

第二，混淆了假设与愿望的区别。假设只是假设，并不代表提出这种假设的人的主张和愿望。比如，对交易成本经济学做出重要贡献的威廉森教授就假设经济中的人不但自私，而且一有机会就不惜损人利己。做出这样的假设，并不表明威廉森等人就主张人人应该自私，一有机会就应该去损人利己，而是因为做了这样的假设便于我们分析问题。而正是为了实现好的主张和愿望，才必须做出“不好”的假设。奥地利经济学家哈耶克说：“制度设计的关键在于假设，从‘好人’的假设出发，必定设计出坏制度，导出坏结果；从‘坏人’的假设出发，才能设计出好制度，得到好结果。”这好比设计一种锁，如果只防小人，不防君子，那么这种锁肯定不安全。因为作为一把锁它无法分辨小人和君子。只有假设人人都是小人，你一不留神他就会溜进来偷东西，这样设计出来的锁才是好锁，安全系数才高。虽然有时让君子也感到不便，但它最大的好处就是不给小人以可乘之机。

第三，混淆了理论性学科与应用性学科的区别。企业管理学是应用性学科，它就很少有假设，即使有假象也与实际比较接近，否则如何应用？但像几何学、物理学、经济学，它们都是理论性学科，都有很多假设，也离不开假设，因此有人认为它们和实际有距离，没有什么用处。有一个笑话，说茫茫沙漠中，烈日当头，几个又渴又饿的学者由于没有工具，面对一堆罐头食品和饮料一筹莫展。于是他们讨论如何打开罐头。物理学家说：假如我有一个聚光镜，就可以利用阳光把罐头打开；化学家说：假如我有几种化学药剂，就可以利用化学反应把罐头打开；经济学家说：假如我有一把开罐刀……这个故事就是在讽刺那些理论工作者没什么用处。不错，理论性学科和应用性学科相比确实没什么具体用处，但它们教给我们一些基本原理和基本的思维方法，正是在这些原理和方法上才会产生应用性学科，才会有了比较实用的知识和学问。所以，不要小看了理论性学科，也不要小看了理论工作者，是它们和他们奠定了科学的基础，铸就了人类的文明。

根据经济人假设，我们在本书中也假定企业的目标是利润最大化。利润是企业的总收入减去总成本的余额。利润最大化是经济人假设在企业理论中的具体化。尽管利润最大化的假定受到质疑，但一个重要的事实是，如果一个不以利润最大化为目标的企业在计划经济的条件下尚可生存和发展的话，那么在市场经济的条件下它终将被市场竞争所淘汰。所以，实现利润最大化是一个企业竞争生存的基本准则。

二、实证分析与规范分析

规范分析以一定的价值判断为基础，提出以某些标准作为分析处理经济问题的标准，树立经济理论的前提，作为制定经济政策的依据，并研究如何做才能符合这些标准。它有两个特点：第一，它要回答“应该是什么”的问题；第二，它所研究的内容没有客观性，所得结论是否正确无法通过经验事实进行检验。

这里所说的价值判断中的价值，不是商品价值的价值，而是指经济事物的社会价值，价值判断就是要判断某一事物是好还是坏，对社会有无价值。我国传统的思维方法就是规范分析的方法：先说某个伟人是怎么说的，然后再看某件事是怎么做的。如果符合伟人的说法就是好的，就应该发扬光大；如果不符合伟人的说法就是坏的，就要坚决反对。改革开放前的大量事实证明，这种思维方法具有片面性，应该纠正。

实证分析企图超脱或排斥一切价值判断，只考虑建立经济事物之间关系的规律，并在这些规律的作用下分析和预测人们经济行为的后果。它有两个特点：第一，它要回答“是什么”的问题；第二，它所研究的内容具有客观性，它的结论是否正确可以通过经验事实来进行检验。

为什么实证分析要排斥价值判断呢？就是因为价值判断具有主观性，受个人立场、观点局限，缺乏客观依据，所得结论无法通过事实来检验。改革开放以后，我们说“实践是检验真理的唯一标准”，就是要抛弃传统的观念，实事求是，运用实证分析的方法，不是从伟人的话出发来研究问题，而是从实际出发来研究问题，这样才能得到科学的结论。

西方经济学家认为，要使经济学能成为真正的科学，就必须抛开价值判断问题，使经济学实证化。诺贝尔经济学奖得主萨缪尔森就曾指出：“当代政治经济学的首要任务在于对生产、失业、价格和类似的现象加以描述、分析、解释，并把这些现象联系起来。”“关于所追求的目标是正确还是错误的基本问题，不是作为科学的经济学本身所能解决的。”所以，虽然也有经济学家强调规范经济学，尽管完全抛弃规范分析的方法也是不现实的，但西方经济学的主流和基本内容都属于实证经济学。

可以举个例子来说明实证分析与规范分析的区别。例如，天气预报说明天有雪，这是一种实证分析，结论是否正确到明天就知道了，可以通过事实来检验。至于下雪是好事还是坏事就是价值判断了，从不同立场、观点出发会有迥然不同的看法。农业部门说是好事，可以保墒；交通部门说是坏事，阻碍交通。谁是谁非很难有一个统一的说法。作为天气预报部门来说，主要做好实证分析就行了，规范分析让其他部门去做。作为经济学也是一样，如果让规范分析占了主导地位，其科学性也就终结了。

企业管理学主要运用的是规范分析的方法，回答“应该是什么”的问题。微观经济主要运用的是实证分析的方法，回答“是什么”和“为什么”的问题。本书是对企业管理进行经济学的分析，所以主要运用实证分析的方法，但也不排斥规范分析。这是因为它所研究的对象是企业管理，而企业管理学主要运用规范分析的方法，对企业管理进行经济学分析，既有实证分析，又有规范分析；既回答“是什么”的问题，也回答“应该是什么”的问题，重点是探讨“为什么”的问题。

三、价值中立原则

我们对企业管理进行经济学分析，之所以强调实证分析，是因为有一个价值中立原则。价值中立原则是西方社会科学界所遵循的一个原则，是指学术研究不受阶级立场、意识形态、价值观念等非学术因素的干扰和影响，保持客观和中立，以保证研究成果的科学性。我们认为，价值中立原则适用于中国，遵从价值中立原则有利于我国社会科学工作者摆脱“左”的思想束缚，提高研究水平。我们的研究成果中有太多的价值判断成分，太多的意识形态的东西，太多的感情色彩，不符合作为科学的要求。

当然，社会科学必然涉及价值，而一旦进入研究过程我们就应该把价值判断从对事实的分析中排除掉。排除了价值判断，人们才可能比较客观，在事实判断上形成一个统一的认识。很多科学家研究某个现象并不是因为它有什么价值，而是因为好奇，结果就出了成果。有些成果后来发现它有用，其价值自然得到体现；有些成果可能永远都不知道它有什么用，比如“哥德巴赫猜想”，陈景润证明了“1+2”，它有什么用？陈景润为研究它花费了毕生精力，他的人生不照样很有价值吗？大学应该坚持用文明人的好奇心去接受知识，根本无须回答它是否对公共事业有用，是否切合实际，是否具备社会价值，否则大学教育就会偏离“对知识的忠诚”！

坚持价值中立原则对发展我国社会科学事业具有重要意义，邓小平的“不争论”思想就是这个原则的最好体现。邓小平在“南巡讲话”中说：“不搞争论，是我的一个发明，不争论，是为了争取时间干。一争论就复杂了，把时间都争掉了，什么也干不成。”这里的“不争论”是不争论什么？就是不争论“姓资还是姓社”这类受阶级立场、意识形态和价值观念影响的问题，就是坚持价值中立。在这里邓小平成功地运用价值中立原则把困扰我们多年的“姓资姓社”的问题给绕过去了，或者说回避掉了，否则我们可能至今还纠缠在这个所谓的原则问题、路线问题上，怎么可能迈开改革开放的第一步呢？邓小平还说：“不管白猫黑猫，捉住老鼠就是好猫。”这也是价值中立原则的体现。白猫好还是黑猫好？这是个价值判断，不同的人有不同的看法。捉没捉住老鼠？这是个事实判断，只要事实摆在那里，谁也不好否认。所以，我们只有排除了价值判断，保持价值中立，才能统一意见，共同前进。邓小平还有一句名言叫“摸着石头过河”，这还是个价值中立问题。实践本来应该在理论的指导下才能少走弯路，可我们的理论充斥着这个主义那个思想的价值判断，根本无法指导改革开放的实践。怎么办呢？我们只能抛开它，摸着石头过河。

四、均衡分析与边际分析

物理课上老师拿一根细绳系一块石头悬在空中问学生：“为什么石头会静止呀？”学生回答：“因为石头受到两个力的作用，一个是向下的地心引力，一个是向上的细绳的拉力，它们大小相等，方向相反，使石头处于均衡状态。”老师说：“回答正确。如果我用手使石头偏离均衡位置，然后把手放开，石头会怎样？”学生回答：“石头会在地心引力作用下围绕均衡位置左右摆动，但摆动幅度越来越小，最后静止在均衡位置上。”老师又说：“回答正确。”

均衡本是物理学的概念，马歇尔把它引入到经济学中，主要指经济中各种对应的、变动着的力量处于一种力量相当、相对静止、不再变动的境界。均衡分析方法是一种动中取静的分析方法，它是在研究的问题所涉及的各个经济变量中，自变量被假定为已知的不变的，然后分析因变量达到均衡状态时会出现的情况和为此所需要具备的条件。比如，在农贸市场上买者和卖者为买不买和买多少猪肉在讨价还价，我们假定买者收入、其他肉类的价格等条件不变，然后分析双方在达成一致协议时的价格是多少，购买数量是多少。这就是一种均衡分析。因为在达到均衡的过程中都要经历一定的时间和过程，所以均衡分析也称为动态分析、过程分析。

边际分析是经济学中非常重要的方法，它分析了自变量和因变量变动的关系。自变量变动引起因变量的变动量称为边际量。如我们把从事一项活动所增加的成本称为边际成本，所增加的收益称为边际收益，那么如果边际收益大于边际成本，这项活动就可以进行；否则就不要从事这项活动。

边际分析的过程实际上就是求导和微分的过程，它使得高等数学进入了经济学，引起了经济学方法的一场革命。一门学科只有成功地运用了数学，才能算是一门科学。所以，广泛地运用边际分析方法，使得经济学成为社会科学皇冠上的一颗最为璀璨的明珠。

五、数学模型

企业的经营管理是个十分复杂的事情，涉及很多方面，而这些方面又在不断地变化中。这时我们可以用一些假设，暂时将某些方面舍去，只留下最重要的两个方面，分别用横轴和纵轴表示它们的变量，用曲线来表示它们之间关系的变化规律。

这时我们就说已经建立了一个数学模型。当然这只是一个简单的数学模型，但它已经能把复杂的经济问题用形象直观的曲线来表示了。通过数学模型的运算得出的结论，比仅用语言叙述得出的结论更具有逻辑性和准确性。

建立数学模型的过程就是一个通过假设把复杂的经济问题转化成一个简单的数学问题，通过数学运算得出结论，再把这个结论补充一些条件，还原成经济问题，用以解释复杂的经济现象的过程。我们举个例子来说明如何建立数学模型，如何运用它来解释经济现象。

由于企业可利用的资源是有限的，所以生产什么产品、生产多少产品就存在一个可能与不可能的问题。假设企业只生产 *X* 和 *Y* 两种产品，我们用横轴表示 *X* 产品的数量，纵轴表示 *Y* 产品的数量。如果全部资源都用于生产 *X* 产品，可以生产 *OA* 个；如果全部资源都用于生产 Y 产品，可以生产 *OB* 个。那么将 *A*、*B* 两点用直线连接起来，就得到该企业的生产可能性曲线 *AB*，如图 1-3 所示。

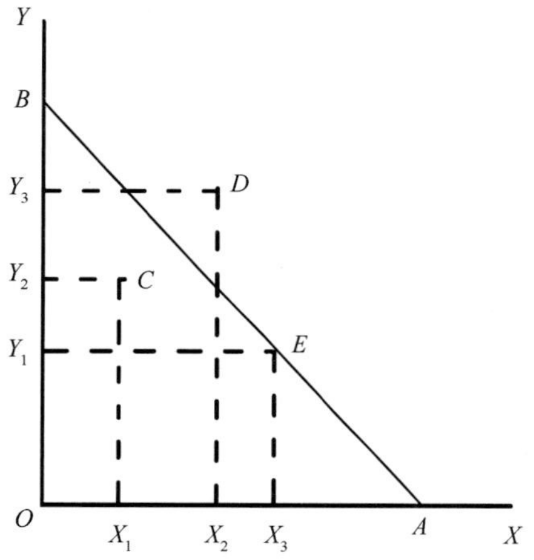

图 1-3　企业的生产可能性曲线

生产可能性曲线有什么用呢？可以帮助我们寻找最佳的生产点。假设有 3 个点：*C*、*D*、*E*。*C* 点在 *AB* 以内，表示可生产 *X* 产品 X_1 个，*Y* 产品 Y_2 个。这时资源没有得到充分利用，产品数量少，所以不能用它作为生产点。*D* 点在 *AB* 以外，表示可生产 *X* 产品 X_2 个，*Y* 产品 Y_3 个。这时产品数量虽然多，可资源没有那么多，所以也不能用它来作为生产点。*E* 点在 *AB* 上，表示可生产 *X* 产品 X_3 个，*Y* 产品 Y_1 个。这时资源既得到了充分的利用，又没有不够的情况，所以 *E*（X_3，Y_1）是现有资源条件下可能实现的 *X* 和 *Y* 最大产量的一个组合。但生产可能性曲线上像 *E* 这样的点有无数个，究竟应该选择哪个点作为生产点呢？光资源这个条件还不够，还要有别的条件，但至少我们不用在整个空间漫无目的地去寻找了，只要在生产可能线上寻找就可以了，面上的问题变成了线上的问题。别的条件还可以确定别的曲线，如果与生产可能性曲线有交点，那么线上的问题又可以变成点上的问题，寻找范围又可以大大缩小了。就这样下去，一直寻找到最合适的那一点为止。数学模型就是这样一步步引导我们来解决问题的。

第二章　企业准备

要想创办一个企业，首先要考虑企业成立以后生产什么产品。为此就要考虑市场有什么需求，自己有没有供给能力，这种产品的价格是多少，生产了以后能不能赚钱。这些问题考虑好了以后接下来就要投入资本、劳动、土地和企业家才能等生产要素，进行企业的筹备工作。由于在不同的地区这些都是不一样的，所以还要考虑企业的选址问题。这些都是要在企业成立以前就要进行准备的，所以叫企业准备。

第一节　市场的需求与供给

一、市场需求

市场需求指的是在一定时期内，在各种可能的价格水平上消费者愿意而且能够购买的该商品的数量。作为需求有两个条件：有购买意愿；有支付能力。

鸦片战争以后，英国商人为打开中国这个广阔的市场而欣喜若狂。当时英国棉纺织业中心曼彻斯特的商人对把洋布销到中国十分乐观，他们估计，中国有 4 亿人，假如有 1 亿人晚上戴睡帽，每人每年用两顶，整个曼彻斯特的棉纺厂即使加班加点也不够，何况这只是睡帽，还有衣服、裤子、被子、单子……都需要洋布。于是他们把大量洋布运到中国，晚上做梦都梦见洋布大批大批出，钞票大把大把进。结果这是一场黄粱美梦：洋布在中国根本卖不出去。这是为什么？

因为当时洋布并没有满足中国人需求的两个条件。当时中国人没有戴睡帽的习惯，衣服也用自产的丝绸和土布，所以对英国洋布没有购买欲望；另一方面，当时中国人很穷，缺乏购买能力。所以洋布在中国卖不出去。正如一句俗语所说：你可以硬把马拉到河边，但不能强迫它喝水。

市场需求受许多因素的影响，如个人偏好、资产与收入、所购商品的价格、其他商品的价格，以及消费者对未来商品价格的预期等。假定其他因素不变，只有消费者要购买的商品的价格发生变化，那么需求函数可以表示为

$$Q^d=f(P) \text{ 或 } Q^d=\alpha-\beta P$$

需求曲线向右下方倾斜，即斜率为负。这表明商品的需求量与价格之间呈反方向变动的关系。图 2-1 中，D 是需求曲线，它向右下方倾斜。D 上有一点 A，它所对应的价格是 P_1，需求量是 Q_1。当 A 沿 D 移动到 B 时，价格由 P_1 下降到 P_2，需求量由 Q_1 增加到 Q_2。

由商品价格以外的因素的变化引起的需求量的变化称为需求的变动。它表现为整条需求曲线的移动。在图 2-2 中，A 是需求曲线 D_1 上的一点，它所对应的价格为 OP_0，需求量为 OQ_1。由于价格以外的因素变化，使需求曲线由 D_1 向右平移到 D_2，A 点也向右平移到 B 点，这时对应的价格没有变化，仍为 OP_0，需求量却变化了，由 OQ_1 增加到 OQ_2。

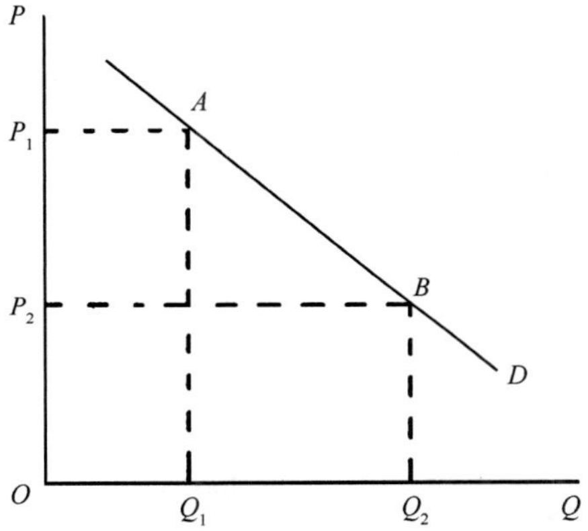

图 2-1　需求曲线

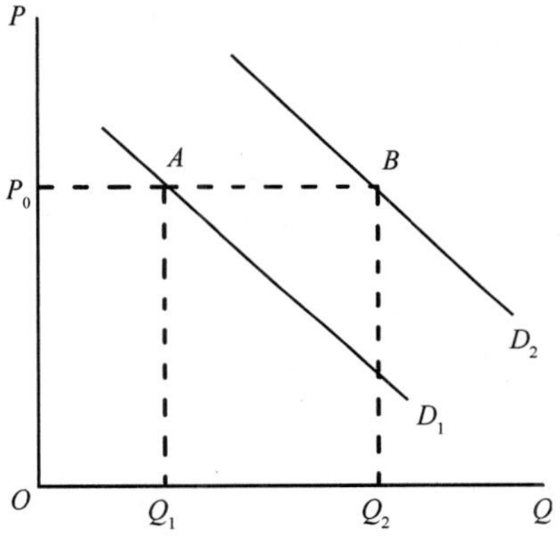

图 2-2　需求的变动

20 世纪 80 年代，美国有两位著名的经济学家因为观点不同，争论十分激烈。埃尔里奇认为，由于人口爆炸、不可再生性资源的消耗，人类的前途让人担忧。西蒙认为，人类社会的技术进步和价格机制会解决人类社会发展中出现的各种问题，所以人类社会的前途还是光明的。他们谁也说服不了谁，为此打赌，赌不可再生性资源是否会消耗完的问题。他们选了 5 种金属，各自以假想的方式买入 1 000 美元。以 1980 年 9 月 29 日的价格为准，假如 10 年后这 5 种金属的价格在剔除通货膨胀的因素后上升了，埃尔里奇就赢了；反之西蒙就赢了。输的人要付给赢的人这些金属的总差价。最后谁赢了？为什么？

西蒙和埃尔里奇打赌，最后是西蒙赢了，5 种金属无一例外都降了价。埃尔里奇还是很守信用的，他把这些金属的总差价 57 607 美元交给了西蒙。为什么这 5 种不可再生性资源的价格都下降了呢？这是因为世界上任何资源都有替代品，当这些资源的价格上升时，会刺激人们去开发和使用它们的替代品，它们的需求就会减少，而需求的减少又会使其价格下降。比如在青铜器时代，人们用铜做器物，铜锅、铜盆、铜剑……甚至镜子和货币也是铜做的，铜镜、铜钱。现在为什么只能在博物馆看到这些东西呢？这是因为随着科学技术的进步，人们发现了很多青铜的替代品，比如用铁制锅和剑，用塑料制盆，用玻璃制镜，用纸制钱等。铜的需求就会大大减少，价格也就会下降了。其他金属也是一样。因此正如西蒙所说的，人类社会的技术进步和价格机制会解决人类社会中出现的各种问题，所以人类社会的前途还是光明的。这个案例说明，价格上升为什么需求量会减少？是因为价格上升会迫使人们去寻找其便宜的替代品，从而使它的需求量减少。

二、市场的供给

一种商品的市场供给是指生产者在一定时期内，在各种可能的价格下愿意而且能够出售的该种商品的数量。作为供给也有两个条件：一个是愿意出售；另一个是能够出售。某企业经营者看到某商品好卖，心想我要有很多这种商品就好了，卖出去可以发大财，但他就是在特定时期内生产不出来，这就构不成市场供给。

一种商品的市场供给受多种因素的影响，如商品价格、生产成本、技术状况、对未来价格的预期、其他商品的价格等。假定除了商品价格以外其他因素不变，则供给函数的一般形式为：

$$Q^s = f(P) \text{ 或 } Q^s = -\delta + \gamma P$$

供给曲线是向右上方倾斜的，表明供给量和价格呈同方向变动的关系。图 2-3 中，S 是供给曲线，它向右上方倾斜。A、B 两点在 S 上，A 点对应的价格是 OP_1，供给量是 OQ_1；B 点对应的价格是 OP_2，供给量是 OQ_2。当价格由 OP_1 上升到 OP_2 时，A 点沿 S 移动到 B 点，供给量也由 OQ_1 增加到 OQ_2。

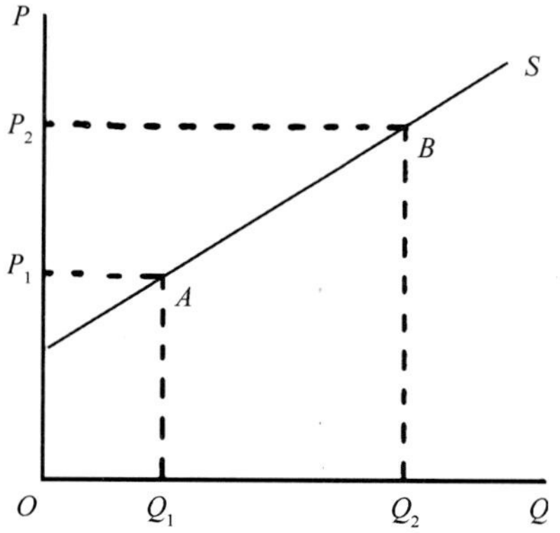

图 2-3　供给曲线

如果商品的价格不变，其他因素的变动引起该商品供给量的变化，称为供给的变动，表现为供给曲线的移动。在图 2-4 中，A 是供给曲线 S_1 上的一点，它所对应

的价格为 OP_1，供给量为 OQ_1。由于价格以外的因素变化，使供给曲线由 S_1 向右平移到 S_2，A 点也平移到 B 点，这时对应的价格没有变化，仍为 OP_1，供给量却变化了，由 OQ_1 增加到 OQ_2。

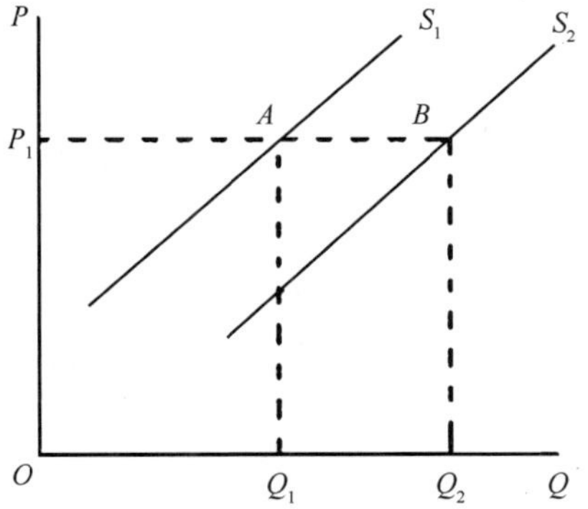

图 2-4　供给曲线的移动

三、市场的均衡价格

均衡的最一般的意义是指经济事务中有关的变量在一定条件的相互作用下所达到的一种相对静止的状态。局部均衡分析是就单个市场或部分市场的供求与价格的关系和均衡状态进行分析。一般均衡分析是就一个经济社会中的所有市场的供求与价格的关系和均衡状态进行分析。

市场上常常有这样的情景：一件商品卖的人说 10 元，买的人说 6 元；卖的人又说 9 元，买的人说 7 元，最后 8 元成交。任何商品的价格都是由需求和供给两方面的因素共同决定的。一种商品的均衡价格是指该种商品的市场需求量和市场供给量相等时的价格。在均衡价格水平下的相等的供求数量称为均衡数量。如图 2-5，该商品市场的均衡出现在需求曲线 D 和供给曲线 S 的交点 E 上，E 点被称为均衡点，它所对应的价格 ON 和供求量 OM 分别被称为均衡价格和均衡数量。

任何脱离均衡点的状况都称为失衡。在失衡的情况下，市场上供求力量的自发作用最终会实现均衡。如图 2-6，均衡价格为 OP_0，均衡数量为 OQ_0，当市场价格为 OP_1 时，因 $OP_1>OP_0$，导致供给量为 OQ_2，需求量为 OQ_1，$OQ_2>OQ_1$，即供过于求，市场价格必然下降。如果市场价格低于均衡价格，又会导致供不应求，市场价格必然上升。就这样市场价格围绕均衡价格上下波动，幅度越来越小，最终静止在均衡价格 OP_0 上。

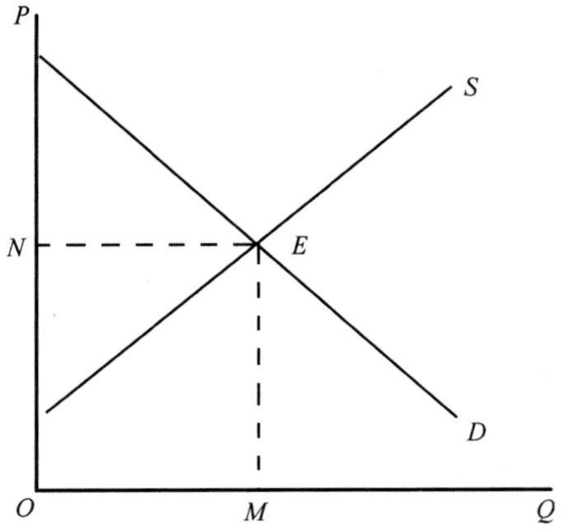

图 2-5　均衡价格和均衡数量

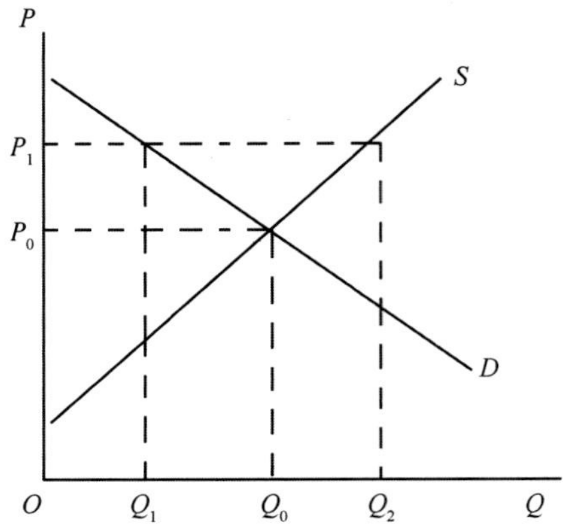

图 2-6　均衡价格的形成

支持价格是政府为了支持某一行业的发展而规定的该行业的最低价格。如图 2-6，支持价格 OP_1大于均衡价格 OP_0，使得供给量 OQ_2大于需求量 OQ_1，导致供过于求。为了维持支持价格，政府必须以支持价格购买过剩的产品 Q_1Q_2，这样既加重了政府负担，又造成了市场扭曲。我国长期以来对粮食实行支持价格，国内粮价持续多年上涨。这一方面调动了农民的种粮积极性，但另一方面由于国外粮价低于国内 40%到 50%，许多贸易商、粮食加工企业更愿意采购国外粮食，造成国内粮食大量积压在粮库里。近年我国粮食大丰收，但由于粮库爆满，中储粮只能停止或减少粮食收购，使得粮农的丰收喜悦还没有维持多久，很快就陷入卖粮难的窘境。

限制价格是政府为了防止物价上涨而规定的某种产品的最高价格。如图 2-7，限制价格 OP_1低于均衡价格 OP_0，使得需求量 OQ_2大于供给量 OQ_1，导致供不应求。于是一方面产生了黑市，另一方面造成了资源的浪费。

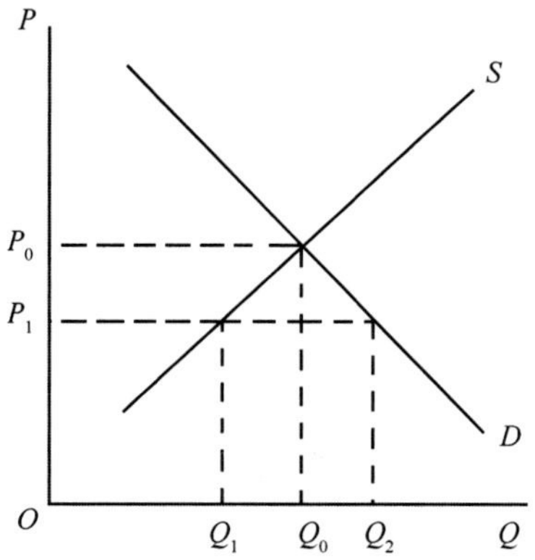

图 2-7　限制价格造成资源浪费

1973 年，海湾国家控制石油输出，造成世界石油价格上升了 3 倍。美国国会决定限制油价：石油生产者必须以高价从国际市场进口和自产同等数量的石油，两者合起来供应国内市场。该政策虽然使得国内油价低于国际油价，但实行不久就出了问题。一是生产者失去了开采的动力，使得国内石油资源没有很好利用；二是节约汽油的替代性工艺没有得到发展，汽车耗油居高不下。在这种情况下，美国国会又通过了节能法案，对高耗油汽车厂商罚款。这一举措虽然迫使企业生产耗油低的汽车，但因成本增加，新车价格高，人们仍喜欢用高耗油的老车，因为反正油价不高。

在供给不变的情况下，需求增加会使均衡价格和均衡数量都增加；需求减少会使均衡价格和均衡数量都减少。我国古代有一种文体叫赋，有人专门写赋，被称为赋家。西晋时期有一位赋家叫左思，他钦慕汉朝赋家班固、张衡的成就，可是对他们的名作《两都赋》《二京赋》又有一点不服气，就花了 10 年工夫，写了一篇叫《三都赋》的大赋。写成之后，人们都惊叹写得好，不亚于班、张之作，一时之间竞相传抄，导致洛阳纸张的价格飞涨。这就是“洛阳纸贵”的故事。为什么会“洛阳纸贵”？如图 2-8，S 是纸的供给曲线，它没有变动，但由于人们争相用纸抄写《三都赋》，纸张的需求增加，需求曲线由 D_0 变动到 D_1，导致均衡价格由 OP_0 上升到 OP_1。

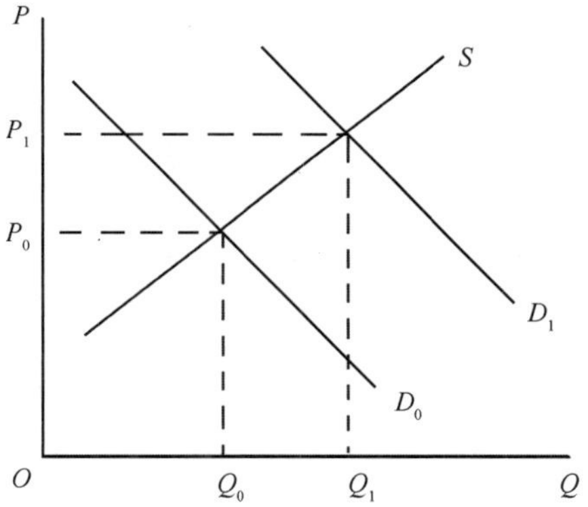

图 2-8　需求变动造成“洛阳纸贵”

四、需求弹性

我们通常这样说弹性，比如一个皮球充足了气，用手轻轻一拍它就能弹起好高，我们说它弹性足；如果它充气不足，使劲拍也弹不了多高，我们就说它弹性不足。与此类似，不同的商品，它的需求量的变化随价格（或其他因素）变化的幅度是不一样的，也有个弹性大小的问题。

需求的价格弹性表示在一定时期内一种商品的需求量变动对于价格变动的反应程度。

需求的价格弹性系数 = - 需求量变动率 / 价格变动率

公式中之所以有个负号，是因为价格和需求量是反方向变动的关系。为了方便起见，需求的价格弹性系数常用其绝对值来表示。.

需求的价格弹性分为以下 5 种类型。

（1）弹性系数大于 1，表明该商品的需求富有弹性。需求价格富有弹性的商品，其需求曲线比较倾斜，如图 2-9，一个比较小的价格变化 P_1P_2，就能引起一个比较大的需求量变化 Q_1Q_2。我们注意到对这样的商品，降价促销是有利的，因为降价后的收益 OQ_2bP_2 要大于降价前的收益 OQ_1aP_1。

（2）弹性系数小于 1，表明该商品的需求缺乏弹性。需求价格缺乏弹性的商品，其需求曲线比较陡直，如图 2-10，一个比较大的价格变化 P_1P_2，只能引起一个比较小的需求量变化 Q_1Q_2。我们注意到对这样的商品，降价促销是不利的，因为降价后的收益 OQ_2bP_2 要小于降价前的收益 OQ_1aP_1。

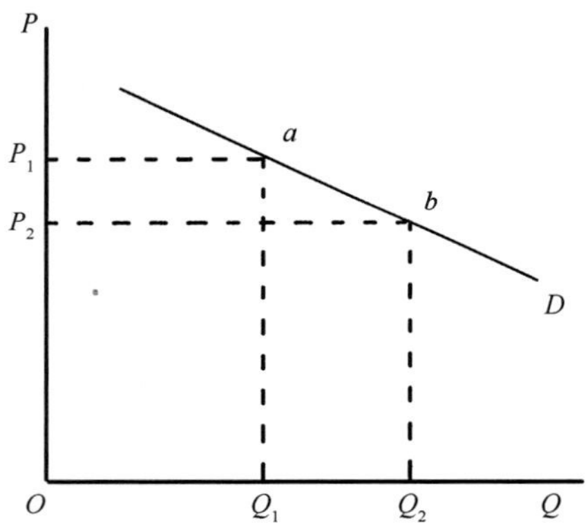

图 2-9　富有弹性的需求曲线

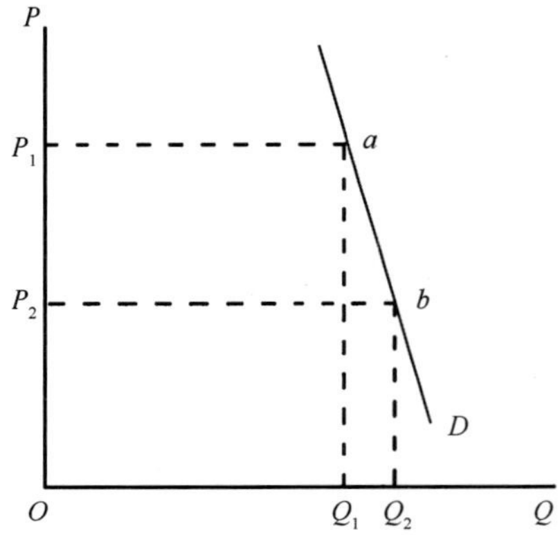

图 2-10　缺乏弹性的需求曲线

（3）弹性系数等于 1，表明该商品的需求具有单位弹性。需求价格单位弹性的商品，其需求曲线既不陡直也不倾斜，如图 2-11，价格的变化 P_1P_2 和需求量的变化 Q_1Q_2 相等。这样的商品，价格变动对销售收入没有影响。

（4）弹性系数趋于无穷大，表明该商品的需求具有完全弹性。需求价格具有完全弹性的商品，其需求曲线是一条平行线，如图 2-12。也就是说，在既定的价格 OP_0 水平上其需求量可以是 OQ_1，也可以是 OQ_2，还可以是无限的。

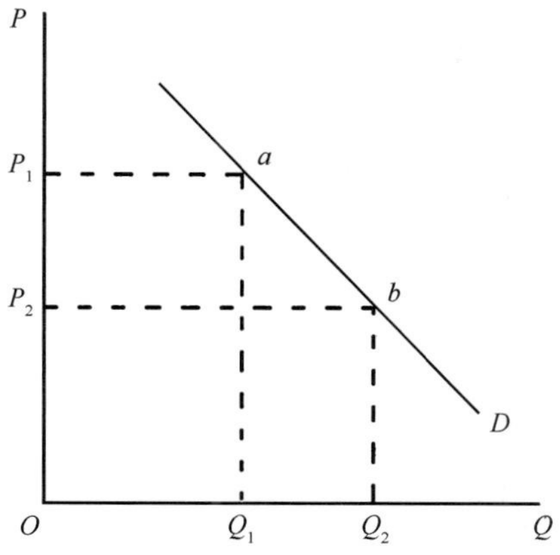

图 2-11 具有单位弹性的需求曲线

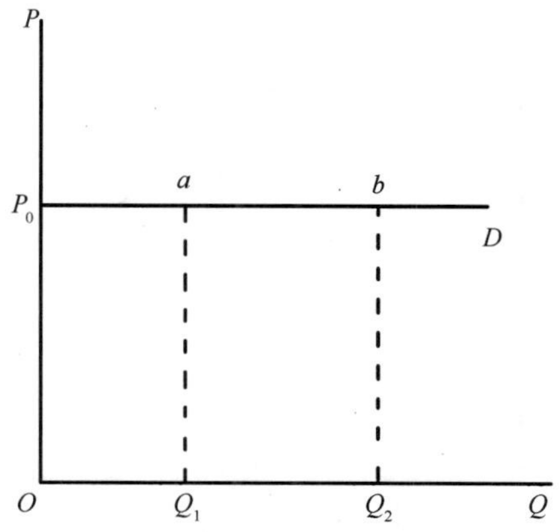

图 2-12 具有完全弹性的需求曲线

（5）弹性系数等于零，表明该商品的需求完全无弹性。需求价格完全无弹性的商品，其需求曲线是一条垂线，如图 2-13。也就是说，无论价格从 OP_1 到 OP_2 也好，从 OP_2 到 OP_1 也好，还是其他任何变化，其需求量总是不变的，始终为 OQ_0。

影响需求价格弹性的因素有以下 5 点。

第一，商品的可替代性。一般来说，一种商品的可替代商品越多，相近程度越高，则该商品价格一个小的提高，人们就会马上购买它的替代品，从而使它的需求量下降很多，所以该商品需求价格弹性就越大。

第二，商品用途的广泛性。一般来说，一种商品的用途越是广泛，当它的价格提高后人们越是只购买少量商品用于最重要的用途上，所以它的需求价格弹性就越大。

第三，商品对消费者生活的重要程度。一般来说，生活必需品如粮食，它的价格即使变化较大，人们也不可能不消费它，因为要维持最起码的生活水平，所以它的需求价格弹性就较小。

第四，商品的消费支出在消费者预算总支出中所占的比重。例如火柴、食盐、铅笔、牙膏，人们很难注意到它们的价格的变化。

第五，所考察的消费者调节需求量的时间。例如石油价格上涨，人们一时还找不到它的替代品，通常不会大幅度地减少对它的需求。

作为一个生产农产品的企业，常常会碰到“增产不增收”的情况，即产量增加了而收入没增加甚至还减少了。这是为什么？这是因为你增产了别人也增产了，农产品供给增加，导致价格下降。本来价格下降会使需求量增加，但因为农产品的需求缺乏弹性，导致因需求量增加所增加的收益小于因价格下降所减少的收益，如图 2-14，增产后的收益 $OQ_2E_2P_2$，小于增产前的收益 $OQ_1E_1P_1$，于是就出现了“增产不增收”的情况。

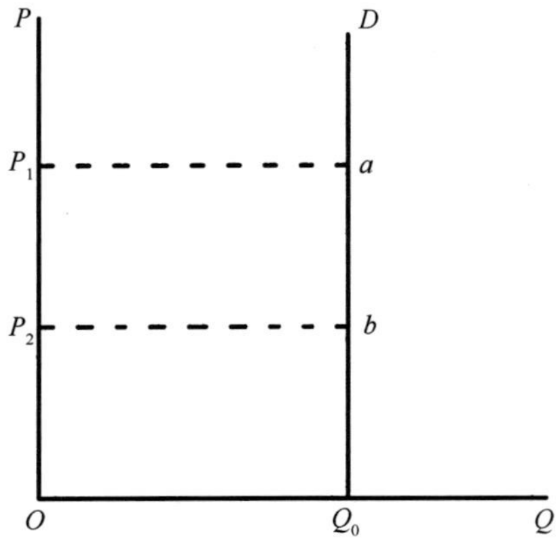

图 2-13 完全无弹性的需求曲线

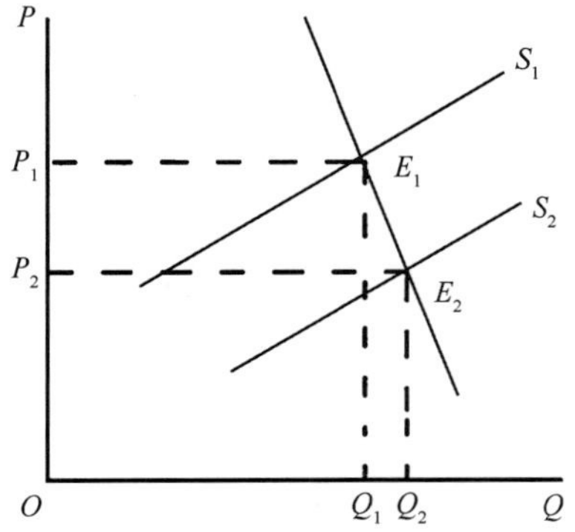

图 2-14 增产不增收

五、供给弹性

供给的价格弹性表示在一定时期内一种商品的供给量变动对于价格变功的反应程度。供给价格弹性的大小可以用供给价格弹性系数来表示。

供给价格弹性系数 = 供给量的变动 / 价格的变动

供给价格弹性的大小也可以用供给曲线的倾斜程度来表示，它们可以分为以下 5 种类型。

（1）价格弹性系数大于 1，表明该商品的供给富有弹性，供给曲线比较平缓，如图 2-15。

（2）价格弹性系数小于 1，表明该商品的供给缺乏弹性，供给曲线比较陡峭，如图 2-16。

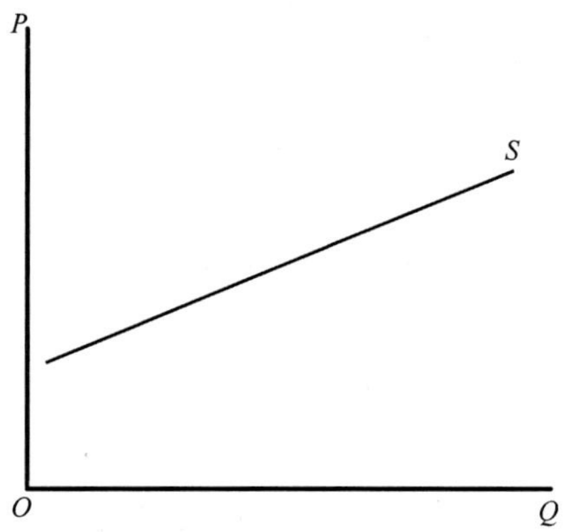

图 2-15 富有弹性的供给曲线

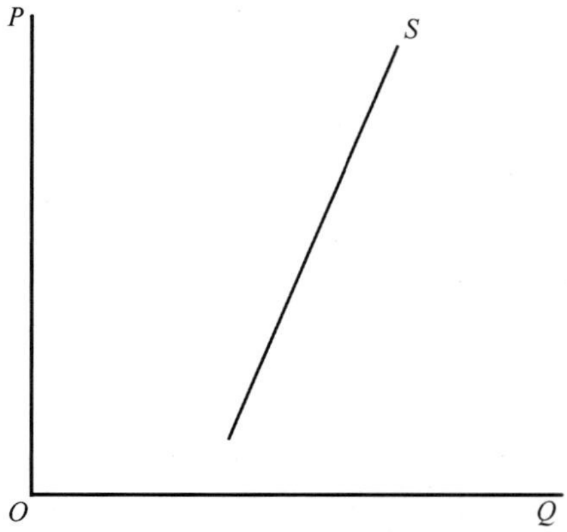

图 2-16 缺乏弹性的供给曲线

（3）价格弹性系数等于 1，表明该商品的供给具有单位弹性，供给曲线是一条与横轴呈 45°的直线，如图 2-17。

（4）价格弹性系数等于零，表明该商品的供给没有弹性，供给曲线是一条与横轴垂直的直线，如图 2-18。

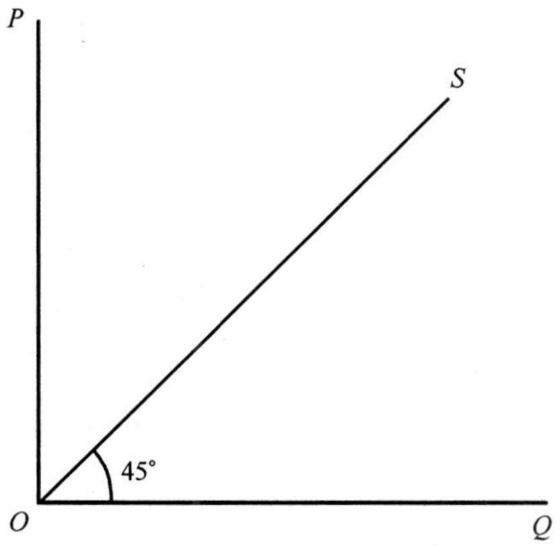

图 2-17　单位弹性的供给曲线

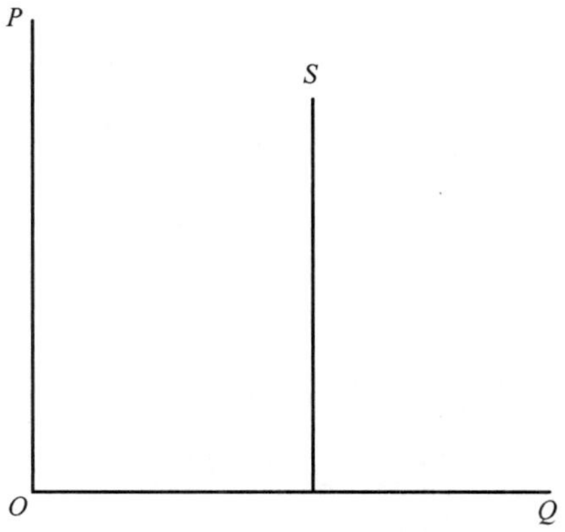

图 2-18　无弹性的供给曲线

（5）价格弹性系数趋于无穷大，表明该商品的供给具有无穷弹性，供给曲线是一条与横轴平行的直线，如图 2-19。

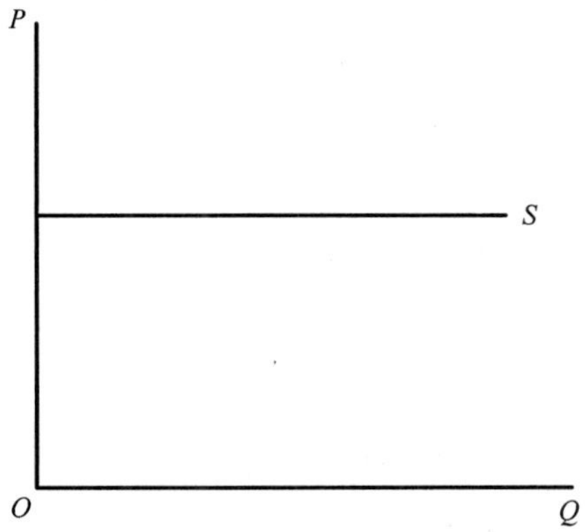

图 2-19　无穷弹性的供给曲线

影响供给弹性的因素有生产周期的长短、技术状况、生产规模等。

在美国西部的加利福尼亚州，由于能源供应紧张，所以政府实施了一系列严格的能源控制计划。但是里根政府上台后，放弃了对加州的能源管制，使能源使用量猛增，价格上涨，光电价就翻了十几倍。能源的供给不仅没有因价格上升而增加，反而愈发紧张。2000 年夏天，加州终于遭遇了前所未有的供电危机，全州共停电 34 天。最后，加州政府不得不重新启用了严格的能源管制措施。为什么政府一放弃对能源的管制，就导致了能源供给的紧张？

这是因为能源生产专用性强，固定资产占用大，生产周期长，所以能源供给缺乏弹性。尽管能源价格的上涨会使供给增加，但增加幅度十分有限。与此同时，能源作为一种生活必需品，人们对其需求并不会因为价格上涨就会有大的减少，即其需求也缺乏弹性。这样就会造成能源供应进一步紧张，推动价格进一步提升。价格的上涨又使得很多用户无法及时交纳电费，使得能源公司不仅得不到高额利润，反而濒临破产，不得不求助于政府帮助和保护。

第二节　市场需求预测

要想确定企业生产什么，生产多少，需要对市场需求进行预测。市场需求预测最简单的办法就是看价格，价格上涨表明市场需求旺盛，价格下滑表明市场需求衰退。但仅看价格也不行，因为价格只能反映现在的供求关系，不能反映潜在的供求关系，仅看价格难以对未来市场的需求做出准确的预测，所以，很多时候还需要运用供求模型和定量分析模型。

一、需求–供给趋势的静态分析

在市场上，产品价格是经常变动的，这是因为影响价格的因素很多、很复杂，而且是经常变动的。为了对产品价格的变化趋势进行分析，就需要将这些复杂多变的因素捋一捋，找出个头绪来。这里，需求–供给分析法为我们提供了一个有效的工具。这是因为，市场上影响价格的因素尽管很多，但归根结底都是通过需求与供给来影响价格的。因此，我们可以通过绘制需求曲线与供给曲线来分析价格的走势。

例如，假设汽车供给关系不变，试分析汽车需求的增加对汽油价格的影响。首先要分析汽车需求的增加对汽车价格的影响。在图 2–20 中，因汽车需求增加，需求量从 Q_1增加到 Q_2，供需求曲线从 D_1移到 D_2，结果使汽车价格从 P_1上升到 P_2。再分析汽车销售量的增加对汽油价格的影响。由于汽车和汽油是互补的产品，汽车需求量增加，必然会增加汽油的需求，因此在图 2–21 中，汽油的需求曲线就会从 D_1外移到 D_2，从而使汽油的价格从 P_1提高到 P_2。通过以上分析，可知对汽车需求的增加，最终导致汽油价格的上涨。

需求–供给趋势分析法大致可分为以下 3 种类型。

（1）需求变动对价格的影响。图 2–20 和图 2–21 反映的就是供给曲线 S 不变、需求曲线由 D_1移到 D_2使得价格由 P_1上升到 P_2。

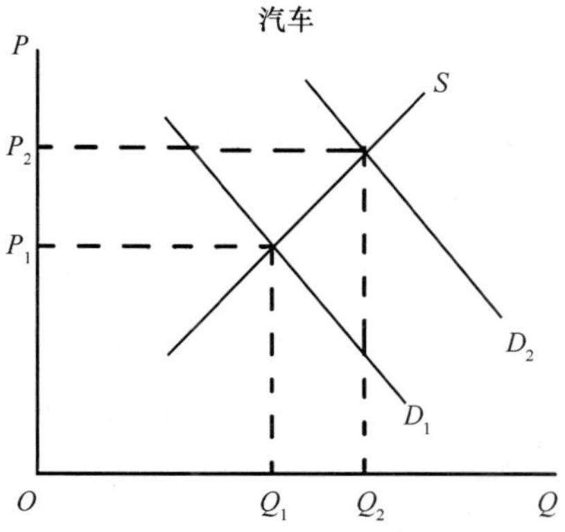

图 2-20 汽车价格的变动

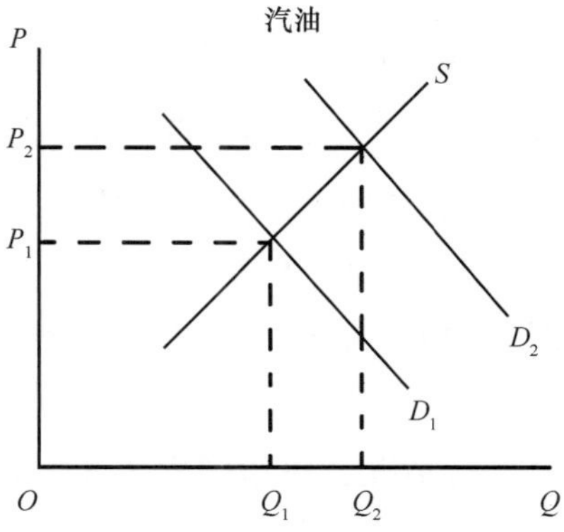

图 2-21 汽油价格的变动

（2）供给变动对价格的影响。在图 2-22 中，需求曲线 D 没有变动，供给曲线由 S_1 移动到 S_2，使得价格由 P_1 上升到 P_2。

（3）需求与供给同时变动对价格的影响。在图 2-23 中，需求曲线由 D_1 移到 D_2，供给曲线由 S_1 移动到 S_2，导致价格由 P_1 变动到 P_2。

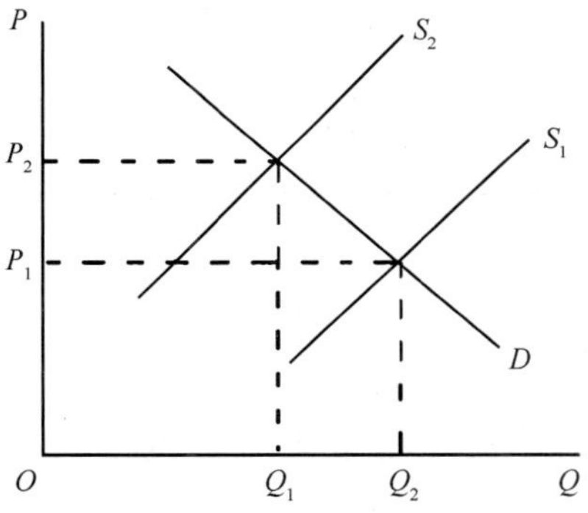

图 2-22 供给变动对价格的影响

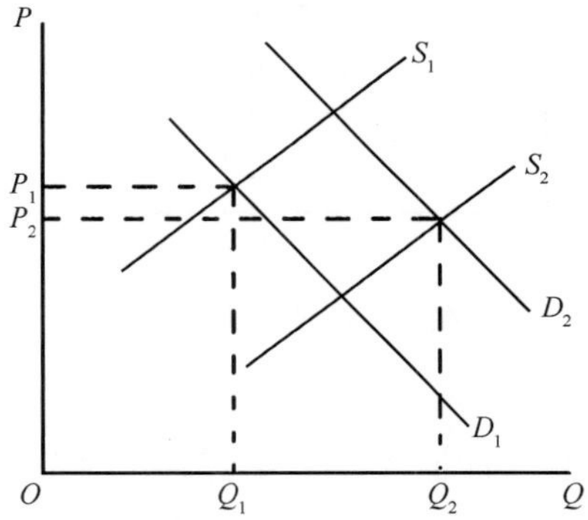

图 2-23 需求与供给同时变动的影响

二、需求-供给趋势的动态分析

以上分析没有引入时间因素，属于静态分析。如果引入时间因素，则为动态分析。蛛网理论是 20 世纪 30 年代出现的一种动态分析，它运用弹性理论来解释价格变动何以呈现周期性的原因。蛛网理论所研究的商品具有这样一种特点，即它们开始生产后要经过一段时间才能生产出来，在此期间生产无法变动，如农产品的生产就属于这种情况。由此得出：本期价格取决于本期产量，即 $P_t=f(Q_t)$；本期产量取决于上期价格，即 $Q_t=f(P_{t-1})$。

蛛网理论根据商品供给弹性与需求弹性的关系，分 3 种情况来预测价格的变动情况。

第一种情况，供给弹性小于需求弹性。可以用图 2-24 来说明，这时价格的变动情况。这里，E 为均衡点，OP_0为均衡价格，OQ_0为均衡产量。在第一阶段，产量为 OQ_1，$OQ_1 < OQ_0$，决定了价格为 OP_1，$OP_1 > OP_0$；在第二阶段，OP_1决定了本期产量为 OQ_2，$OQ_2 > OQ_0$，决定了价格为 OP_2，$OP_2 < OP_0$；在第三阶段，OP_2决定了本期产量为 OQ_3，$OQ_3 < OQ_0$，这样价格与产量的波动越来越小，最后趋向于均衡点 E。因此，供给弹性小于需求弹性称为蛛网稳定条件，这种蛛网称为“收敛型蛛网”。

第二种情况，供给弹性大于需求弹性。如图 2-25，价格变动与产量变动的过程与第一种情况类似，但它不是波动越来越小，而是波动越来越大，离均衡点越来越远。因此，供给弹性大于需求弹性称为蛛网不稳定条件，这种蛛网称为“发散型蛛网”。

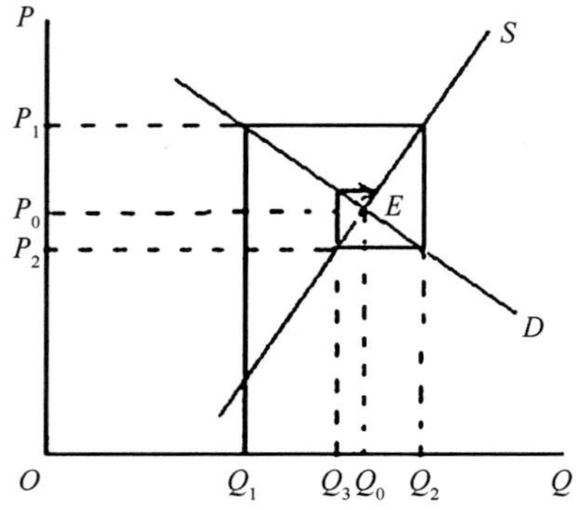

图 2-24　收敛型蛛网

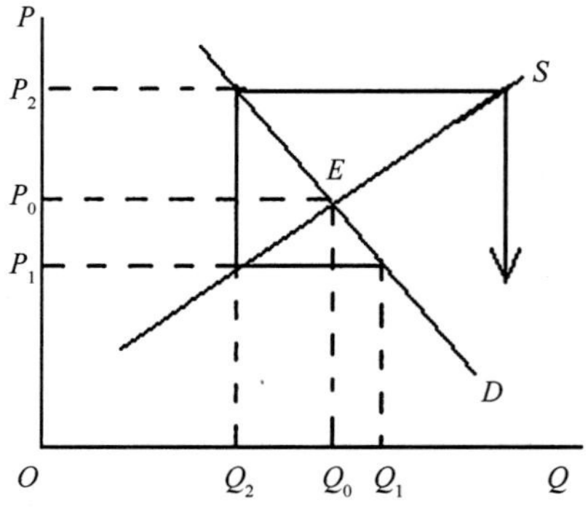

图 2-25　发散型蛛网

第三种情况，供给弹性等于需求弹性。如图 2-26，价格与产量的变动过程仍与以前一样，但它既不是波动越来越小，也不是波动越来越大，而是始终保持在同样的波动程度，既不趋向均衡点，也不远离均衡点。因此，供给弹性等于需求弹性称为蛛网中立条件，这种蛛网称为“封闭型蛛网”。

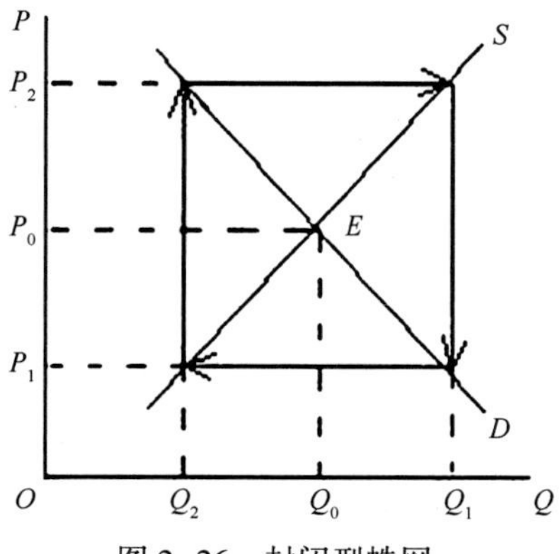

图 2-26　封闭型蛛网

运用蛛网模型我们可以解释一些农产品的价格为什么会来回摆动的问题。有新闻报道，说很多农民看到市场上蒜薹卖得好，就纷纷去种蒜薹。可当他们把蒜薹种出来以后市场上蒜薹价格又跌了，结果亏了本。当大家都不种蒜薹时那些仍然在种蒜薹的农户可能就要赚了，因为这时蒜薹价格可能又要涨了。市场变化就是这样无情，不用“三十年河东三十年河西”，往往是“三个月河东三个月河西”。所以，对于一个企业来说，研究市场变化的规律很有必要。

三、定量分析模型的作用

前面对需求和供给等问题的分析，都假定需求曲线和供给曲线是已知的。那么，企业怎样得到它们，并根据它们对未来市场需求进行预测，这个问题称为市场需求估计。

市场需求估计的方法很多，基本上可归结为两种：一种是进行市场调查，根据所得资料估计需求；另一种根据积累的统计资料，用统计方法估计。这两种方法又是联系在一起的，对调查所得资料的分析，离不开统计方法。当统计资料不足时，也需要以市场调查的资料作补充。需求估计属于市场调查和统计学等专门的学科领域，这里我们仅谈一下应用数学模型中的基本问题。

在企业管理中运用定量分析模型，主要有以下三方面的作用。

（1）确定企业的产品及生产规模。企业生产什么、生产多少，如果在这样的问题上出现误判，那么企业就输在了起跑线上。运用定量分析模型，不仅可以帮助我们确定企业生产什么，而且可以帮助我们确定企业生产多少。如果不运用定量分析模型，只是跟着感觉走，就很容易造成辛辛苦苦生产出来一大堆东西卖不出去；或者产品虽然适销对路，但没有估计到需求这么大，产品供应不上，眼看着赚钱机会被别人抢去。

（2）提高企业的管理水平。整个企业可以看作一个系统，最基础的管理工作就是从揭示各子系统之间相互依赖、相互制约的关系开始的，如对人、财、物各要素的分析，对产、供、销各环节的分析。这些工作不仅关系到对管理活动的定性分析，也关系到对管理活动的定量分析。运用定量分析模型，才能使我们做到“心中有数”，才能更加深刻、准确地认识企业经营管理活动的规律性，提高经营管理的水平。

（3）促进企业素质全面提升。定量分析模型的运用，不仅是对管理方法的改进，而且对管理思想、管理组织、管理人才、管理手段等方面的现代化起到积极的推动作用。在思想上有助于克服主观主义、经验主义；在组织上有助于管理机构的改革；在人才上有助于知识更新；在手段上有助于计算机技术在企业管理中的推广应用。这样，可以促进企业素质的全面提升，使企业更好地适应客观形势的发展。

四、“人脑+电脑”的分析框架

企业管理从本质上包括科学性和社会性两个方面，二者相互影响，不可分割。

从科学性的角度看，管理活动要抽象与简化，模型必须高于现实。如果企图用模型来“复制”现实，就会使模型过于复杂，建模费时费力，甚至失去实用价值。20世纪70年代，施乐公司为了把产品搞得十全十美，在罗彻斯特建造了一座全由工商管理硕士占用的29层高楼。这些MBA们在大楼里对第一件可能开发的产品设计了拥有数百个变量的定量分析模型，编写了一份又一份市场调查报告……然而，当这些人继续着不着实际的分析时，当产品研制工作被搞得越来越复杂时，竞争者已把施乐公司的市场份额抢走了50%以上。

从社会性的角度看，企业管理者既要掌握一定的数理技术知识，能看懂用电脑求解的结果，也要能对错综复杂、千变万化的管理实践活动进行去粗取精、去伪存真的工作。不仅要会用定量分析模型，又不要被它束缚，犯简单化和教条化的错误。要面对现实世界，用人脑来分析电脑得出的结论，考虑到实际情况，做出调整。电脑重在管理效率，人脑重在管理创新。所以说，现代管理决策实质上是一个“人脑+电脑”的工作过程。

第三节　生产要素的先期投入

常言说：“兵马未动，粮草先行。”其实在准备粮草之前更要做的一项工作是招兵买马，这对一个想要创办企业的人来说，就是生产要素的先期投入。

生产要素是指生产中所要使用的各种资源。根据马歇尔《经济学原理》的思想，生产要素一般分为劳动、资本、土地和企业家才能这4种。劳动指人类在生产过程中所提供的劳务，包括体力劳动和脑力劳动，是生产率的决定因素。资本指生产中所使用的劳动产品或资金，表现为实物形态和货币形态。资本的实物形态又称为资本品或投资品，包括厂房、设备、原材料等；资本的货币形态通常称为货币资本。土地是一个广义的概念，指生产中所使用的各种资源，不仅包括土地本身，还包括山川、河流、森林、矿藏等一切自然资源。企业家才能是指企业家对生产过程的组织和管理，包括经营企业的组织能力、管理能力和创新能力。企业家才能是马歇尔在《经济学原理》中特别增加和强调的一种生产要素。

一、资本的借贷

要想创办企业，首先要有钱，就是要有资本。有了资本才能建设或租用厂房设备，雇佣劳动者，购买燃料、原材料，进行生产。资本可以是自有的，但更多的是向银行贷款，或向风险投资家借款。无论是贷款或者是借款，都是要有利息的，利息就是资本的使用价格。这样一来资本就成了一种特殊的商品，投资活动就要受到资本市场供求规律的支配。

投资取决于预期利润率与借款利率的比较。这里的利率指实际利率。实际利率=名义利率-通货膨胀率。投资是利率的减函数，即利率越高，投资越少；利率越低，投资越多。设 i 为投资量，r 为利率，e 为自主投资，即利率为零时也有的投资量；d 为利率对投资的影响系数；则投资需求函数为

$$i=e-dr$$

投资需求曲线向右下方倾斜，如图 2-27，利率为 3%时，投资量为 500 万元；利率为 1%时，投资量为 1 000 万元。

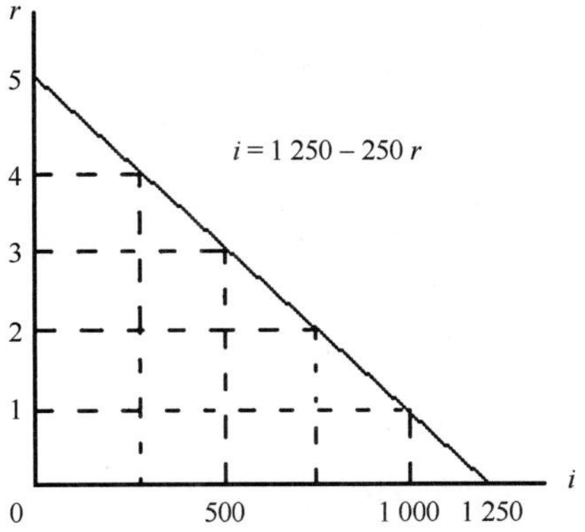

图 2-27 企业投资需求曲线

投资需求曲线又称投资的边际效率曲线，它是从资本的边际效率曲线引申而来的。资本边际效率是一种贴现率，这种贴现率正好使一项资本物品的使用期内各项预期收益的现值之和等于这项资本品的供给价格或重置成本。

假定本金为 100 万元，年利率为 5%，则：

第 1 年本利和为：100（1+5%）= 105（万元）

第 2 年本利和为：105（1+5%）= 100（1+5%)^2= 110. 25（万元）

第 3 年本利和为：110. 25（1+5%）= 100（1+5%)^3= 115. 76（万元）

依此类推。如果 r 表示利率，R_0表示本金，R_n表示第 n 年的本利和，则 $R_n = R_0(1+r)^n$，或 $R_0 = R_n/(1+r)^n$，即 n 年后 R_n的现值为 R_0。

假定利率为 r，某企业投资 R 万元购买一台机器（R 即为该机器供给价格），该机器使用期限为 n 年，不同年份的预期收益分别为 R_1，R_2，…，R_n，$R_i/(1+r)^i$（i=1，2，…，n）为各预期收益现值，J 为 n 年后的残值。如果该投资每年的本利都能按 r 贴现（即贴现率为 r），

$$R = \frac{R_1}{1+r} + \frac{R_2}{(1+r)^2} + \frac{R_3}{(1+r)^3} + \cdots + \frac{R_n}{(1+r)^n} + \frac{J}{(1+r)^n} \tag{2-1}$$

则 r 就是资本边际效率。

如果 R、J 和各年预期收益都能估算出来，就能算出资本边际效率。因为 r 在分母上，所以如果 r 小，分数的值就大，各项预期收益的现值之和就会大于该资本品的供给价格，该项投资就赚钱。也就是说，如果资本边际效率大于市场利率，则投资就值得，否则就不值。

例如，一个预计长期实际利率是5%的企业创办者正在考虑几个投资项目，每个项目都需花费100万元，项目1将在2年内回收120万元，项目2将在3年内回收125万元，项目3将在4年内回收130万元。假设通胀率是4%，问哪个项目值得投资？

这个问题可以这样来解。由于每年通胀率为4%，实际利率为5%，因此名义利率为9%，这样3个项目回收值的现值分别为：

$$R_1 = \frac{120}{(1+0.09)^2} \approx 101.00(\text{万元}), \quad R_2 = \frac{125}{(1+0.09)^3} \approx 96.53(\text{万元}),$$

$$R_3 = \frac{130}{(1+0.09)^4} \approx 92.09(\text{万元})。$$

可见这3个项目中只有第一个项目在使用期内收益的现值大于它的供给价格或重置资本，值得投资，其他项目都不值得投资。

二、员工的雇用

企业的创办者有了资本和项目以后还要雇用员工。企业创办者当然是想雇用能干的员工了，但由于对员工不了解，就不得不看重其文凭。在劳动力市场上，一般来说，受过教育的人比没有受过教育的人工资高。为什么呢？很多人认为教育会提高人的劳动生产率。如果是这样，因为教育是个持续和渐进的过程，这就意味着受教育年头与收入之间有一个平衡增长的关系。但来自美国的一项资料表明，受过1~3年大学教育的人与更低一级教育水平的人相比，平均工资增长14.8%，而有大学文凭的人与更低一级教育水平的人相比，平均工资要增加37.6%。14.8%和37.6%的差距也太大了一点，这又是为什么？

有没有文凭对个人收入至关重要，这是因为教育不仅仅可以提高人的劳动生产

率，受过教育的文凭对于用人单位来说，也起着信息甄别的作用。平心而论，比起3年后离开大学的人，那些完成大学四年学业的人可能更胜任工作。一般来说，较聪明的学生感到大学学业容易完成，因此不愿半途而废；而那些学不下去的学生才会在中途离开学校，觉得还是不要再浪费一年时间为好。因此，用人单位重视文凭不仅是因为这些毕业生学到了本事，而且是因为学业的完成是一个人更具生产能力的信号。当然，中途退学的人并不都是不中用的，有些人中途退学是因为家庭困难，有些人比如说比尔·盖茨，中途退学是为了创业。但是，用人单位必须根据可得到的有限信息做出判断，而毕业文凭是一个方便的信号。

下面我们用一个模型对文凭的信息甄别作用做进一步的探讨。假设企业创办者在劳动力市场面临两个群体：一个群体的才能为1；另一个群体的才能为2。在没有甄别手段的情况下，企业创办者只好假定该劳动力市场的平均才能为1.5，从而用1.5的工资水平雇用劳动力。但是，如果用人单位有一个办法可以排除才能为1的人，仅雇用才能为2的人，其利润就会增加，劳动生产率就会提高。市场上每个用人单位都这样做的结果，才能为2的人得到了2的工资，才能为1的人得到了1的工资。文凭往往可以起到这种甄别的作用。

在图2-28中，横轴为教育年限，纵轴为工资。如果用人单位认为M年的教育可以作为甄别手段，那么高于M的人得到的工资为2，低于M的人得到的工资为1，工资水平就呈现如$ADBK$的折线。如果不要任何成本就能得到M年的教育，那么在利益驱动下每个人都会接受M年的教育。于是M也就失去了信息甄别的作用。但是，教育是要付出成本的，特别是教育要付出的心理成本与个人的劳动生产率往往是有关系的。那些教育上付出心理成本较低的人，也就是善于学习比较聪明的人，其在工作中的效率往往较高。在这一定条件下，文凭的信息甄别作用就显现出来了，见图2-28中的两条教育成本线。低生产率者，由于不善于学习，其教育成

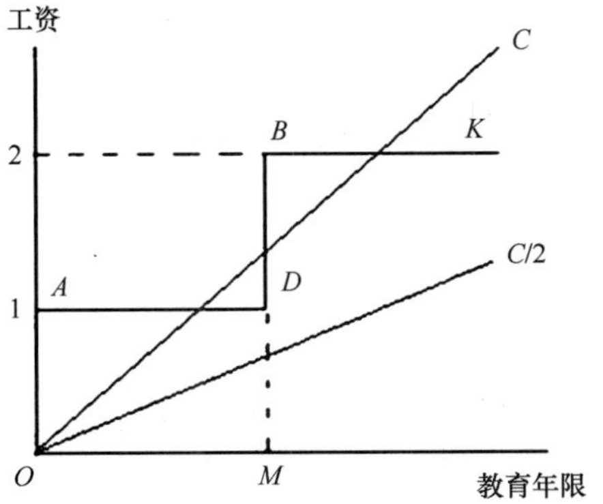

图2-28　文凭的信息甄别作用

本线较高，为 C；高生产率者，由于善于学习，其教育成本线较低，为 $C/2$。在这种情况下，人们如何选择教育年限呢？选择原则是：工资与教育成本之间的差距最大时为最佳，这样才能实现利润最大化。对教育成本为 C、工资为 1 的人来说，教育年限为 0 时差距最大；对于教育成本为 $C/2$、工资为 2 的人来说，教育年限为 M 时差距最大。所以，只有教育成本为 $C/2$ 的人会选择接受 M 年的教育，接受 M 年教育的文凭也就成为劳动力市场甄别人才的信息标志。

雇用员工不仅要看文凭，还要看成本，既不能不顾成本总是雇用学历高的员工，也不能不问学历总是雇用成本低的员工。一个企业在一种特定的工作岗位上是使用高中毕业生还是使用大学毕业生，要看其工资和产量的比率，选用那种能够使单位产量的成本最低的劳动力。设 W_b 和 W_c 分别是高中毕业生和大学毕业生的平均工资水平，Q_b 和 Q_c 分别是高中毕业生和大学毕业生的平均产量水平，那么，如果 $W_b/Q_b< W_c/Q_c$，则选用高中毕业生是最有效的；如果 $W_b/Q_b> W_c/Q_c$，则选用大学毕业生是最有效的。有的企业不顾生产性质盲目雇用大学毕业生甚至是硕士生、博士生去干高中毕业生甚至是小学毕业生也能干的工作，还美其名曰重视人才，这不仅是对自己的不负责任，也是对人才的亵渎。

三、土地的租用

创办企业要建设或租用厂房和办公室，厂房和办公室是建立在土地之上的，其租金就与地租间接地联系在了一起。如果创办的是生产农产品的企业，就要租用农田，其租金就与地租直接地联系在了一起。地租是土地的使用价格，它是由土地的需求与供给决定的。土地的需求是由土地的边际生产力决定的，由于土地的边际生产力是递减的，所以土地的需求曲线向右下方倾斜。当土地只有一种用途即生产性用途时，其供给是固定不变的，所以土地的长期供给曲线是一条垂线。如图 2-29，横轴 OQ 表示土地的数量，纵轴 OR 表示地租，土地的需求曲线 D_0 向右下方倾斜，长期供给曲线 S 与横轴垂直，垂足为土地存量 Q_0。D_0 与 S 的交点 E 决定了土地的均衡价格即地租为 OR_0。

我国的城市土地属国家所有，农村土地属集体所有，国家实行了严格的耕地保护制度，18 亿亩的耕地红线不能碰，这就使得我国垂直的土地供给曲线 S 不能移动。但我国处在城市化的进程中，工业和住宅用地的需求不断增长，土地的需求曲线由 D_0 向右平移到 D_1，这就导致了土地价格从 R_0 上涨到 R_1，带动房价持续飙升。这中间自然有土地投机造成的泡沫，但主要还是工业和住宅用地的刚性需求，再加上地方政府土地财政的需求，所以在相当一个时期内指望土地价格下跌是不现实的，只能指望在国家宏观调控的基础上土地价格不要上涨得太快。

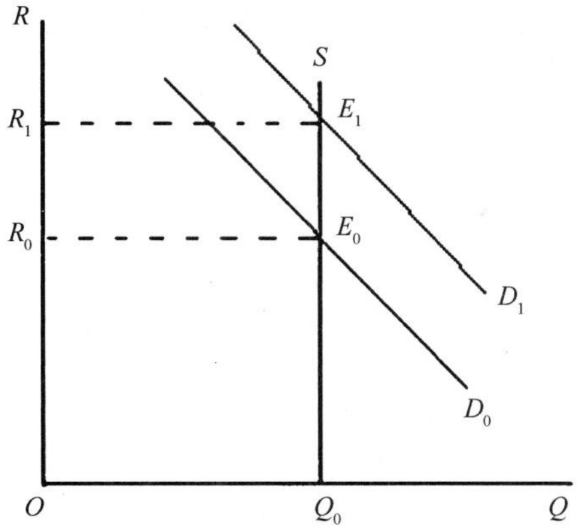

图 2-29　土地的价格

把地租的概念扩展一下，就有了租金的概念。供给数量不变的资源的服务价格称为租金。如果这个资源是土地，就是地租；如果这个资源是房屋，就是房租。所谓寻租活动，不是仅指地租和房租，只要这个资源的供给是固定的，那么，企图占有或获取其服务价格的活动就是寻租活动。也就是说，寻租活动就是个人或团体为了占有或获取具有固定供给量的生产要素的努力。

这里要把创租活动、寻利活动和寻租活动加以区别。当一个企业成功地开发了一种新产品时，企业就能享受到高于其他企业的超额收入，这种活动可称之为“创租活动”。当其他企业看到生产这种产品有利可图时，也生产这种产品，从而使其价格降低，超额利润（即租值）逐渐消散，这属于寻利活动，它也会增进社会福利。但是，如果一个企业开拓了一个市场后，担心其他企业涌入而使租值消散，便寻求政府的干预来阻止其他企业加入竞争，这就是一种寻租活动了，因为这种活动有损于社会福利的增进。所以有人把寻租活动定义为维护既得的经济利益或是对既得的经济利益进行再分配的非生产性活动，也有人干脆把寻租活动称之为人为地限制供给以获取额外收入的活动。

四、企业家才能的培养

企业家才能是指企业家经营企业的组织能力、管理能力和创新能力。要想创办一个企业，创办者必须要具备企业家才能，哪怕不完全具备至少也不能完全没有。不具备企业家才能，多半这个企业创办不久就会夭折，留给创办者的只能是一屁股债和无尽的烦恼。

企业家才能不是先天就有的，而是通过后天的努力培养的。企业家才能的培养要靠学习，学校里可以学习，更重要的是在实践中学习。学习要有效果，而学习成本与学习收益之间有一个学习曲线可以为我们提供参考。学习曲线所描述的是学习收益与每一单位产量所需要的投入的成本之间的关系。图 2-30 中横轴表示学习收益，纵轴表示学习成本，学习曲线向右下方倾斜。

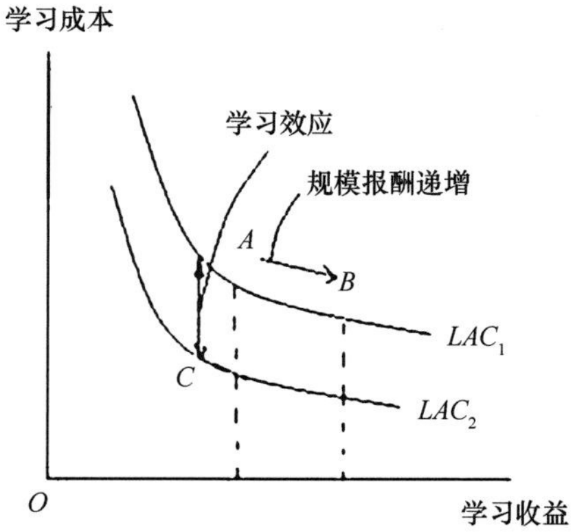

图 2-30　学习曲线

学习曲线告诉我们 3 件事：

（1）企业家才能的培养不是一朝一夕就能完成的事情，而是一个长期艰苦的学习过程。正所谓“书山有路勤为径，学海无涯苦作舟”。尤其在刚开始，学习成本是很高的。但我们不要灰心丧气，因为继续坚持下去，不但学习收益在增加，而且平均学习成本也会不断下降。

（2）任何一门学问都是“入门容易精通难”，难就难在学习收益达到一定水平、平均成本下降到一定程度以后学习曲线变得平缓，下降速度减慢，好像掉进了一个“陷阱”。从图 2-30 中可以看出，随着产出的增加，刚开始长期平均成本下降很快，后来就变缓了。所以不要浅尝辄止，而是要潜下心来，深入钻研，才能有所收获。

（3）要想突破“陷阱”，必须要注意知识迁移能力的培养。知识迁移是“一种学习对另一种学习的影响”。在学习这个连续过程中，任何学习都是在学习者已经具有的知识经验和认知结构、已经获得的动作技能等基础上进行的。这种原有的知识结构对新的学习的影响就形成了知识的迁移。有了知识迁移能力，学习曲线就可以由 LAC_1 下移到 LAC_2，从而大大节省成本，起到事半功倍的作用。学习中沿 LAC_1 从 A 点移动到 B 点，所表示的长期平均成本降低是规模报酬递增所引起的；从曲线 LAC_1 上的 A 点移动到 LAC_2 曲线上的 C 点，是由学习效应引起的。

第四节　企业的选址

如果确定要创办企业，还有一个问题，就是将企业办在什么地方？如果在城市里开个店铺，位置选在哪呢？李嘉诚的经验有 3 条：第一是地段；第二是地段；第三还是地段。可见地段的重要性。如果在外地办个工厂，位置选在哪呢？有人认为应该将工厂设在离原料地比较近的地方，可以就地取材，比较方便。是这样的吗？

一、工业布局的指向性变化

一个企业要想生存和发展，需要很多原料、燃料和材料。这些资源本来是吸引企业的很好条件，比如石油蕴藏量大，会吸引炼油厂；铁矿石蕴藏量大，会吸引炼铁厂、炼钢厂。但是，当前世界工业布局正在发生巨大的指向性变化，很多过去是原料燃料地指向的重要部门，现在转变成了消费地指向，从而使资源产地失去了吸引力。其原因如下。

第一，由于加工工业技术的进步，一些失重原料在加工过程中可以将其中越来越大的一部分转化为成品，这就使得一些原来的地方失重原料转变成地方纯原料或接近于纯原料，原料地的吸引力就减弱了。比如，在石油工业中，早期的炼油厂要排除大量废气、废渣，只有原料中的一部分可以转化为石油制品（即所谓失重），因此炼油厂建在石油产地比较经济。如果建在别的地方，原油从开采地运到加工地，等于运了很多废料。但现在由于催化裂化技术的进步，炼油和石油化工的结合，使原油几乎全部都可以转化为数百种产品，这就不存在运废料的问题。而且运输原油比运输成品更方便安全，于是厂商宁愿把炼油厂建在靠近消费地的地方，而不是在石油产地。石油工业是个巨大的工业部门，它的布局的指向性变化对世界的工业布局有很大的影响。又比如，钢铁工业，很多地方的铁矿经长期开采，品位越来越低。这本来会提高铁矿产地对钢铁厂的吸引力，但由于选矿、造球技术的进步，贫铁矿可以经过初加工变成含铁量达 65%的球团矿，长途运输的效益就提高了。这就使得铁矿产地对选矿、造球以外的其他钢铁生产过程失去了吸引力。

第二，由于现代企业的规模越来越大，耗用的原料燃料越来越多，这就使得一个地点的原料燃料往往难以满足需要。可原料和燃料地往往比较分散，而且原料燃料会越开采越少，总有枯竭的一天。如果把工厂布局在原料燃料产地，一旦当地资源枯竭，工厂也就跟着报废了。我国很多老的石油产地，如玉门；老的煤炭产地，如大同，都存在这个问题。而消费地的消费却不会消失，随着人口的增加和收入的提高，对产品的需求量只会越来越多。工厂的兴衰又取决于产品是否适销对路，这就使得厂商更愿意把工厂建在消费地，以便随时了解市场信息，对产品结构进行调整。

第三，现代企业的发展越来越依赖于人才和技术，工厂如果建在资源产地，那里往往是荒郊野岭，没有商店、学校和娱乐设施，很难吸引管理人员、工程技术人员和他们的家属，也很难招到合适的工人。而把工厂建在消费地，这些问题都可以解决了。这也是资源地吸引力减弱、消费地吸引力增强的一个重要原因。

第四，把工厂建在消费地还有个好处，就是消费地可以就地回收废旧物资，以补充原料的供应。现代钢厂耗用的废钢占到原料的45%，塑料厂、造纸厂等企业更是离不开废物的回收利用，这也增加了消费地的吸引力。

综上所述，把企业办在离原料地比较近的地方不见得是好事。因为产品是为消费者生产的，所以，将企业建在离消费地比较近的地方比较好。如果不能建在离消费地比较近的地方，至少交通要比较方便，产品可以便捷地运到消费地。

二、在外地办企业的条件

把企业办在外地不仅是个资本流动问题，也是个企业组织问题，需要具备一定的条件。

（一）企业办在外地的必要条件

一个企业到外地去办一个分支企业，在自己所不熟悉的环境下与当地企业竞争，必须具备当地企业所不具备的优势。这种优势我们不妨称之为所有权优势。所有权优势包括：

（1）对某种技术的垄断，这种技术可以是生产过程中实际运用的具体技术，也可以是以知识、信息、诀窍等形式存在的无形资产；

（2）具有规模经济，它表明了企业对资源的控制程度以及抵御风险的能力；

（3）企业家才能的“过剩”，这种“过剩”是推动企业不断向外扩张的动力源泉。

同时，企业之所以到外地投资而不是在本地投资，投资地必须具备一定的区位优势，能给企业带来在本地得不到的好处。这种区位优势包括：

（1）离消费地比较近，可以及时捕捉市场信息，调整生产结构或产品结构；

（2）可以获取廉价的原材料、资金、地皮或劳动力，从而降低生产成本；

（3）税收负担比较轻、基础设施比较全、政府效率比较高、竞争对手比较弱等，即环境比较好，有利于企业发展。

以上条件不一定全部具备才会到外地投资，但至少必须具备一两项才行，所以所有权优势和区位优势是企业向外地投资的必要条件。

全球一半的iPhone是在郑州生产的。郑州有94条iPhone 6和iPhone 5s生产线，生产和组装iPhone的工厂分为几十个区，占地总计5.7平方千米。高峰时期有35万员工组装、测试、包装iPhone，每分钟生产350部智能手机，从郑州出口的智能手机已经达到2.3亿部。郑州之所以能吸引为苹果公司生产iPhone的富士康在这里投资，主要是郑州市政府为富士康提供了十分优惠的条件。2010年至今，为了吸引富士康在郑州落户，郑州市政府提供了很多财政补贴和税收优惠。在生产的前2年，补贴总额高达5 600万美元；在投产的前5年，免交企业税和增值税，以后5年减半。不仅如此，郑州市政府还提供15亿美元，资助富士康建设工厂和员工宿舍，并将其运营点设在保税区，工厂设在离机场几千米远的地方。富士康员工还可少交社保及其他费用，每年累计可达1亿美元。

（二）企业办在外地的充分条件

企业具有所有权优势、投资地具有区位优势，并不意味着企业必然会去投资，因为它至少有3种途径可供选择：

（1）在本地生产，将所有权优势凝结在产品上，然后将产品销往外地；

（2）向外地独立企业发放许可证，将其技术有偿转让；

（3）直接投资，在投资地设分支企业，就地生产就地销售。

为什么企业不选择前两条途径而选择后一条途径？这可能有以下一些原因：商品市场的不完全性，地方保护为商品流动设置了重重障碍；要素市场的不完全性，资本和劳动的流动遇到很多阻力；路途遥远或商品比较特殊，运输成本很高等。这些原因可以解释为什么企业不在本地生产再销往外地，但解释不了为什么不将技术有偿转让？我们必须从中间产品市场的不完全性上去寻找答案，这也是市场交易内部化理论的基础。

中间产品不光是指基本投入与最终投入之间有形资产的投入，也包括无形资产的投入，即技术、信息、诀窍、经营方式和经验的投入等。正是这些无形资产的优势，把成功企业与一般企业区别开来。但这些无形资产很难通过市场交易实现其价值，这是因为无形资产在某种程度上具有“公共物品”的性质，很少有人愿意为它付钱。比如你有一个好“点子”，别人使用它的边际成本很低，甚至为零，并且别人使用这个“点子”也不会减少你自己使用这个“点子”。所以很少有人愿意为这个“点子”向你付钱，即使付钱也是很少的一点钱。久而久之这种无形资产便无人愿意提供，宁愿它烂到肚子里。有人说，你不要把这个“点子”告诉别人啊！说的也是，但这样一来，这个无形资产的价值就很难实现了。为了实现它的价值你还得把它拿到市场上来，可怎么卖呢？你说我有个“点子”对你很有用，买下吧。别人问是什么点子？你说还是不说？不说人家不相信，说了人家知道了干吗还要买？所以无形资产的有偿转让很难实现，交易成本很高。最好的办法就是自己用这个“点子”投资办企业，或找个合伙人，签了合同后再把这个“点子”告诉他。这个过程就是“内部化”过程。进一步分析还知道，无形资产的知识性、技术性越丰富，交易规模越大，内部化倾向就越强，就越具有“内部化优势”。

综上所述，企业只有具有所有权优势和内部化优势，而投资地又具有区位优势，才会选择到外地投资。否则，它会考虑商品输出或技术转让。

三、产业集聚

企业不管是办在本地还是外地，最好能够与同类的企业在一起，形成产业集群。生产相同或类似产品的企业在一起固然会有竞争的压力，但却可以得到外在经济的好处。很多生产同样或类似产品的企业聚集在一起，每个企业都可以从整个行业的扩大中得到更加方便的辅助设施、更多的信息和更好的人才，更细微的专业化分工、更广泛的合作。规模化的生产降低了成本，企业之间的竞争又增加了花色品种，降低了价格。名声出去以后又会吸引全国乃至国外的客商到这里来选购产品，因为到这里来比到各地分散的企业选购更能节省交易成本。

第三章　企业产生

创办企业的先期准备工作完成以后，企业的产生便是水到渠成、瓜熟蒂落的事情了。本章主要阐述企业产生的历史、企业产生的原因和企业的组织结构等问题。

第一节　企业产生的历史

一、企业的产生

企业的产生需要一些条件，这个条件，就是商人的出现和契约的产生。

公元前3000年，在两河流域美索不达米亚平原诞生了两河文明，这是世界上最早的文明形式。两河文明创造了世界上几个第一：第一种文字——楔形文字，第一座城市——基什，第一部法典——《乌尔纳姆法典》，也产生了第一批商人。当时以物易物的贸易已经出现，苏美尔人开始沿着幼发拉底河和底格里斯河做买卖。在这个过程中，发展出了一种合约，这是现代契约的雏形。商人和契约的出现，企业就开始一步步孕育了。当然这个过程非常漫长。

同样是在两河流域，亚述人进一步发展了合约，那个时候甚至有这样的合伙协议：14个人集资26块黄金成立一个基金，交由一名叫阿穆尔伊斯塔的商人管理，这个商人也拿出4块黄金加入，基金时效4年，收益的1/3归这名商人。这种契约和现代的基金没什么两样。我们可以看到，合伙企业（合伙协议）的形态似乎已经开始显现了。腓尼基人和雅典人带着这种协议渡海而去，在地中海沿岸传布类似的机制。显然，海上贸易所涉及的经费和时间使得它比陆上贸易更需要某种正式约定。对投资人和债权人而言，出海的商人更可能失踪。显然，越复杂的事情，越能推动制度的发展，海上贸易进一步推动了契约的完善和发展。

到了公元前9世纪，罗马文明开始兴起。公元前2世纪，罗马成为地中海霸主。那个时候，罗马出现了一种社团（societate），是一种专门负责收税的包官组成的公会。一开始，罗马收税的工作是由骑士来完成的，不过随着罗马版图的扩充，骑士和贵族也人手有限，完不成这样的工作。于是，一些工匠和商人联手成立同业公会，为罗马军队制作盾牌和刀剑，选举自己的管理人，向政府取得许可，帮助他们收税。实际到这个时候，企业的社团雏形开始出现了。18 世纪，伟大的法学家布莱克主张发明企业的这份荣誉完全属于罗马人。部分企业法的原始概念的确是罗马人想出来的，特别是一个社团可以拥有一个集合身份，与组成分子的个别身份区别开来。这是现代企业法人独立地位的雏形。

在罗马的商业社团之后，还有两种组织形态在中世纪兴起：一种是意大利的商人企业；另一种是北欧政府特许的法人组织和行会。威尼斯商人来了。公元 9 世纪开始，威尼斯等意大利城邦出现了航运商行。这种商行成立的目的，是为了资助和管理某单一航程（一般一次航程可能达数月）。一种有限合伙企业的雏形开始出现，在航运贸易中，一部分人有钱，但是不愿意出海；一部分人愿意出海，但是没钱。这样，这两种人匹配起来，有钱的提供资金，分取收益，没钱的出海航行，用自己的身家性命去拼搏。由于航程长，又有海外办事处，出于监控和对账的需要，这个阶段又发展出复式记账法，成为现代企业会计记账、会计报表的起源。银行也在这个时期得到快速发展。行会与特许企业也开始出现。行会比较像现在的行业协会或工会，只有加入行会的成员才可以在区域内从事该行业，行会也提供互助和保护。

二、企业的发展

特许公司，是政府开始授予一些企业独占特定外国市场贸易的垄断权。16—17 世纪，特许公司开始兴起。特别是哥伦布、麦哲伦、达伽马相继发现新大陆之后。特许公司大量出现，政府把皇家特许状颁发给一公司，让他们享有海外贸易往来的独占权，让他们代表国家去开疆扩土，让他们去世界上的角落建立殖民地。于是，东印度公司来了。当时组建了一支船队到东印度群岛，印度尼西亚，不亚于今天准备筹划一次到火星或月球的航行，不仅需要一年多的时间，还需要很多钱。而且还会遭遇海上风暴、海盗，还有可能要同荷兰人、西班牙人作战，这对商人来说相当冒险。商人即使愿意冒险，但是没钱也难为无米之炊。如何让有钱人出钱，有力者出力，入股集资、有限责任的概念被发明出来了。这些特许公司获得皇家特许状后，借助国家的信用背书，很容易获得公众的认可和信任把钱交给他们。交钱以后，为了保护这些投资者，有限责任的概念就被发明出来，即这些投资者仅仅以自己的投资为限承担责任，这就大大降低了投资者的不安感。

1599 年 9 月，80 名伦敦商人聚集在英国市政厅，希望女王伊丽莎白一世给他们东方贸易的特许权。1600 年 12 月 31 日，有 218 位成员的“到东印度之外贸批发商公司暨总裁”获得特许状，取得了海外贸易 15 年的独占权。“伦敦商人在东印度贸易的公司”正式组建船队扬帆出海。当时，他们筹措了 72 000 英镑（购买力相当于今天的 3 500 万美元）。当然，它也获利丰厚。1611 年的第十趟航程，资本额是 46 092 英镑，资本报酬率是 148%。有着“海上马车夫”之称的荷兰感到受到了威胁，于是，荷兰东印度公司成立了，与英国东印度公司不同的是，它面向所有市民公开发行股票，它实际上成了世界上第一家上市公司。通过这样的方式，荷兰东印度公司的投资总额，大大超过了英国东印度公司。同时，应运而生的，是股票交易所和银行。这些给荷兰人带来了爆炸式的财富增长。公开发行股票的方法很快就在英吉利海峡传播开来，资本的雪球越滚越大，企业的势力范围也不断延伸。英国东印度公司很快就建立起来 16 个月一趟船期的固定模式。榜样的力量是无穷的，继英国、荷兰之后，是丹麦、法国、瑞典、俄罗斯……这个阶段的企业，不仅承担着为股东创造利润的任务，更承载着为国家开疆拓土的使命。

1775 年，英国东印度公司 32 岁的雇员罗伯特·克莱武，率领 3 000 名雇佣军，击溃了 2 万骑兵、5 万步兵组成的印度军队。从此印度开始了被殖民的历史。鼎盛时期，英国东印度公司拥有超过 30 万人的武装力量，这个数字是当时英国军队的 2 倍。公司越来越大，公司的组织结构也开始显现。英国东印度公司规定，凡拥有投票权的股东都可以参加股东会，而每日的管理工作则交由有 24 位董事的董事会负责，这 24 位董事都是由股东大会遴选出来的。公司总裁及副手下设 7 个专责委员会，负责处理会计、采购、通信、船务、资金筹措、仓储、个人买卖等事宜。他们的组织结构类似政府，实际上成了“一个帝国中的帝国”。这些公司不但是经济帝国主义的工具，因为公开发行股票，也是一种无法遏制的金融投机工具。

法国密西西比公司是一个典型的案例。当时一个有趣的现象是，人们既可以用银行发行的纸币购买股票，也可以用持有的债券购买股票。1715 年，一个叫约翰罗的苏格兰人踏上了法兰西的土地，他在赌桌上认识了当时的摄政王奥尔良大公菲利普，当时法国在“太阳王”路易十四驾崩后，留下了比法国 10 年财政收入总和还多的巨额债务。奥尔良大公一筹莫展，约翰罗说服奥尔良大公让他成立大众银行，发行银行券，然后要求税吏以银行券付款给财政部，借此要求大众以纸币交税。就这样，在法国政府的支持下，约翰罗还买下了密西西比公司，发行密西西比公司股票。你有法国政府的债券，你就能换密西西比公司的股票。他一边大量发行股票，一边对外宣传股利丰厚，于是，很多人对此趋之若鹜。约翰罗是个金融天才，他不仅发行股票，还提供投资人以分期付款的方式购买股票，每月偿还购买价的 10%；同时，他又以股票做担保，从皇家银行借款出去。当时密西西比的股票价格高达 1 万里弗尔。在这样的泡沫高峰时期，约翰罗又推出期权（买入选择权），投资人只要拿出 1 000 里弗尔的保证金，就有权在未来 6 个月购买 1 万里弗尔的股票。密西西比公司实际上经营的业务少得可怜。实体不行，金融全是泡沫。泡沫免不了幻灭。1720年年初，投资人开始抛售密西西比的股票，接下来是恐慌性的抛售。法国投资人损失了5亿里弗尔。12月，约翰罗出逃布鲁塞尔。

法国的模式，同样也吸引了英国。英国的公司叫南海公司。南海公司成立于1711年，持有皇家特许证，垄断着对中美和南美的贸易权。1720年初，南海公司开始发行新股。短短几个月，股价从125英镑飙升到1 000英镑。“股份公司”在人们眼中成为神奇的摇钱树，这一年英国冒出202家“股份有限公司”。当然，泡沫也不可避免。1720年，英国国会通过《泡沫法案》，宣布，在没有议会法案或国王特许状给予的法律权利的场合，禁止以公司名义发行可转让股票，或转让任何种类的股份。该法案实际上是想保护南海公司的利益，因为很多南海公司的董事或股东同时也是议会议员。但实际上，《泡沫法案》出台后，大量股份公司消失了，随之消失的是投资者的信心。南海公司股价大跌，跌至原来的1/10不到。成千上万的英国人倾家荡产，这里面还有当时的皇家铸币局局长，牛顿。他损失了2万英镑，相当于他10年的工资。他说：我能计算天体的运行轨迹，却难以预料到人们如此疯狂。股民如梦方醒，第一次开始关注“那些公司如何挣钱”这生死攸关的问题。股灾过后，股份公司跌入谷底。两个国家此后在100年内都没有一家新的股份公司获得批准。企业的发展经历了一次大的波折。

此后是工业革命的到来，1776年，瓦特发明蒸汽机。蒸汽机的出现，改变了几千年来完全依赖于人力和自然力的历史，从此，人类进入了工业时代。没几天，亚当·斯密出版《国富论》，斯密批判了国家力量追逐货币财富的重商主义，认为有市场这只“看不见的手”在主导资源的分配，为市场的进一步发展提供了理论的支持。工业革命时期，活跃的公司是一些小规模的公司，采用的是合伙制的法律形式。合伙人对公司债务负有责任，公司（准确地说应该叫合伙企业）不具有独立的法人地位。这些一个个用合伙人名字命名的小公司，各自为追求利润而奔波忙碌、发明创造，大量生产型的工业公司开始取代传统的商业贸易公司，成为经济舞台上的主角，正是他们的自利行为，带来了全社会经济能量的一次解放，这也是人类历史上破天荒的一次解放。随着这些公司的发展壮大，这些市场经济的主体迫切的要求，就是打破特许公司对海外贸易的垄断，把企业交还给市场，建立新的经济秩序。

蒸汽机的发明，带来了蒸汽火车。修铁路需要大量的资金，如何筹集资金，人们还是想起了股份公司。1825年，英国终于废除了《泡沫法案》。1830年，世界上第一条铁路开通。此后10年，英国铺设了2 000英里（约3 200千米）长的铁络，企业制度也在不断的发展中修正。1840年，英国革新公司法，有限责任公司成为主导形式。1842年，英国宪章运动爆发。英国宪章运动、德国西里西亚纺织工人起义和法国里昂丝织工人起义称为欧洲三大工人运动，无产阶级登上历史舞台。员工开始主张自己的权利。1844 年，英国立法废除了特许状，企业注册便利化。1855 年，英国通过“有限责任法”，使法人公司完全享有有限责任。1862 年，英国通过了后来成为世界各国公司法蓝本的统一《公司法》，包括了有限责任公司和股份有限公司。从此，成立公司只需要 7 个人签订一份组织章程，登记营业处所，对外自称“股份有限公司”即可。这部法律也创设了“有限责任”的条款。这部法律确立了现代企业制度的 3 个最重要的原则：独立法人地位、有限责任、股份可转让。公司制度建立后，企业迎来了规范化的发展。美国开始崛起大型公司。洛克菲勒、卡耐基等石油大王、钢铁大王诞生了；德国西门子公司成立了。

三、企业制度的完善

随着公司的崛起，公司与公司员工之间的矛盾也开始显现。资本主义对工人的剥削和压榨开始让人诟病。1894 年 7 月 4 日，125 000 名铁路工人在芝加哥罢工，罢工的原因是工资收入太低，而房租却日益上涨。这场冲突中，13 名工人被打死。这个时候，律师登场了，美国律师克莱伦斯丹诺目睹工人的遭遇，决定为劳工辩护。为此他辞去了人人羡慕的铁路公司律师，选择站在了弱者一边。根据之前市场经济理论，作为商品的劳动力，价格当然由市场决定。市场就是这个价格，当时法庭也倾向合约自由，而不支持劳工权利，也没有公司对工人的养老和伤病负责。据统计，1888 年到 1908 年，美国工业部门发生的事故导致 70 多万名工人死亡，大约每天有 100 人丧生。1901 年，每 26 人就有 1 人因工受伤，每 399 人就有 1 人因工亡故。1902 年，美国宾夕法尼亚州煤矿 15 万名煤矿工人罢工，要求增加工资和承认工会合法地位。直到 10 月，双方仍处于僵持之中。这次罢工举国瞩目。就职刚 1 年的罗斯福总统授权组成仲裁委员会，上一次为工人辩护的丹诺律师也在其中。丹诺要求煤矿公司把账目拿到法庭上来算清楚，一直以来毫无约束的公司开始第一次受到公众舆论的监督。丹诺深刻领悟了贫穷对于生活的意义，用难以置信的语言，有力地进行了演说。美国人听到这样的辩护词：“如果这个国家的文明是靠矿工和劳工忍饥挨饿，靠年仅十二三岁的孩子在尘土飞扬的煤矿捡煤维持的话，我们越早结束这种文明，越早重新开始新的文明，对人类就越有好处。”罗斯福说：“对所有财产和所有殷实之人无可阻挡的进攻，将敲响合众国的丧钟；而如果正派的公民允许生活腐败和邪恶的富人没有限制地、傲慢地主宰国家的命运，这种进攻将势难避免。”1903 年 3 月 21 日，星期六，判决书公布：工人每天的工作时间缩短到 9 小时，并得到 10%的加薪。罢工结束。资方也接受了仲裁决定。此后劳资双方的对话协商机制也开始建立起来。德国议会也先后批准由国家建立疾病保险、意外事故险和老年与残疾保险三项保险法案。这在当时具有划时代的意义。一些有远见的公司，也开始改善员工的待遇。杜邦公司是第一批向员工支付加班费和夜班费的公司，也是第一批为员工开设储蓄账户的公司，更是第一批为工伤员工聘请外科医生的雇主。

1911 年，美国三角女士衬衣公司发生大火，146 名工人被活活烧死。人们开始又一次审视公司、公司挣钱的目的。1914 年，福特公司主动宣布，工人工作时间减至 8 小时，同时提高每天 5 美元的工资待遇。这让美国乃至整个世界都为之震惊。福特相信，公司和工人相互依存，工人工资和待遇的提高，将会使工人增加购买力，让公司有更大的发展。果然，当年福特的利润不降反升，由 1 000 万美元上升到 3 000 万美元。这是最早的 8 小时工作制。

四、中国企业的产生

中国的企业制度是舶来品，它起源于“洋务运动”。洋务运动引进了西方先进的科学技术，使中国出现了第一批近代企业。1872 年，陈启沅回国，教授工人“仿西人缫丝之法”，创办了一家机器缫丝厂——继龙昌缫丝厂，成为近代中国第一个民族资本经营的机器缫丝厂。1873 年 1 月，上海成立轮船招商局，官督商办，招商集股，成为近代中国第一家股份公司，为招商局集团前身。1904 年，清政府颁布《钦定大清商律》，中国有了第一部企业法。至 1994 年 7 月，《中华人民共和国公司法》颁布，中国的企业法正好走过了 90 年。

第二节　企业产生的原因

20 世纪 80 年代以来，经济学家对企业产生的原因有 3 种不同的解释，它们分别是“财产控制权”观点、“议价费用”和“影响费用”观点、“声誉”观点。[①]

一、“财产控制权”观点

这一观点由交易费用学说演变而来。交易费用学说是这样解释企业的产生的：从前有一个商人向一个鞋匠订了一批鞋，并签订了订货合同。鞋匠一个人完成不了，就请了一些帮工，和他们谈价钱，给他们教技术。由于帮工技术不熟练，半天制不了一双鞋，鞋匠就给他们进行了分工：有人专门做鞋帮，有人专门做鞋底，还

① 参见钱颖一《企业理论》，载于汤敏，茅于轼主编：《现代经济学前沿专题第一集》，商务印书馆，1989 年第一版，第 1~11 页。

有人专门将鞋帮和鞋底缝起来。这样效率大大提高，这批货很快就生产出来。鞋匠把货交给商人，商人向鞋匠付了钱，鞋匠给帮工发了工资，就把他们遣散了。商人把这批鞋卖完以后又向鞋匠订了一批货，又签了订货合同，鞋匠又去找帮工。可是原来的帮工已经走了，鞋匠只好找了一些新人，又要给他们谈价钱，教技术，进行分工，很麻烦。所以这批活做完以后，鞋匠就不让帮工走了，与他们签了合同，让他们长期留下来干。这样，鞋匠就不用每次都和他们讲价钱、教技术和进行分工了，交易过程节省了，市场交易就被企业的行政命令所取代了，于是企业就诞生了。这个故事告诉我们，企业的本质就是为了节省交易费用。

这里起承上启下作用的是威廉森的工作。威廉森在寻找市场交易费用时做了如下分析。假设买卖双方事前处于完全竞争的环境中，如果卖方的供给（或买方的需求）需要某种专项投资，那么买卖双方在事后就被“拴”在一起。所谓专项投资，指的是投资不可能再用于其他地方，比如制鞋设备，它是不可挪作他用的专门化资产。如果契约是完全的，在产权明确的条件下契约是可以最优的。但契约很可能是不完全的，比如人们事前不能准确预见将来发生的技术革新；制订详细合同的费用太高；有些指标无法描述清楚等。在契约不完全的情况下，买卖双方的利益冲突不可能在事前都解决，有些得拖到事后再说。但事后双方并不处于完全竞争的环境中了。比如鞋匠已经购置了专门的制鞋设备，这就使得商人在事后的讨价还价能力提高，他如果故意压低价格，鞋匠也不得不就范。如果鞋匠事先就能预见到这种事情的发生，可能根本不购买那套制鞋设备。于是威廉森得出这样的结论：投资的减少是由于契约的不完全性造成的市场交易费用。为了减少这一费用，买卖双方应该合并为一个企业。

格罗斯曼（Grossman）和哈特（Hart）发展了威廉森的上述想法，除了指明市场交易可能带来的收益（如企业合并带来的效益）外，还分析了企业合并可能带来的费用。他们首先区别了特定控制权与剩余控制权的概念。特定控制权指的是在契约中明确指定的那部分对财产的控制权利，如果契约是完全的，那么特定控制权就包括了全部权利；如果契约不完全，那么凡是契约中未经指定的权利就是剩余控制权。在企业甲和企业乙是分离的情况下，甲和乙的所有者分别拥有甲和乙的剩余控制权，事后的机会主义行为会引起事前投资的扭曲，这是企业分离的费用。在甲吞并了乙的情况下，甲的所有者对甲和乙都拥有剩余控制权，乙的所有者变成了甲的部门经理，他的积极性就不如从前，这是企业合并的费用。衡量企业分离和合并费用的大小，并由此确定什么情况下甲与乙分离，什么情况下甲吞并乙，或乙吞并甲，这就是格罗斯曼和哈特的以剩余控制权的成本效益为核心的企业合并理论。

二、“议价费用”和“影响费用”观点

罗伯茨（Roberts）和米尔格罗姆（Milgrom）对交易费用学派持批评态度。他们的想法更多地受到阿罗的影响，着重分析“市场失灵”的后果。首先，他们认为，如果无费用的短期契约可能的活，那么（长期）契约的不完全性就不应成为低效率的原因。因此，市场交易费用，归根结底不是由契约的不完全性造成的，而是由签订短期契约的费用造成的。罗伯茨和米尔格罗姆认为造成短期契约费用主要来自“市场失灵”，包括3个方面：第一，如果买卖双方在讨价还价的过程中可能出现多个均衡点，那么市场机制无法有效地选择最优的那点作为结果；第二，信息度量费用；第三，不完全信息，如个人的真实偏好不为别人所知，因此双方都尽可能隐瞒自己的真实价值判断。这三方面合起来，便是市场交易的“议价费用”。

接着，罗伯茨和米尔格罗姆又分析了企业作为一个中央集权组织的费用。他们首先把企业定义为这样的商业组织：①它具有中央机构，中央机构具有任意权力；②它独立于任何其他具有任意权力的组织。在资本主义社会中，虽然政府和法庭对私有企业也可以干预，但是私有财产制度使得政府或法庭不能像企业中央机构那样具有任意权力。这表现在当政府部门或法庭干预企业时，必须引用已有的法律条款来为它们的干预做证明，比如政府因安全理由命令企业关闭。与此不同，企业经理有较大的任意权，比如他要开除工人，则不必引用任何法律条款。罗伯茨和米尔格罗姆认为，这种中央机构的存在会带来至少3方面费用：第一，当个人的权力增大后，他无法克制自己不干涉那些不应干涉的事情。除了为了个人利益以外，管理人员在心理上会觉得他不能不管，这好像是他的责任；第二，中央机构的决策人员绝非生活在真空中，他们需要依靠下级提供信息和建议才能做出决策。这样下级就会自觉、不自觉地努力使他们向上传递的信息对自己有利，从而影响上级的决策。这就是所谓的“影响费用”；第三，腐败造成的费用。权力使人腐败是众所周知的。

在这3种费用中，罗伯茨和米尔格罗姆特别强调第二种费用，即“影响费用”。他们视其为具有任意权力的机构存在本身产生的费用。只要多个人有同一个上级，那么他们就会把相当多的精力花在“影响”上级决策上，从而使上级的决策扭曲。这种形式的竞争不仅是一种浪费，而且产生极其不利的后果。罗伯茨和米尔格罗姆的这一分析，与“公共选择理论”中“追求租金”（rent-seeking）的分析相一致。

三、“声誉”观点

这种观点强调在契约不完全条件下买卖双方的调整过程。假定契约是不完全的。如果交易只进行一次的话，显然结果很难高效率。比如，如果买者先交钱，卖

者可能就会不交货；反之，如果卖者先交货，买者可能就不交钱。但是，如果买卖双方交易重复进行的话，这种情况可能就不会发生，因为“声誉”的损坏有损今后的利益。由此可见，“声誉”对减少市场交易费用的作用。

克雷普斯（Kreps）把上述想法进一步发展为一种企业形成的理论。克雷普斯认为，“声誉”的建立并不需要（其实也不可能）供求双方保持长久的交易关系。只要有一方是长期存在的，而其他人又可以观察到它的商业行为，这就足以使“声誉”发挥作用。这时，任何人都可以与“长寿”的一方签订契约，表示接受“长寿”方的权威指令。这时双方交易是有益的，而且另一方不必担心“长寿”一方会滥用权威。因为它会考虑到今后的声誉，这是无形财产。于是，这“长寿”的一方便定义为“企业”。所以企业的核心是声誉，它起着减低市场交易费用的作用。

举一个例子来说明。“哈佛大学”是一个“长寿”的“企业”。哈佛的教授与大学签订契约，接受学校的权威。另一方面，哈佛的学生也与大学签订契约，接受大学的权威。虽然双方（教授与学生）都不是“长寿”的，但他们知道“哈佛大学”要关心自己的声誉，所以让它行使权威是放心的。假如学生与教授直接在市场上签订契约，恐怕效率就不会很高。

克雷普斯把“声誉”称为“公司文化”（Corporate Culture）。任何一个企业都努力在社会上建立自己的文化。特别值得注意的是，只有那些对资产具有剩余控制权的实体，才有可能建立起“声誉”，不具备这种剩余控制权的组织不可能建立“声誉”，因为外人无法确信这种组织能够左右自己的行为。在契约不完全的条件下，声誉对具有剩余控制权的实体来说是无形资产，可以大大降低由于市场投机行为带来的费用。

总之，20 世纪 80 年代 3 种有关企业形成的观点的共同基础是：契约是不可能完全的；在不完全契约条件下剩余控制权的配置方式影响交易费用；企业不同于市场是因为权威的存在。在权威下，市场式的议价消失，代之以上下级的代理人关系；这种代理人关系不可避免地产生费用。企业的形成是使这些费用最小化的结果。

第三节　企业内部的等级制

除了个体户外，任何企业内部都有自己的结构。特别是大企业。高效率的生产要求企业能够有效地协调企业内部各部门的工作，调动全体雇员的积极性。与企业和企业之间的横向关系不同，企业内部的结构是一种金字塔式的等级制。

研究等级制的经济理论大致可分为两个领域。一是以等级制中所有成员具有共同目标函数为前提，研究最有效的传递信息和利用信息的方法，一般称为“协作理论”。举例来说，在确定性条件下，可以证明使用内部价格和使用数量作为信息传递工具是等价的。但是在不确定条件下，韦茨曼（Weitzman）证明了在一定条件下，用价格作为控制变量优于用数量作为控制变量，但在另一条件下，相反的结果成立。

研究等级制的另一领域，假定等级制中成员的目标数不一样，同时由于分工造成每人具有别人不知的个人信息，研究最优的组织设计方案，使得每个成员都能最大限度地为企业的整体目标尽力。这就是激励理论。下面着重介绍这一理论应用于等级制的3个方面。①

一、企业内部的监督

新古典经济学通常假定劳动给人带来负效用。因此，假如劳动本身不受到监督，或者从劳动的结果无法精确判断个人的贡献的话，人就不会努力工作。所以企业管理人员的重要职责是监督下级的工作。威廉森认为，企业越大，等级层数越多，上级对下级的监督就越困难，因此企业内部职员偷懒带来的费用就越高。所以企业不能无限地扩大下去。

监督与奖惩是联系在一起的。没有有效的奖惩机制，监督的作用就会减低。卡尔沃（Calvo）和威利兹（Weilisz）建立了下面的模型。假定等级制具有树状结构。我们可以设想这个结构的第一层是工人，第二层是车间主任，第三层是公司经理，第四层（最高层）是股东。假定等级制的最高层只有一人，他是企业的所有者，他的目标是使企业利润最大化。我们假定他努力工作，不需要他人监督。但是，在最高层以下的所有人都把工作看作负效用，因此不监督的话他们就不会工作。每一层管理人员（除最下层外）的工作是监督下一层他所管辖下的人的工作，而他们的工作则被上一层管理人员监督。模型还假定只有最下层的人从事直接的产品生产。模型要研究的是：什么是最优的等级制？这之中包括等级的层数，每人管辖的范围和奖惩的程度。

在这个模型中，如果惩罚可以是无限的话（比如一旦发现怠工就枪毙），那么在均衡点上就不会有人怠工。“枪毙”作为一种可信的威胁就足以保障最优的结果，即使在均衡点不枪毙任何人，但是在实际生活中，这种威胁是不可信的。因此我们需要假定惩罚是有限的，比如发现怠工最多就是开除。在这个条件下，卡尔沃和威利兹证明了，在均衡点上，尽管每个人的努力状况都一样，但是职位越高的人应获

① 参见钱颖一：《企业理论》，载于汤敏，茅于轼主编：《现代经济学前沿专题第一集》，商务印书馆，1989年第一版，第11~14页。

得越高的收入。这是因为，如果较高层的人员怠工，他下面的所有人员都会怠工，损失就较大。

二、企业内部的竞赛

评比竞赛或锦标赛是企业内部常用的激励方法，比如评选“最佳工作者”，评选“一等奖”等等。这种激励方式同计件奖金制不同。在这里奖金的发放不是根据“基数”的度量（如 1，2，3，…，n），而是按照“序数”决定（如第一，第二，第三……）。除了评选名次外，提职晋升也属于这一类激励方式。这是因为被提升的名额是一个事先确定的数，提升的根据是“序数”而不是“基数”。

这样的激励方式与体育竞赛有类似之处。它的优点是，由于奖品的授予是按名次的，所以无须知道生产技术的具体信息。就像在体育竞赛中，不必预先知道跳高运动员的技术水平就可以设置奖励。罗森（Rosen）发现，在体育竞赛中，第一名与第二名的奖励差距比第二名与第三名的差距大得多。他用类似的模型证明了在企业中最优的工资分配应具有如下特征：越高的职位，工资差距越大。这是因为越往上，上升的机会越小，非得提高奖励，才能有足够的刺激。

应当指出的是，这种按次序评奖的方式在实际生活中是非常有效的刺激方式，它对信息的要求低，所花的费用也不多。只要设置一个为数不多的奖励（或惩罚），大家都会为得到它（或避免它）而努力工作。但是这种激励方式有一个致命弱点，即它在合谋（Collusion）的情况下变得毫无作用。

三、合谋和协调

当参与某一组织的人数多于 2 人时，就会产生额外的复杂情况。我们考虑一个最简单的情况：一个 3 人小组，其中一个管理人员监督 2 个工人。这个管理人员使用上面所提的竞赛方式激励工人：给 2 个工人中成绩好的一个人奖金，而不给另一个成绩不好的人奖金。那么，在 2 个工人之间没有交流机会的条件下，两人都会努力工作。可是如果两人之间可以交流的话，那么他们很可能会合伙。比如他们事先约定都偷懒，其中一人只比另一人多干一点点然后把所得的奖励分给另一人一半。这样两人都得利，而受损的是企业。合伙的例子很多，工人和车间主任合伙对付公司经理（比如，少监督）；车间主任和经理合伙对付股东（比如，多开销）；学生与教授合伙对付学校（比如，给好分数）；乘客与售票员合伙对付汽车公司（比如，不买票），等等。代沃尔（Tivole）专门研究了这类问题。他建立了数学模型，证明了合伙的可能性的确给多层次的等级制带来额外费用。

多人组织的另一个问题是多老板的情况。由于多个上级的目标往往不同，甚至互相冲突，所以引出“协调”的问题。现代大企业中往往采用“矩阵式管理”(matrix management)。比如某公司按产品分为若干子公司，在某一子公司中负责销售的经理就至少有两个上级：一是所在子公司的经理；另一个是总公司负责销售的副总裁。这就是中国人所说的“条条块块”、“婆婆多”的问题。伯恩海姆（Bernheim）和惠因斯顿（Whinston）研究了“一个代理人，多个委托人”的问题，发现了多个委托人之间缺乏协调使管理的效率降低。

我们可以看到，在一个多人的组织结构中，人与人之间的合作既可以带来效率（如多个委托人之间的协调），也可以带来费用（如合伙）。同样，人与人之间的竞争或不合作，既可以带来效率（如市场招标，三权分立），也可以带来费用（如“影响”活动和“追求租金”活动）。所以，对于竞争和合作的效果必须进行切合实际的具体分析。

第四节　企业的资本结构

大部分现代企业不是由企业家独资的。除了一个人或一个家族无法提供大量资本原因外，把一个人或一个家族的资本全部投入一个企业，就如同把所有鸡蛋都放在一个篮子里一样，风险太大。从最优风险分担（optimal risk sharing）角度来看，每一个人应把自己的资本分散到所有企业，同时，每一个企业应从全社会的投资者筹集资金。这就是著名的“共同基金定理”（mutual funds theorem）理论。

企业筹集资金的方式很多，为简单起见我们只讨论两类有价证券：股票和债券。从投资者的角度看，债券是固定收入的证券，信贷者有取得资金回收的优先权。股票则不同，它是资金的剩余回收（residual returns），即在支付信贷人的固定本息后的剩余都分。在企业未破产的情况下，企业的风险由股东承担。在企业破产时，由于受到“有限责任”（limited liability）的保护，债权人只能取得剩余回收。在这个意义上，债权人也承担风险。

现在假定企业的资本仅由股票和债券构成。企业资本结构的基本问题是：股票与债券应取什么比例，使得企业的市场价值为最大？早在30年前，莫迪利亚尼（Modigliani）和米勒（Miller）证明了著名的“无关性定理”（Irrelevence Theorem）：在一个理想的无税收的市场环境下，企业的市场价值与其资本结构（即股票与债券的比例）无关。这个定理的证明方法很简单。假如企业的价值可以因股票与债券的比例变化而改变，那么某一套购者就可以买下该企业，重新调整股票与债券的比例，而不改变任何其他方面。这样他就可以得到确保的利润（Sureprofits）。这与完全竞争的市场条件相矛盾。

这个定理的结论令人们困惑。现实中，每个企业都花相当精力决定企业的融资政策。显然企业的资本结构与企业的价值有关。有人提出税收的存在可能使“无关性定理”不成立。但是早在企业税实行以前，企业的资本结构问题就已经存在了。近 10 年来，经济学家们把精力集中在改变“无关性定理”中关于融资政策与企业资本回收流量无关这一假定上。下面分别介绍有关的三种理论[①]，它们都考虑了信息不完全的影响。

一、行为的不可观察性

现代企业是由管理人员经营的。从根本上说，经理追求的是自我利益，而不是股东的利益。因此所有权和控制权的分离产生了所谓“代理费用”。詹森（Jensen）和梅克林（Meckling）把代理费用与企业的筹资方式联系在一起，提出了有关企业筹资政策的新理论。

詹森和梅克林首先注意到，伴随着不同的筹资方式，代理费用有所不同。比如，如果企业经理持有 50%的股票，而另外 50%的股票由不参与经营的人持有，那么，经理显然不会像他持有 100%的股票时那样卖力。因为这时企业每损失 1 元钱，经理个人只损失 0.5 元钱。从这个角度看，为了减少代理费用，应该让经理持有 100%的股票，所以筹资应采取发放债券方式。然而，除了经理本人需要分散他的投资风险外，债券筹资也会产生代理费用。这是由于“有限责任”的法律，使股东在破产时不必偿还全部债务。在这种情况下，经理会投资于风险过大的项目：反正在不成功的情况下，最后是信贷者倒霉。

从以上分析不同筹资方式产生的代理费用特点中，便可推出詹森和梅克林的资本结构理论：最优的资本结构应权衡两种筹资方式的利弊，使代理费用最小。在最优点上，两种筹资方式的边际代理费用应该相等。我们在现实中可以看到，在一些不良行为很难观察的行业，比如服务行业，外部的持股者就很少；而在另一些资本回收风险容易被转移的行业，比如混合大企业（conglomarates），其股票资金和债务资金比例较低。这与詹森和梅克林的理论相一致。

用激励观点解释企业筹资政策的重大缺陷是，该理论未解释为什么企业非得用资本结构（即股票与债务的比例）作为减小代理费用的工具。一般来说，我们没有理由排除股东或信贷者用与资本结构毫无关系的契约来约束经理行为。

---

① 参见钱颖一：《企业理论》，载于汤敏，茅于轼主编：《现代经济学前沿专题第一集》，商务印书馆，1989 年第一版，第 15~19 页。

二、信息的非对称性

既然企业由经理控制，经理当然就比外人掌控更多的有关企业的信息。可是，只有当这一信息被传递到市场上去的时候，市场才会对该企业的价值有所反应。在非对称信息情况下，企业的资本结构可以起到传递信息、示意优劣的作用。

利兰（Leland）和派尔（Pyle）建立了如下的模型。假定某一企业家拥有某项技术，其回收是不确定的，企业家知道其回收的平均值。现在这个企业家想动员外人投资，因此他必须使投资者相信这个项目确实具有平均值 μ。光说是没有用的，企业家于是就把自己的钱投资进去，以此“示意”这个投资是值得的。在这个模型中，企业家的决策变量是他自己的股份与外来股份之比 $s=q_1/q_2$。如果全部资本需求是 Q，则对债券的需求就是 $d = Q-q_1-q_2= Q-q_1-q_1/s$。可以证明，在均衡点上 s 越大，企业家所示意的平均期望值 μ 就越高。

示意理论也同样具有如下缺陷，即它没有解释为什么经理非得用企业的资本结构来示意他的信息，他为什么不可以用其他方式来示意呢？示意理论的另一个缺陷是模型的结论对所要示意的内容很敏感。假如企业家想示意项目的平均值，那么股票筹资就是坏消息（q 越大，s 越小，μ 越小）；另一方面，如果企业家想示意项目的风险，而不是均值，其结果正好相反：债券筹资是坏消息，因为债券越多，表明项目的风险越大。

三、财产控制权

以上两种关于企业资本结构的理论具有共同特点，即仅把股票与债券看作资本的不同回收方式。实际上，股票与债券还有另一区别，即股票带有投票权，而债券只在企业破产后才带有投票权。所以股票筹资的意义在于把企业的财产的控制权分配给股东，只要企业能按期偿还所欠的债务；否则的话，企业的控制权便由股东转移到信贷者手里。

我们在前面分析过，当契约不完全时，剩余控制权掌握在谁手里对于企业的行为有重要影响。正是沿着这个思路，阿洪（Aghion）和博尔顿（Bolton）提出了新的筹资政策理论。他们研究了这样一个模型。假定有两个人：一个是有资金无技术的投资者；另一个是有技术无资金的企业家。两者在市场上相遇后自愿合作而签订某种契约。假定未来是不确定的，企业家的行为可以概括为 3 种选择：一是按常规运作；二是革新；三是关闭。再假定企业家与投资者的利益并不完全吻合。比如，企业关闭有损于企业家的声誉，因此，企业家不愿意作第三种选择。如果完全的契约可能的话，那么契约上就应该明确写出在何种情况下企业家应做出何种选择。这样虽然企业家与投资者有利益冲突，但在给定的完全竞争的条件下，这种冲突在签订契约时就可以化解。当完全契约不可能时，剩余控制权的分配就变得很重要。在这个模型里有 3 种情况：第一种是如果筹资方式是发放带有投票权的股票，即普通股，则投资者掌握剩余控制权；第二种是如果筹资方式是发放不带投票权的股票，即优先股，则企业家拥有剩余控制权；第三种是如果筹资方式是发债券，则企业家拥有剩余控制权，假如他能按期偿还债务，否则的话，剩余控制权便由企业家转移到投资者手中。这最后一种情况便是破产。

阿洪和博尔顿的筹资理论建立在剩余控制权分配基础之上，这与前两种理论（激励理论和示意理论）很不一样。因为无论是在行为不可观测的情况下，还是在信息非对称的情况下，契约总是完全的，这时全部权利都是特定权利，没有剩余控制权问题。在阿洪和博尔顿的理论中，不完全契约是剩余控制权分配的前提。

第五节　企业所有权与经营权的分离

企业可分为 3 类：个体（individual proprietorship）、合作（partnership）和公司（corporation）。前两者一般为无限责任，后者为有限责任。在公司这类企业中又可细分为两种，即封闭公司与公开公司。封闭公司的股票不上市，为少数人所掌握。除了有限责任外，封闭公司在很多方面与合作很相似。

人们常说的企业所有权与经营权分离问题，指的是公开公司，即其股票公开上市的公司。它的组织形式和商业活动受《公司法》制约。公司法专家克拉克（Clark）认为，公开公司这一组织形式有四项基本原则：第一，投资者资本的自由转移；第二，有限责任；第三，强烈的法人性；第四，经营控制权高度集中。公开公司由股东、董事会和管理人员组成。法律规定股东是公司的所有者，他们享受企业产生的红利；股东选举产生董事会，董事会是公司的最高决策机构。一方面，董事会是企业的法人，它任命最高管理人员，决定投资，并把经营权交由管理人员代理行使，因此它具有全部控制权力；另一方面，董事会是股东的受托人，承担受托人的法律责任。除了极个别有关公司组织形式的决策外（如关闭、合并等），股东无权过问企业的商业活动。股东虽然可以起诉董事会，但是他们不可以商业决策失误理由起诉。股东起诉的理由可以是董事会玩忽股东利益，未尽到受托人责任等。

实际上，企业控制在经理手中，一般投资者既没有精力和兴趣，也没有可能来关心企业的经营。董事会的选举实际上也是由经理操纵的。因此董事会对经理的监督作用十分有限。在这种情况下，究竟是什么力量在防止企业经理为了追求自我目标而损害股东利益呢？毕竟多少年来，千百万人员自愿地把自己的钱投资于公开公司，让那些追求自我利益的经理们去经营，这不能不说是一个奇迹。下面我们分以下 4 个方面来分析这个问题。①

一、经理报酬的构成

既然经理对企业经营成败负有主要责任，经理报酬的设计对他们的行为有直接的影响。最优报酬设计必须把经理的个人利益与企业利益联系在一起，也就是说，要使他们的收入与他们的经营成绩联在一起。

经理的报酬一般由工资、奖金、股票和股票买卖选择权（options）构成（除了退休金及其他福利外）。每一种形式的报酬都既有优点，又有缺点。固定工资虽不利于激发人的积极性，但它能提供可靠的收入，起到保险的作用；奖金基于当年企业的经营状况，具有刺激作用，但是它易促使经理的短期行为，也不能完全反映他们的真实贡献；股票与股票买卖选择权最能反映真实业绩，又最具有刺激作用，但风险太大。最优的报酬设计应是所有不同形式的最优组合。

在经理的报酬问题上，值得一提的是上限问题。由于总经理的权力极大，对企业的经营好坏有决定性作用，从效率角度考虑，可能需要巨额报酬来换取总经理的优质服务。例如艾科卡（Leelacocca）挽救了濒于破产的美国第三大汽车公司克莱斯勒。他在 1986 年全年收入约为 2 000 万美元，其中只有几十万美元是他的工资，其余部分来自奖金或该公司的股票。对于这种情况，有人认为不合理，一个人怎么可以每年挣 2 000 万美元？也有人认为，美国公司总经理的报酬，不是太多了，而是太少了。

除了报酬这种明显的契约之外，市场对制约经理的行为起着重要的作用。在下面三小节中，我们分别分析三大市场，即经理市场、产品市场和资本市场对经理的制约作用。

二、经理市场的竞争

法马（Fama）认为，经理（作为劳动力的特殊部分）市场的竞争对经理施加有效的压力。如果一个经理把企业搞得一塌糊涂，那么在经理市场上，他的个人资本就会贬值。因此，如果从动态而不是从静态的观点看问题，即便不考虑直接报酬的作用，代理费用也不会很大。这是因为市场会根据他过去的表现计算出这个经理将来的价值。经理要顾及长远利益，因此他会努力工作。

---

① 参见钱颖一：《企业理论》，载于汤敏，茅于轼主编：《现代经济学前沿专题第一集》，商务印书馆，1989 年第一版，第 20~23 页。

霍姆斯特龙（Holmstrom）根据法马的上述想法建立了如下的模型。假定经理的实际能力未知，并且假定时间是无限的。在这种情况下，经理有可能努力工作，尽管没有任何监督。这是由于市场根据他过去的表现，对他未知的能力做出估计。虽然在均衡点上，市场不会被欺骗，但是由于经理害怕市场对他做出不利的判断，为了长远利益考虑，他会努力工作。这个模型有趣的地方是，一旦某经理得知市场已掌握了他的真实能力，他就不再会努力工作了。因此，经理努力工作完全是为了给市场留下“好印象”。

三、产品市场的竞争

直觉告诉我们，如果企业的产品市场是充分竞争的，那么这种竞争会对经理形成压力。如果产品市场是垄断的，则经理的日子就舒服得多。哈特用这一直觉建立了下面的模型。

假定同一产品市场上有许多企业，它们的生产成本是不确定的，但统计是相关的。这样，产品市场的价格便包含着其他企业成本的信息。同时，相关性使得这个价格也包含了被考虑的企业的成本信息。这一点很重要。如果被考虑的企业的所有者与经营者是分离的话，那么，只有经营者才知道企业的成本，而所有者并不知道。现在，产品市场的价格可以向所有者提供这一信息，而这只有在产品市场竞争的条件下才有可能。下一步，哈特假定社会中有一部分企业由经理控制，而另一部分企业由所有者直接控制。由于后者不存在两权分离问题，企业会把成本降到最低，从而压低产品市场的价格。这样，由所有者控制的企业越多，“竞争”就越激烈，价格就压得越低，从而对两权分离的企业中的经理的压力就越大，因而促使他们也努力降低成本。

哈特的这个模型说明了“两权分离”产生的代理费用，在有市场竞争的环境下，在有大量非两权分离企业存在的条件下，可以被大大降低。如果所有企业都是“两权分离”的，那么就不能形成外界压力，代理费用将会很高。

四、资本市场的竞争

资本市场竞争的实质是对公司控制权的争夺，它的主要形式是接管。接管被认为是防止经理损害股东利益的最后一种武器。在现代市场经济中，虽然每一个投资者在某一企业中的股份很小，不足以对经理实行有效的监督，但是由于股份可以自由买卖，分散在千百万人手中的股份就可能被集中起来。如果经理经营不善，企业的股票价值会下跌。于是，有能力的企业家或其他公司就能用低价买进足够的股份，从而接管该企业，赶走在任的经理，重新组织经营，获取利润。

经济学家关心的是接管这一市场竞争机制对经理的激励作用。沙尔夫斯坦（Scharfstein）建立了如下的模型，用以证明资本市场的竞争的确可以刺激经理努力工作。假定企业的生产条件只为经理所知而不为企业股东所知，于是，股东可以同经理签订某种契约来激励经理。由于信息不完全，这种契约的效率不高。假定在资本市场上有一些“袭击者”（raiders），他们可以获得有关企业生产条件的信息。可以证明，由于企业有被接管的可能性，经理会比在没有“袭击者”的条件下工作要努力。

格罗斯曼和哈特，以及哈里斯（Harris）和拉维夫（Raviv）证明了，为了保护股东的利益，一股一票（one-share-one-vote）和简单多数（majority rule）的投票原则是最优的。试看下面的例子。假如不是一股一票，比如说某一具有 100 万元资产的企业，而投票权却集中在仅 1 万元的特殊股票上，而其他 99 万元为无投票权的股票。那么，在简单多数的投票原则下，谁掌握了 51%的特殊股票（只需花 5 100 元），谁就控制了这 100 万元资产的企业，使得任何其他人都无法接管。在这种情况下，市场就不能对经理进行制约，其他股东的利益就会因此受到损害。

由上述分析可见，在自由市场经济中，即使在所有权与控制权分离的情况下，由于市场的竞争，经理所受到的压力是多方面的。当然这种制约不可能是完全的，因此一定程度的代理费用不可能消除。但是市场机制保证了这种费用被限制在某一额度内，不可能无限制地增长。

第四章　企业生产

企业产生了，就要进行生产。本章将管理学中生产的概念和经济学中生产的概念进行对比，发现了它们的相同之处和不同之处，以及各自的优势和劣势，力图使人们对企业生产有个更全面的认识。

第一节　企业生产的概念

一、管理学中的企业生产

在管理学中，企业生产指企业“从投入人力和物力开始，经过一系列的加工，直至产出产品或服务的全过程。”[①] 在生产过程中，主要是劳动者运用劳动工具，直接或间接地作用于劳动对象，使之按照人们预订的目的变成产品或服务。在某些生产技术条件下，实现产品或服务，还要借助自然过程的作用，如发酵、干燥、冷却等。因此，生产过程也可以理解为劳动过程与自然过程有机结合的行为过程。

企业生产过程按照对产品或服务所起的作用来看，可以分为生产技术准备过程、基本生产过程、辅助生产过程和生产服务过程 4 个部分。生产类型按工作的专业化程度可划分为大量生产、成批生产、单件生产 3 种；按生产方法可划分为合成型、分解型、提取型、调制型 4 种；按生产的连续程度可划分为连续生产、间断生产两种。此外，还可按产品的品种和生产数量来划分为不同的生产类型。

二、经济学中的企业生产

经济学中的企业生产，是指企业“从投入生产要素到生产出产品的过程。”[②]

生产要素包括劳动、资本、土地和企业家才能，生产是这 4 种生产要素合作的过程，产品是 4 种生产要素共同努力的结果。通过对生产要素的运用，企业可以提

---

① 陈文汉主编：《现代企业管理学》，电子工业出版社，2014 年，第 99~100 页。

② 潘连柏，徐艳兰主编：《西方经济学》，上海财经大学出版社，2017 年，第 81 页。

供各种实物产品，如食品、房屋、日用品等，也可以提供各种无形的产品，如医疗、旅游、金融服务等。在生产相同数量的产品时，劳动和资本之间存在替代关系，既可以多用资本少用劳动，也可以多用劳动少用资本。劳动、资本和土地三要素必须通过企业家合理组织，才能发挥生产效率，企业家才能与另外三个要素的关系是互相补充的关系。

根据生产要素在生产过程中数量变化的特点，可以分为固定生产要素和可变生产要素。固定生产要素是指在一定时期内数量难以增减的生产要素，如厂房、设备等；可变生产要素是指在一定时期内数量容易变化的生产要素，如劳动量、原材料等。

三、两种企业生产概念的区别

从管理学和经济学对企业生产的定义，我们可以看出它们有以下 5 点不同：第一，生产的要素不同，管理学是劳动者、劳动工具、劳动对象三要素；经济学是劳动、资本、土地和企业家才能四要素。第二，强调的重点不同，管理学强调的是劳动者，而经济学强调的是企业家才能。第三，生产的量值不同，管理学主要讲的是存量，即某个时点上发生的量；经济学主要讲的是流量，即某个时期内发生的量。第四，量值的变化不同，管理学研究的是常量，经济学研究的是变量。第五，切入的角度不同，管理学主要展现的是企业生产的剖面；经济学主要展现的是企业生产的过程。

由于有以上不同，所以经济学里就有生产函数的概念，管理学里没有。生产函数是指在一定时期内，在技术水平不变的情况下，生产要素的数量与某一种组合同它所能生产的最大产量之间具有依存关系的函数。如果用 Q 表示某种产品最大产出量，用 L、K、N、E 分别表示生产要素劳动、资本、土地、企业家才能的投入量，则生产函数的方程式就是

$$Q = f\ (L,\ K,\ N,\ E) \tag{4-1}$$

该方程式的经济学含义是：在既定的技术水平条件下，在某一时间内为生产出 Q 数量的某产品，需要投入相应的 L、K、N、E 数量的劳动、资本、土地和企业家才能。如果 L、K、N、E 的投入量已知，就可以推算出 Q 的最大数量；如果 Q 为已知，也可以推算出所需的 L、K、N、E 的最低程度的投入量。一般情况下，从生产要素的组合比例能够看出一个企业的生产状况。

在分析生产要素与产量的关系时，经济学里通常假定土地作为固定的，企业家才能难以估算，经济学里通常假定投入要素只有两种：劳动（L）和资本（K），生产函数简写为：

$$Q=f(L, K) \tag{4-2}$$

四、短期生产与长期生产

企业生产中的投入分两种情况：固定投入与变动投入。固定投入是指当市场条件的变化要求产出变化时，其投入量不能随之变化。变动投入是指当市场条件的变化要求产出变化时，其投入量能很快随之变化。

经济学中的短期生产和长期生产的概念与管理学是不同的。管理学中的短期和长期是用时间界定的，经济学中的短期和长期是用生产要素能不能及时调整来界定的。经济学中的短期生产，指的是在这个时期内，生产者来不及调整全部生产要素的数量，至少有一种投入是固定投入。经济学中的长期生产，指的是在这个时期内，所有的投入都是变动投入。经济学中通常所说的短期生产函数，是至少有一种要素的投入是固定投入的生产函数，长期生产函数是全部要素的投入都是可变投入的生产函数。

第二节　企业的要素禀赋

一、生产和要素禀赋

长期以来，我们总认为生产就是劳动者创造物质产品的活动，其实从广义上说，生产是一种投入生产要素产出人类所需要的产品和服务的活动。这些投入的生产要素是按一定的比例组合起来的，有的企业投入的劳动多一些资本少一些；有的企业投入的劳动少一些资本多一些。一个企业的要素禀赋，就是这个企业所拥有的两种生产要素的相对比例。通常这两种生产要素指劳动和资本。若 A 企业拥有的资本数量为 K，劳动数量为 L，则该企业的要素禀赋就是 K/L。或者说，一个企业的要素禀赋就是这个企业单位劳动所拥有的资本数量。

要素禀赋的大小取决于两个因素：一个是企业所采用的技术。技术越先进，投入的资本就越多，劳动就越少，该企业的要素禀赋就越大；技术越落后，投入的资本就越少，劳动就越多，该企业的要素禀赋就越小。二是企业本身的性质。有的企业如快递公司，投入的劳动就比资本多，要素禀赋就小；有的企业如钢铁公司，投入的资本就比劳动多，要素禀赋就大。

要素禀赋是个相对的概念。若一个企业的要素禀赋大于另一个企业，则该企业为资本富裕的企业，或劳动贫乏的企业；而另一个企业则为劳动富裕的企业，或资本贫乏的企业。图 4-1 中，横轴 OL 表示劳动数量，纵轴 OK 表示资本数量，E_A 和

E_B 分别表示 A 企业和 B 企业的要素组合。E_A 表示 A 企业拥有资本 OK_A，劳动 OL_A，OE_A 的斜率为 OK_A/OL_A，就是 A 企业的要素禀赋。E_B 表示 B 企业拥有资本 OK_B，劳动 OL_B，OE_B 的斜率为 OK_B/OL_B，就是 B 企业的要素禀赋。由图可知，OE_A 的斜率大于 OE_B 的斜率，所以，A 企业为资本富裕的企业，B 企业为劳动富裕的企业。

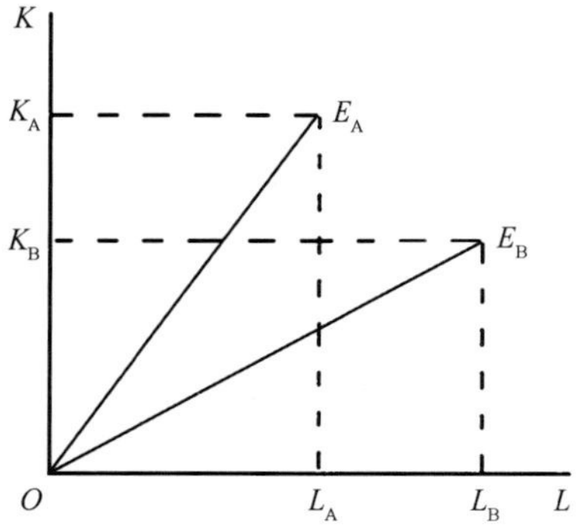

图 4-1　企业的要素禀赋

二、要素密集度

一种产品的生产，既要投入劳动，也要投入资本。所谓要素密集度，是指生产某种产品所投入的两种生产要素的比率。如果一种产品的生产投入的资本多、劳动少，则称这种产品为资本密集型产品；如果一种产品的生产投入的劳动多、资本少，则称这种产品为劳动密集型产品。

对于绝大多数产品来说，投入的劳动和资本的比例是可变的。如果劳动的价格高，企业倾向于投入更多资本；如果资本的价格高，企业倾向于投入更多劳动。如果在任何相同的要素价格下，一种产品的生产所投入的资本-劳动比率，均大于另一种产品，则称这种产品为资本密集型产品，另一种产品为劳动密集型产品。

三、生产可能性曲线

生产可能性曲线是表示在给定数量的资本与劳动的条件下企业所能生产的最大数量产品的一条线，如图 4-2。

图 4-2 中，横轴 OL 表示劳动数量，OK 表示资本数量。如果企业的资金全部用以购买劳动，可购买 OA，全部用于购买资本，可购买 OB，那么 AB 就是企业的生产可能性曲线。C 点是 AB 以内的一点，它表示用 L_2 的劳动和 K_2 的资本，产品数量没有达到最大；D 点是 AB 以外的一点，它表示的产品数量虽然多，但在企业现有

资源条件下无法实现。E、F 是 AB 上的两点，它们表示生产最大数量的产品，劳动和资本的组合既可以是（L_1，K_3），也可以是（L_4，K_1）。

一般情况下，企业的生产可能性曲线不是直线而是凹向原点的曲线，如图 4-3。这是因为，生产要素是不同的，有的适合生产这种产品，有的适合生产那种产品。当越来越多的某种要素用于生产某种产品时，就会有越来越多的并不适合这种产品的要素被投入进去，导致生产效率下降。这就好比中国农村传统的生产方式是男耕女织，农忙季节每增加一个妇女下田耕作，所增加的产量是递减的；平时每增加一个男劳力参与织布，所增加的产量也是递减的。企业也是一样，图 4-3 中，生产点从 E 到 F，表示减少 K_2K_1 的资本和增加 L_1L_2 的劳动，虽然都能达到最大产量，但 $K_2K_1 > L_1L_2$，这就造成了凹向原点的生产可能性曲线。

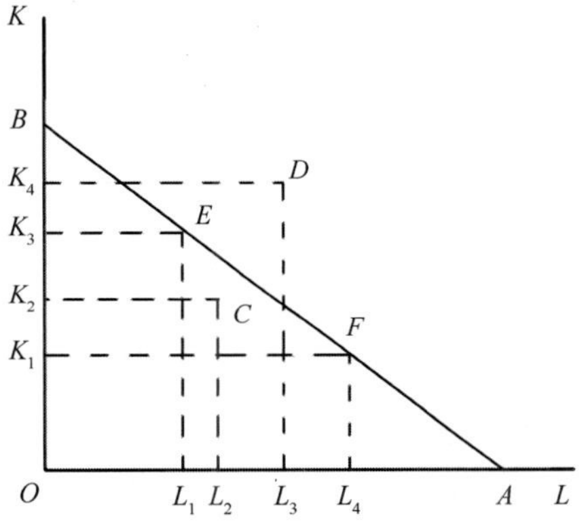

图 4-2　生产可能性曲线

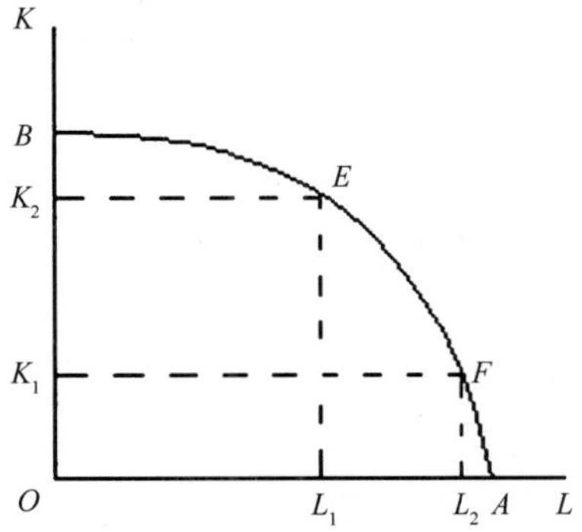

图 4-3　凹向原点的生产可能性曲线

四、要素丰裕度

要素丰裕度，是用来说明一个企业某要素丰裕程度的概念。假设 A、B 两企业的劳动价格分别为 ω_a、ω_b，资本价格用资本收益率表示，分别为 i_a、i_b。如果 $\omega_a/i_a > \omega_b/i_b$，则称 A 企业为劳动丰裕或资本稀缺的企业，B 企业则是资本丰裕或劳动稀缺的企业。

一个企业生产可能性曲线的形状与要素丰裕度有关。如图 4-4，因为 A 企业劳动丰裕，所以其生产可能性曲线 AA′倾向于 L 轴；因为 B 企业资本充裕，所以其生产可能性曲线 BB′倾向于 K 轴。

生产可能性曲线也反映了一个企业的供给能力。如果用横轴 OX 表示 X 产品的数量，纵轴 OY 表示 Y 产品的数量，A 企业的生产可能性曲线倾向于 X 轴，意味着 A 企业 X 产品的供给能力较强；B 企业的生产可能性曲线倾向于 Y 轴，意味着 B 企业 Y 产品的供给能力较强。也就是说，劳动丰裕的企业，劳动密集型产品的供给能

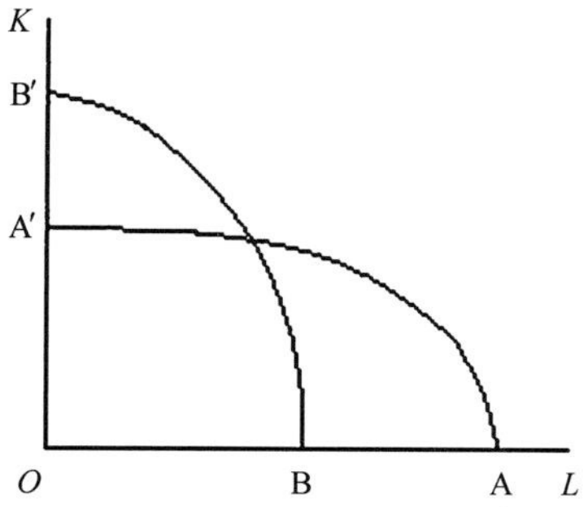

图 4-4　不同丰裕度的生产可能性曲线

力较强；资本丰裕的企业，资本密集型产品的供给能力较强。

第三节　短期生产要素的投入

一、总产量、平均产量和边际产量的概念

经济学里的短期，指的是至少有一种要素的投入不能变化，我们就假设资本的投入不能变化，而劳动的投入可以变化。短期生产函数 $Q = f(L, \underline{K})$ 中，资本投入量固定，在劳动投入量变化的过程中通常涉及总产量、平均产量与边际产量 3 个概念。

总产量用 TP 或 q 表示，是指在某一给定时期生产要素所能生产的全部产量。

$$TP = q = f(L, \underline{K}) \tag{4-3}$$

平均产量用 AP 表示，是指单位生产要素的产量。

$$AP = TP/L \tag{4-4}$$

边际产量用 MP 表示，是指该要素的增量所引起的产量的增量。

$$MP = \triangle TP/\triangle L \tag{4-5}$$

或

$$MP = \mathrm{d}TP/\mathrm{d}L \tag{4-6}$$

式（4-6）表示边际产量是总产量的导数。在这里我们看到了经济学与管理学的又一个不同，管理学里没有边际产量的概念，而经济学里有。“边际”可以理解为变化率，也可以理解为“加速度”。有了“边际”的概念，我们就可以用变化的眼光来看待企业生产了，不仅产量是变化的，投入的要素也是变化的，而且它们变化的速率也是不一样的，产量的变化和要素的变化之间还有一定的因果关系。有了“边际”的概念，微积分就进入了经济学，引起了经济学的一场革命，叫“边际革命”。

二、边际产量递减规律

边际产量（收益或报酬）递减规律是指，在其他投入不变的情况下，当变动要素投入量增加到一定数量后，继续增加变动要素的投入会引起该要素边际产量（收益或报酬）递减。

有人曾做过一个拉绳试验：先把被试者分成 2 人组、3 人组和 8 人组，要求各组用尽全力拉绳；然后，要求这些被试者单独用尽全力拉绳。不管是分组拉绳还是单独拉绳，都用灵敏度很高的测力器分别测量各组和每个被试者的拉力，并进行比较。测量和比较的结果是：2 人组的拉力只是这两人单独拉绳时拉力总和的 95%；3 人组的拉力只是这 3 人单独拉绳时拉力总和的 85%；而 8 人组的拉力则降到这 8 个人单独拉绳时拉力总和的 49%。不是说人多力量大吗，为什么现在人多了力量反而小了？

拉绳试验中出现“1+1<2”的情况说明：有人偷懒！而且在一起干活的人越多，偷懒的现象越严重！偷懒的人在经济学中被称为“搭便车者”，他们自己不出力或少出力而指望靠别人努力得到好处。“搭便车者”随着一起干活的人数的增加而增加，这是因为人有与生俱来的惰性，单枪匹马地独立干活，干得好或干得差均由自己负责，一般都会竭尽全力。可是当干活的人数增加时，由于责任分解到大家身上，每个人的责任相对小了，于是自然而然就会出现偷懒现象。中国有句古话，说“一个和尚挑水吃，两个和尚抬水吃，三个和尚没水吃”，是说人多了不仅会偷懒，还会相互推诿。管理大师杜拉克举过一个例子，他说，在小学低年级的算术入门书中有这样一道应用题：“两个人挖一条水沟要用两天时间；如果 4 个人合作，要用多少天完成？”小学生的回答是“一天”。而杜拉克说，在实际过程中，可能是“一天完成”，也可能是“4 天完成”，还可能是“永远完不成”。为什么呢？也是因为人多了以后每个人的责任减轻了，容易相互推诿。也就是说，边际产量递减规律在起作用。

很多集体企业、国有企业为什么竞争不过私有企业？就是因为随着企业所有者人数的增加，每个人的责任心在减少。那为什么股份制企业所有者也很多，仍然经营得很好呢？这是因为股份制企业虽然所有者人数很多，但不同的所有者所拥有的所有权是不同的，产权是清晰的。尽管小股东对企业没有责任心，随时准备出卖企业的股票，但大股东对企业还是有责任心的，他们会通过董事会关注和控制企业的经营活动。

如果我们投入的不是人力而是物力，情况是不是就会有所不同呢？1771 年，农学家杨格做了这样的试验：他在同样大小的试验田里施放了不同数量的肥料，收获时发现，起初随着肥料的增加产量也增加，但到了一定程度后产量反而减少了。可见，边际产量递减规律在起作用。因为有这个规律，所以我们在管理企业生产时，不能认为投入的要素越多产量就越高，而应该有个适当的数量。

三、总产量、平均产量和边际产量的关系

如果我们用横轴表示劳动 *L* 的变化，纵轴表示总产量 *TP* 或平均产量 *AP*、边际产量 *MP* 的变化，则可以在坐标上画出总产量曲线、平均产量曲线和边际产量曲线，如图 4-5。由于边际报酬递减规律的作用，总产量曲线、平均产量曲线和边际产量曲线都是先随该要素的增加而上升，上升到一定高度后开始下降。

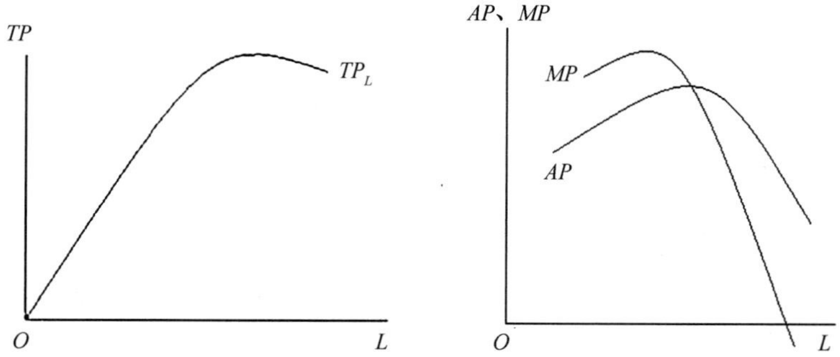

图 4-5　总产量曲线、平均产量、边际产量曲线

如果我们将总产量曲线、平均产量曲线和边际产量曲线放在一个坐标系中，如图 4-6，它们之间的关系就很容易看出来。

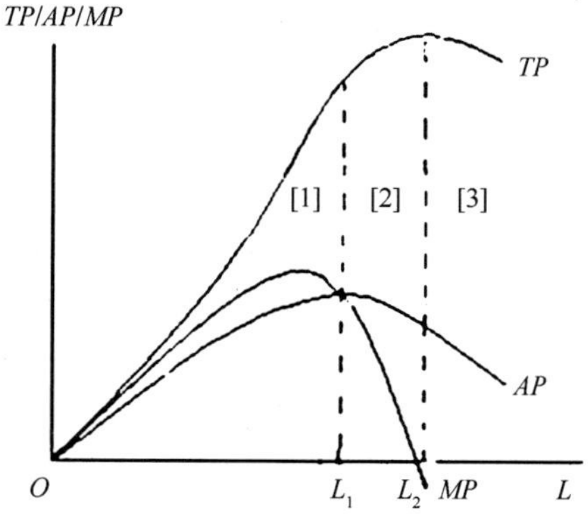

图 4-6　总产量、平均产量和边际产量曲线

（1）总产量与边际产量的关系。边际产量是总产量的一阶导数，是总产量的变化率。边际产量为正时，总产量增加；边际产量为负时，总产量减少；边际产量为零时，总产量最大。这个道理容易理解，因为总产量最大时其导数为零，而总产量

求导就是边际产量。

（2）平均产量与边际产量的关系。边际产量曲线在下降段交于平均产量曲线的最高点。这个特性我们可以证明如下。

$$\frac{d(TP_L/L)}{dL}=\frac{(dTP_L/dL)L-(dL/dL)TP_L}{L^2}=\frac{dTP_L/dL-TP_L/L}{L}=\frac{MP_L-AP_L}{L}$$

令
$$\frac{d(AP_L)}{dL}=\frac{d(TP_L/L)}{dL}=0$$

即得 $MP_L=AP_L$。说明 MP_L 曲线是在 AP_L 曲线的极值点相交。

我们还可以证明 $dAP_L/dQ<0$，说明 MP_L 曲线是在 AP_L 曲线的最高点而不是最低点相交。

四、企业生产阶段的划分

管理学中企业生产阶段是按时间划分的，如前期、中期、后期。经济学中企业生产阶段是按总产量、平均产量和边际产量的关系划分的。

第 1 生产阶段，劳动从 0 增加到 L_1，这时边际产量 *MP* 在下降段交于平均产量 *AP* 的最高点。这一阶段总产量以递增的速率增加，经过了边际产量的最大值到达了平均产量的最大值。

第 2 生产阶段，劳动从 L_1增加到 L_2，这时总产量 *TP* 达到最大值。这一阶段平均产量递减，边际产量到达零点。为了达到技术上的效率，企业应把生产推进到这一阶段。至于是这一阶段的哪一点，要看要素价格。

第 3 生产阶段，劳动从 L_2继续增加。这一阶段总产量和平均产量都在递减，而边际产量成了负数。无论如何，企业都不应把生产推进到这一阶段。

多年来，我们都为素质教育和应试教育的概念和优劣争论不休，其实如果我们把学校看成是一个企业，学生掌握的知识看成是产品，学习时间的投入看成是劳动的投入，学习的总成绩、平均成绩和边际成绩看成是总产量、平均产量和边际产量，那么素质教育和应试教育就很好划分了，它们的优劣也很好判断了。学习时间从 0 增加到 L_1，这时平均成绩最大，可以看成是素质教育阶段，因为素质教育要求全面发展。学习时间从 L_1增加到 L_2，这时总成绩最大，可以看成是应试教育阶段，因为应试教育看的是总成绩，高考和中考的分数线都是按总成绩来划分的。学习时间从 L_2继续增加，这时总成绩和边际成绩都在减少，边际成绩还是负数，为有害教育阶段。从中可以看出，我们坚持素质教育没错，但为什么应试教育屡禁不止呢?就是因为在一定条件下（如高考、中考的时候）没有应试教育还是不行的。我们应该反对的不是应试教育，而是有害教育，因为有害教育一味增加学生的学习时间而不看学习的效果。我们现在的很多教育其实已经到了有害教育阶段了。

第四节　长期生产要素的投入

在长期，企业投入的各种要素都可以调整，所以我们既可以投入较多的劳动较少的资本，也可以投入较少的劳动较多的资本。因为劳动和资本具有可替代性。这就产生了一个问题：要素的投入比例如何配置才能对企业最为有利呢？这个问题称为生产者均衡问题。生产者均衡问题管理学很少研究，而经济学对这个问题却很重视。

一、生产者均衡与消费者均衡

生产者均衡问题与消费者均衡问题类似。消费者均衡问题指的是消费者按什么样的比例消费各种消费品才能获得最大的满足？我们看下面这个例子。王大妈是个很会过日子的人，这天她去菜市场买菜。她先买了白菜、萝卜和西红柿，花了10元钱，又买了豆腐和粉条，花了5元钱。一看钱包里只剩下2元钱了，本来还想买一斤肉，可钱不够了。这怎么办？王大妈这时才觉得白菜、萝卜和西红柿买多了，于是找卖菜的想退掉一些。卖菜的见王大妈是老主顾，就退了她5元钱的菜。王大妈于是花7元钱买了一斤肉，心满意足回了家。

现在我们来分析王大妈的消费活动。王大妈带的钱是有限的，一共只有17元钱，她必须用这17元钱满足她各种菜（包括肉）的需要。白菜、萝卜和西红柿花了她10元钱，随着购买量的增加，边际效用减少了。想买肉而钱不够了，这时肉的边际效用增加了。由于每元钱用于购买菜和肉的边际效用不相等，王大妈心里不平衡，所以她要去退货，以便重新将货币分配于菜和肉的购买上。后来她退了5元钱的白菜、萝卜和西红柿，用7元钱买了一斤肉，每元钱用于购买菜和肉的边际效用相等了，实现了消费者均衡，就心满意足回了家。所以我们说，消费者均衡是指在商品现行价格和既定消费者收入的条件下，消费者不愿意再变动不同商品购买量的状态。

要想实现消费者均衡必须满足两个必要条件：一个是不管消费者购买了什么商品，价格之和不能大于某个既定的货币量，否则无法实现；也不能小于这个既定的货币量，否则无法达到最大满足：所以只能等于。于是就有限制条件：

$$P_1X_1+P_2X_2+\cdots+P_nX_n=I \tag{4-7}$$

式（4-7）中 P_i（$i=1, 2, \cdots, n$）是不同商品的价格，X_i（$i=1, 2, \cdots, n$）是不同商品的数量，I 是既定的货币量。

另一个必要条件是：在既定的收入与商品价格条件下，消费者为了获得最大的满足，应该使他花费在每一种商品上的最后一元钱所得到的满足程度相同。如果不相同，消费者会调整购买的商品数量，一直到相同为止。于是就有了均衡条件：

$$MU_1/P_1=MU_2/P_2=\cdots=MU_n/P_n \tag{4-8}$$

式（4-8）中 MU_1，MU_2，…，MU_n 分别表示花在不同商品的最后一元钱带给消费者的满足程度。它们都相等，才能实现消费者均衡。

企业既是生产者也是消费者，它要消费各种要素生产出产品来，所以为了实现生产者均衡也要满足两个条件：

$$P_1X_1+P_2X_2+\cdots+P_nX_n=M \tag{4-9}$$

$$MP_1/P_1=MP_2/P_2=\cdots=MP_n/P_n \tag{4-10}$$

式（4-9）是约束条件，式中的 P_1，P_2，…，P_n 分别是各种要素的价格，X_1，X_2，…，X_n 分别是各种要素的数量，M 是总的预算。式（4-10）是均衡条件，式中的 MP_1，MP_2，…，MP_n 分别是各种要素的边际产量。

例如，某出租汽车公司现有小轿车 100 辆，大轿车 15 辆，如果再增加一辆小轿车，估计每月可增加营业收入 10 000 元；如果再增加一辆大轿车，每月可增加营业收入 30 000 元。假定每增加一辆小轿车每月增加开支 1 250 元（包括利息支出、折旧、维修费、司机费用和燃料费等），每增加一辆大轿车每月增加开支 2 500 元。问：该公司这两种车的比例是否最优？如果不是最优，该如何调整？

这个问题是个生产者均衡问题，应该根据均衡条件式（4-10）来考虑。因为 $MP_{大}=30\ 000$ 元，$P_{大}=2\ 500$ 元，所以 $MP_{大}/P_{大}=30\ 000/2\ 500=12$（元）。又因为 $MP_{小}=10\ 000$ 元，$P_{小}=1\ 250$ 元，所以 $MP_{小}/P_{小}=10\ 000/1\ 250=8$（元）。因为 $MP_{大}/P_{大}>MP_{小}/P_{小}$，所以这两种车的比例不是最优。要想实现生产者均衡，就要增加 $P_{大}$，即增加大轿车；或减少 $P_{小}$，即减少小轿车。需要注意的是，这里的 $P_{大}$ 和 $P_{小}$ 不是大轿车和小轿车的购置价格，而应该是因投入这两种车而引起的每月开支的增加额，因为营业收入也是指每月的增加额。

特殊地，如果企业生产中只投入了劳动 L 和资本 K，那么生产者均衡的约束条件和均衡条件就分别为

$$P_LX_L+P_KX_K=M \tag{4-11}$$

$$MP_L/P_L=MP_K/P_K \tag{4-12}$$

式（4-11）是约束条件，式中 P_L、P_K 分别是劳动和资本的价格，M 为企业总的预算。式（4-11）表示企业购买劳动和资本的支出要等于这一总预算。式（4-12）是均衡条件，MP_L 和 MP_K 分别是劳动和资本的边际产量，该式表示企业购买劳动和资本所花的每一元钱的边际产量都相等。

二、生产者均衡的等产量分析法

用等产量分析法研究生产者均衡时要用到等产量曲线。等产量曲线是在技术水平不变的条件下，生产同一产量的两种生产要素投入量的所有不同组合的轨迹。

图 4-7 中，q_2是 3 条等产量曲线中的一条，它表示 q_2数量的产品可以由 L_1的劳动和 K_3的资本生产出来，也可以由 L_2的劳动 K_2的资本或 L_3的劳动 K_1的资本生产出来。等产量曲线 q_1离原点近，表示的产量低；q_3离原点远，表示的产量高。q_1、q_2、q_3不会相交，它们都凸向原点。等产量曲线上产量相等，但要素投入比例不同；由原点出发的射线上要素投入的比例相同，但产量不同。

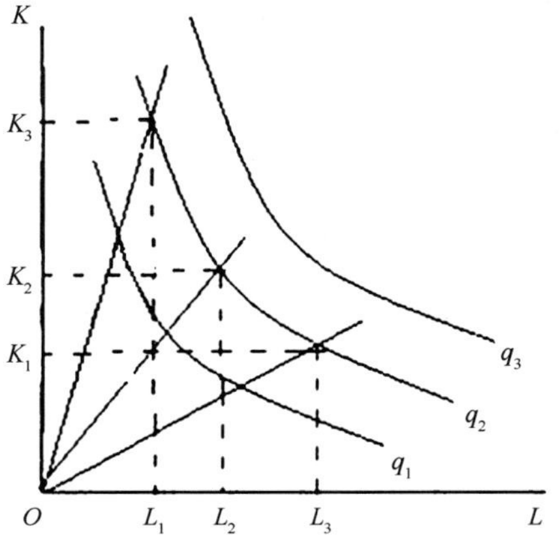

图 4-7　等产量曲线

企业在考虑要素配置时还要考虑企业预算的多少和要素价格的大小。企业预算线是指企业预算和要素价格一定时企业所能购买的两种要素数量的最大组合轨迹。假设劳动的价格 $P_L=1\ 000$ 元，资本的价格 $P_K=2\ 000$ 元，企业预算 $C=20\ 000$ 元，劳动和资本的数量分别为 L 和 K，就有方程：

$$2\ 000K+1\ 000L=20\ 000 \qquad (4-13)$$

根据式（4-13）我们可以画出企业预算线。

图 4-8 所示，20 000 元的预算如果全买机器可买 10 台；如果全雇工人可雇 20 人，连接 A（0，10）和 B（20，0）两点，那么可供选择的购买劳动和机器的各种组合的点就都在 AB 上了，AB 即为企业预算线。在 AB 以内的任意一点（如 E），虽然可以购买两种要素的组合，但企业的预算没用完，不是要素数量的最大组合，不能给企业带来最大利益。在 AB 以外的任意一点（如 D），虽然此时产量很高，但企业预算无法支付两种要素组合的购买。只有在 AB 上的任意一点（如 C），企业既能将预算用完，所购买的要素组合又可以实现。

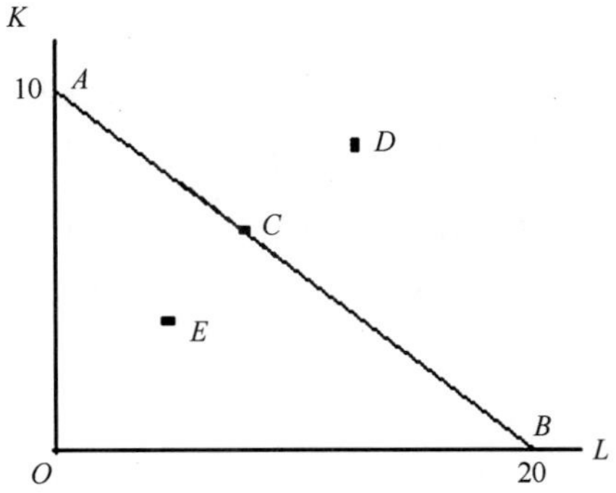

图 4-8　企业预算线

现在我们用等产量线和企业预算线来分析生产者均衡。如图 4-9，横轴 *OL* 与纵轴 *OK* 分别表示劳动和资本的投入，*AB* 是企业预算线，Q_1、Q_2和 Q_3表示 3 条不同的等产量线。由于企业预算是既定的，*AB* 和 Q_1交于 *C*、*D* 两点，说明在既定预算下 *C* 和 *D* 的要素组合可以做到，但 Q_1离原点较近，表明产量较低。Q_3虽然离原点较远，产量较高，但 *AB* 和 Q_3不相交也不相切，表明在既定预算下无法实现。*AB* 和 Q_2切于 *E* 点，表明 *E* 点的要素组合既满足企业预算条件，产量虽比不上 Q_3，但高于 Q_1，是满意的要素组合。也就是说，*E* 点是生产者均衡点，企业在既定的预算约束下，购买 *OM* 的劳动、*ON* 的资本，可以获得最大的产量。

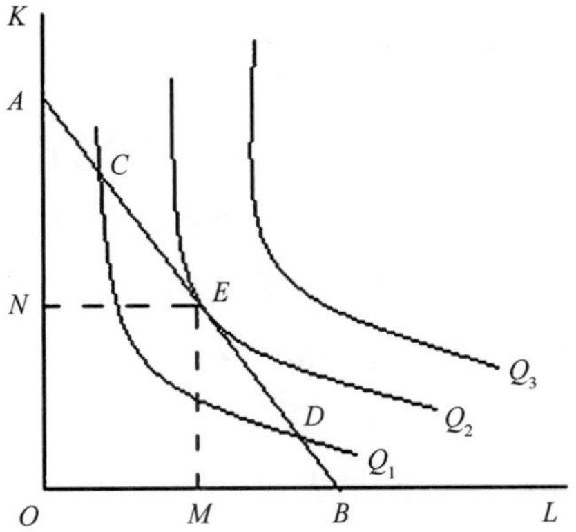

图 4-9　预算约束下产量最大的要素组合

三、要素价格变动对最优组合的影响

要素价格变动会对最优组合产生影响，这是因为，要素价格变动了，企业会更多地使用比以前便宜的要素，少使用比以前贵的要素。因此，要素优化组合标准不是单纯的技术标准，而是技术/经济标准。

在图 4-10 中，假定等产量线为 Q，企业预算线为 K_1L_1，它的斜率代表原来的投入要素的价格比例，这时的生产者均衡点为 A 点，即成本最低的要素组合为 K_A 和 L_A。如果劳动力价格提高了，或资本的价格降低了，就会使要素投入比例发生变化，企业预算线就会由 K_1L_1 转到 K_2L_2 的位置，它与等产量线 Q 切于 B 点，生产者均衡点就由 A 点转向 B 点，最佳要素组合就成了 K_B 和 L_B。

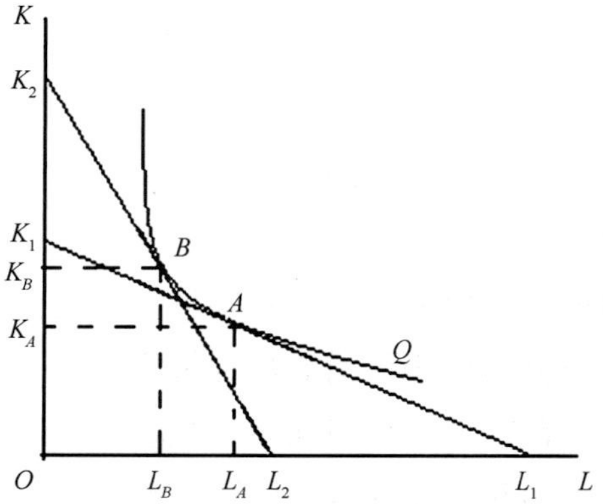

图 4-10　要素价格变化对生产者均衡的影响

四、最优选择和满意选择

有人说，经济学追求最优，是最优选择；管理学只要满意就行了，是满意选择。这好比在一包针里找一枚针缝衣服，经济学要找最尖锐的那一枚，管理学只要找一枚能缝衣服就行了。这样认识是不对的。经济学确实追求最优，但追求的是约束条件下的最优。比如选择生产者均衡点，经济学并没有在产量最大的 Q_3 上去选，而是在产量不如 Q_3 的 Q_2 上选，选了和 AB 相切的那一点 E。因为 E 点既在企业预算线上，表明现有条件下可以办到；又在等产量线 Q_2 上，而 Q_2 所表示的产量又不算低，令人满意。所以经济学也是满意选择。最优选择有了约束条件就成了满意选择。而经济学追求的是约束条件下的最大化，所以也是满意选择。

第五节　不同产品产量的最优组合

以上我们分析的企业投入不同要素的最优组合，下面分析企业产出不同产品的最优组合。一个企业生产多种产品，在进行市场需求测定的基础上，根据企业现有资源条件，各种产品的产量如何组合，才能使利润最大（或成本最低）？这也是企业生产决策的基本问题。

一、经济学的解决办法

假定企业只生产 A 和 B 两种产品，产品价格和投入要素的成本均为已知，而且不因产量的变化而变化，企业资源（包括土地、设备、劳动力等）的数量和构成也是给定的。现在的问题是：在上述假设下，怎样决定产品产量的最优组合？为此，需要使用两条曲线：一条是产品转换线；另一条是等收入线。

所谓产品转换线，是指这条曲线上的任何点，都代表企业在资源给定条件下能够生产的各种产品产量的可能组合。图 4-11 中的 T_1 和 T_2 都是产品转换线。

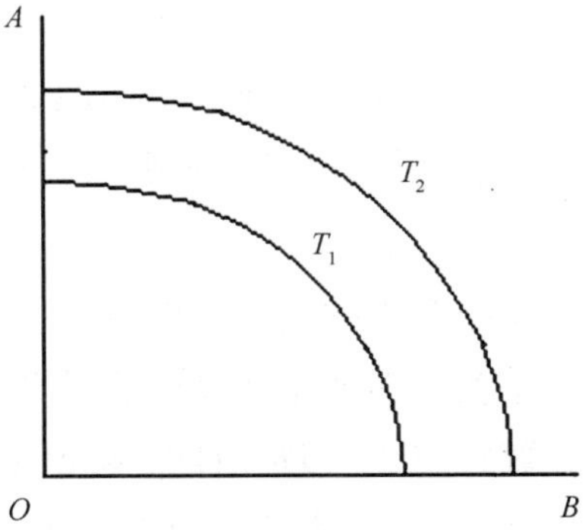

图 4-11　产品转换线

如果技术不变，产品转换线的位置就取决于企业资源的多少。资源增加，产品转换线就会向外移动；反之资源减少，产品转换曲线就会向内移动。如果产品产量组合在产品转换线的内侧，说明此时企业的资源设有得到充分利用；如产品产量组合在产品转换线的外侧，说明在现有资源条件下无法办到。企业只有按产品产量转换线上组合进行生产，才能在现有条件下能够生产出来，同时使资源得到充分利用。

产品转换线上每一点的斜率都是负的，这是因为资源是有限的，一种产品产量的增加，必然导致另一种产品产量的减少。产品转换线之所以不是直线而是凹向原点的曲线，这是因为随着一种产品产量的增加，会越来越多地使用并不适合生产这种产品的资源，从而使边际产量降低。

所谓等收入线，是指在这条曲线上各点所代表的不同产品产量组合，给企业带来的销售收入是相同的。假定 P_A、P_B 分别代表 A、B 商品价格，Q_A、Q_B 分别代表 A、B 商品产量，总销售收入为

$$TR=P_AQ_A+P_BQ_B \tag{4-14}$$

式（4-14）为收入函数方程，它表明每一个总收入 TR 的值，都有一条等收入曲线，只要产品价格不变，这些等收入线就互相平行，因为它们的斜率都相同。

把等收入线画到产品转换线的图上，就可以找到等收入线和产品转换线的切点 E，这个切点 E 就代表这两种产品最优的产量组合 Q_A 和 Q_B，如图 4-12。

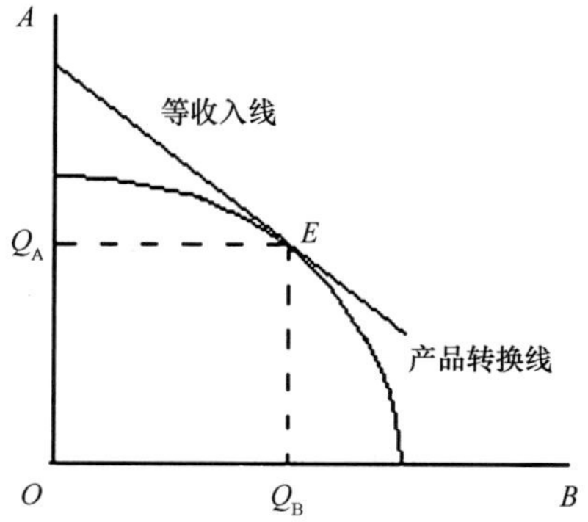

图 4-12　两种产品的最优产量组合

二、管理学的解决办法

经济学中需要运用产品转换曲线来确定最优产品的组合，但在实践中由于确定产品转换曲线比较困难，所以管理学更多的是用线性规划的方法来进行产品产量最优组合的决策。线性规划的定义是：求一组变量的值，在满足一组约束条件下，求得目标函数的最优解。

请看下面这个例子。某企业生产桌子和椅子两种产品，有关资料如表 4-1。假设这两种产品的市场状况都很好，问何种组合能让企业利润最大？

表 4-1　桌子和椅子的组合

	桌子（把）	椅子（张）	能用时间（小时）
制造时间（小时）	2	4.	48
装配时间（小时）	4	2	60
单位利润（元）	8	6	

设利润为 π，桌子数量为 T，椅子数量为 C，则目标函数为 $\pi=8T+6C$。制造工序时间为 $2T+4C\leqslant48$，其中 $T\geqslant0$，$C\geqslant0$；装配工序时间为 $4T+2C\leqslant60$，其中 $T\geqslant0$，$C\geqslant0$。下面用线性规划的图解法。我们以桌子数量 T 为横轴，椅子数量 C 为纵轴，画出两条直线 $2T+4C=48$ 和 $4T+2C=60$，如图 4-13。由于制造工序时间和装配工序时间分别是小于等于 48 和 60，所以选择范围在这两条直线左侧；又由于这两个条件必须同时满足，选择范围缩小到阴影部分，这叫可行解域。令目标函数 $8T+$

$6C=0$，可得到斜率，根据斜率做一过原点的直线，将它移动到与可行解域最后相交的点 E，这点就是问题的最优解。

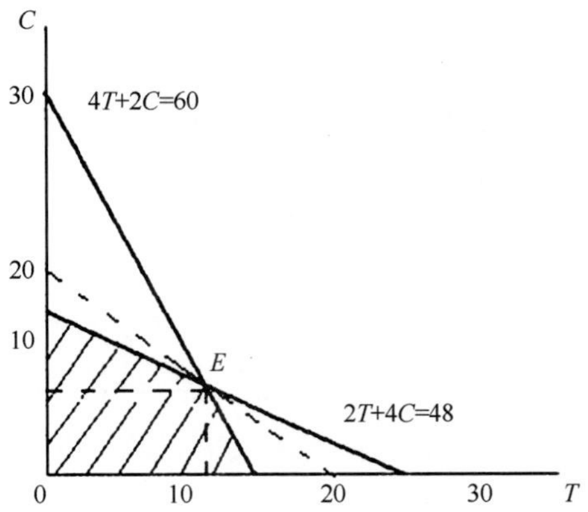

图 4-13　线性规划的图解法

通过图解法，求出上述线性规划问题的解为 $T=12$ 和 $C=6$，即生产 12 张桌子和 6 把椅子可以使企业利润最大。

三、两种解决办法的比较

比较图 4-11 和图 4-13，我们可以发现它们尽管不同，但也有如下相似的地方。

（1）它们的最优产品数量的组合点，都是在由表示约束条件的曲线围成的区域内。经济学里的产品转换线可以看成是由无数条约束线围成的；管理学里线性规划的可行解域可以看成是由两条约束线围成的。

（2）它们的最优产品数量的组合点，都是表示收入的直线和这个区域边界的切点。经济学里的最优产品数量组合点是等收入线和产品转换线的切点；管理学里的最优产品数量组合点是目标函数线和可行解域边界的切点。

由此我们可以发现，经济学寻找产品最优数量组合点的方法和管理学在实质上是一样的，管理学的方法是经济学方法的特例。因为经济学里的产品转换线在实践中不好找，而管理学的约束条件比较好找，所以经济学告诉我们的是一种思想方法，而管理学告诉我们的是一种操作方法。

第五章　企业成本

企业生产了，就会产生成本。本章仍然采用对比的方法，将管理学中的成本和经济学中的成本进行比较，发现它们的不同之处：经济学有机会成本的概念，而管理学中没有，这就使得经济学在帮助企业决策方面要略胜一筹。

第一节　企业成本的概念

一、管理学中的成本

管理学中的成本，指企业在一定时期内为生产和销售一定的产品而发生的全部费用的总和。企业生产经营中发生的全部费用可分为制造成本和期间费用两大类。

制造成本包括直接费用和间接费用。直接费用是工业企业生产过程中实际消耗的直接材料、直接工资和其他直接支出；间接费用也称制造费用，它是企业在生产车间范围内为生产产品和提供劳务而发生的各种间接支出，包括车间管理人员的工资、折旧费、维修费、办公费、水电费、物资消耗、劳动保护费、季节性及修理期间的停工损失等。直接费用直接计入制造成本，间接费用则需按一定比例计入制造成本。

期间费用指企业本期发生的、不能直接或间接归入营业成本而是计入当期损益的各项费用，包括销售费用、管理费用和财务费用等。对工业企业而言，销售费用是指企业在销售产品、自制半成品和工业性劳务等过程中发生的各项费用，以及为销售本企业产品而专设的销售机构的各项费用。管理费用包括公司经费，如管理人员工资、差旅费、办公费等；工会经费；劳动保险费；待业保险费；咨询费；审计费；诉讼费；税金；土地使用费；绿化费；排污费等。财务费用包括利息净支出、汇兑净损失、金融机构手续费和其他因资金而发生的费用。

企业的成本管理就是对企业的成本费用进行预测、计划、控制、核算、分析和考核，并采取降低成本费用措施等管理工作。

二、经济学中的成本

举一个例子来说明什么是经济学的成本。某店主每年花 40 000 元租赁商店设备，年终该店主从销售中所获毛利（即商品销售收入减去商品原进价后的余额）为 50 000 元。问该店主赚了多少钱?

如果从企业管理学的角度来看，该店主赚了 50 000−40 000 = 10 000 元。但从微观经济学的角度来看，该店主不仅没有赚钱，反而还赔了钱。为什么呢？假定市场利率为 5%，如果该店主不是把这 40 000 元用于租赁商店设备，而是存入银行，一年可得利息 40 000×5% = 2 000 元。这 2 000 元就是他把这 40 000 元资金用于投资的机会成本，是一种隐性成本。另外，如果该店主从事其他职业能获得的年收入是 100 000 元，则这 100 000 元是他当店主而不去从事其他职业的机会成本，也是一种隐性成本。所以，该店主一年的隐性成本是 100 000+2 000 = 102 000 元，而他一年的毛利才 50 000 元，减去显性成本 40 000 元，还剩下 10 000 元，远远不够弥补隐性成本的，所以他赔了钱。

从这个案例中，我们可以看到，微观经济学与企业管理学的不同之处。微观经济学不是就企业论企业，而是将企业放到市场上去考察，研究资源的配置如何更加有效。这个市场上不光是有这个企业，还有别的许多企业以及银行等金融机构。这样，资源的配置就有了选择，可以放到这也可以放到那，但放在不同的地方收益是不一样的，这就有了机会成本的概念。机会成本是指在资源有多种用途的情况下，一种资源用于某种用途后所放弃的其他可供选择的最好用途，或一种资源用来获得某种收益时所放弃的另一种最大的收益。这个概念是微观经济学里才有的，企业管理学里没有。但它是很重要的一个概念，是企业在进行资源配置的决策时不得不考虑的一个问题。因为资源是有限的，为了企业利润的最大化，就要把资源配置在最能发挥它作用的地方，也就是机会成本最小的地方。

再如，假设甲有 20 万元准备投资，可供选择的项目有：开小商品店、开饭店、开服装店。如果开小商品店，就要放弃开饭店和服装店；如果开饭店，就要放弃开小商品店和服装店；如果开服装店，就要放弃开小商品店和饭店。这种现象在生活中普遍存在，因为选择无处不在。在经济学中，用机会成本来对各种选择做出决策。如果甲开小商品店、饭店和开服装店的获利分别为 5. 0 万元/年、5. 5 万元/年、6. 0 万元/年，那么甲就会选择开服装店，因为开服装店获利最多。此时，甲开服装店的机会成本就是开饭店的获利 5. 5 万元/年。而不是 5. 0 万元/年，因为 5. 5 万元/年大于 5. 0 万元/年。

关于机会成本，有几点需要说明。

第一，机会成本不是实际成本，只是一种观念上的成本或损失。甲开服装店的机会成本是5.5万元/年，并不是说甲实际损失了开饭店的5.5万元/年的收益。所以，甲的这5.5万元/年的机会成本，并不会计入会计账中。

第二，机会成本是做一种选择时所放弃的其他若干种可能的选择中获利最大的一种。上例中，甲放弃的开小商品店的获利为5.0万元/年，开饭店的获利为5.5万元/年，因为5.5大于5.0，所以甲开服装店的机会成本就不是5.0万元/年，而是5.5万元/年。

第三，运用机会成本这一概念时有4个条件：①资源是稀缺的；②资源本身要有多种用途；③资源可以自由流动不受限制；④资源能够充分利用。不具备这4个条件，机会成本就没有意义。

第四，只有收益大于或等于机会成本，做出的决策才是合理的。如上例中开服装店的获利为6.0万元/年，就大于它的机会成本5.5万元/年。

第五，用自己的资金办企业的机会成本，等于把这笔资金借给别人可能得到的最多利息。自己管理企业的机会成本，等于他在其他地方工作所获得的最高工资。如果本来资源就是闲置的，现在用来生产某种产品的机会成本是零。过去买进的物料，现在价格变了，其机会成本按现价来计算。

三、机会成本与会计成本

下面举例来说明机会成本与会计成本的区别。甲从一家年薪为10万元的企业辞职，自己开公司自己管理，不拿工资；乙在一家年薪为8万元的企业被辞退，开了一家公司，聘请他人来管理，年薪12万元。问：甲和乙开公司的机会成本和会计成本分别是多少？谁的选择更好一些？

我们先看甲开公司的机会成本，为10万元；会计成本为0。再看乙开公司的机会成本，为0元，因为他本来就是被辞退的，没工资了；会计成本就是他给聘请的人开的工资，为12万元。现将两个人进行比较。从经济学的角度看，甲的机会成本大于乙，乙比甲优；从管理学的角度看，甲的会计成本比乙低，甲比乙优。那么从决策的角度看，谁的选择更好一些呢？我们认为还是应该选择机会成本比较低的，乙的选择比甲更好一些。

运用机会成本帮助我们选择的例子很多。比尔·盖茨于1973年进入哈佛大学法律系学习。他不喜欢法律，但对计算机十分感兴趣。19岁时他面临两种选择：是继续学习还是辍学创办公司？比尔·盖茨放弃了学业，创办了软件公司。1999年《福布斯》评选，比尔·盖茨以净资产850亿美元荣登世界亿万富翁的榜首。1999年3月27日，比尔·盖茨应邀回母校哈佛大学参加募捐会，当记者问他是否愿意继续学习以拿到哈佛大学的毕业证时，他没有回答。问：比尔·盖茨当初为什么要放弃学业创办公司？成为世界首富后为什么仍然不愿回哈佛继续攻读学位？这都是因为机会成本。当初之所以放弃学业去创办公司，是因为继续学习就会失去创办公司的机会，而他已经有了关于互联网的一些想法，认为这是很有前途的事业，放弃了太可惜，也就是机会成本太高了。在他成为世界首富以后仍然不愿回去完成学业，也是因为回去读学位就会丢掉世界首富的位子，机会成本也太高了。

中国也有一个不愿上大学的例子，那就是姚明，不过后来他还是回到了学校，完成了他的大学梦。当年他有到美国职业篮球赛打球的机会，同休斯敦火箭队签了3年2 000万美元的工作合同。据说加上做广告的收入，他的年收入已突破1亿美元。如果那时他上了大学，这些收入都将会失去，机会成本太高了。当姚明结束了运动员生涯后之所以又去上了大学，是因为这时他上大学的机会成本已经大大降低了。

四、显性成本与隐性成本

企业经营活动中实际发生的成本往往包括两部分：显性成本和隐性成本。显性成本是企业为了得到一定数量的生产要素所付出的代价，企业会在会计账目上作为成本项目记入账上的各种支出费用，包括支付给员工的工资，购买原材料、燃料及添置或租用设备的费用，从银行贷款支付的利息以及保险费、广告费和税金等。这些支出都是在会计账上反映出来的，所以叫显性成本。隐性成本是指企业使用自己提供的生产要素所应该支付的费用，实际上已经投入，但在形式上没有支付，会计账上没有反映，所以叫隐性成本。机会成本就是隐性成本。

管理学在计算成本时往往会忽略隐性成本。隐性成本有两种常见的形式：一是使用自有资源的机会成本。例如，利用自有资金经营企业不用支付利息，使用自有厂房在会计账上没有租金支出；二是企业老板在自己经营企业中的机会成本。例如，老板不给自己发工资，认为反正赚的钱都是自己的，还给自己发什么工资？这种成本之所以称为隐性成本，是因为看起来企业在使用企业主自有生产要素包括企业家才能时不用花钱，然而不付费用不等于没有成本。因为这些生产要素如果不是自己使用，完全可以给别人使用而获得报酬。所以，管理学的成本概念不完全，依靠这种概念会得出错误的结论。

现在可以将管理学和经济学的成本概念比较如下。

直接成本 + 间接成本 = 显性成本　　（管理学、会计学成本）

显性成本 + 隐性成本 = 总成本　　（经济学成本）

由于隐性成本往往容易被人们忽视，会计账上也反映不出来，从而会造成实际亏了本还以为赚了钱的假象，这对企业的经营管理是十分不利的。可见，经济学比管理学考虑问题更深刻，也更全面。对于一个企业家来说，当然考虑问题更深刻一些、更全面一些，对自己会更有利一些。

五、增量成本与沉没成本

管理学大师西蒙认为，管理就是决策。很多管理学著作也都将管理学称为一门关于决策的学问。其实我们从上面的分析可知，管理学对一个好的决策所起的作用还是有限的，远不如经济学。好的决策首先要有好的选择，而经济学正是一门关于选择的学问。诺贝尔经济学奖得主保罗·萨缪尔森说：经济学研究人与社会如何做出最终选择。也就是说，经济学是关于选择的学问。在经济学这里，所有的概念都是为选择而产生的，为选择而发展的，没有了选择它就失去了意义。经济学就是一种关于选择的思想方法，它的增量成本与沉没成本的概念也是告诉人们如何进行选择的。

增量成本是指做出某一决策而引起的全部成本的变化；沉没成本（又称旁置成本）是指过去已经支出、现在的任何决策都已无法挽回的成本。例如，某公司打算将公司总部从 A 市迁往 B 市，看中了 B 市一处建筑，总价 440 万元，就交了 40 万元定金，这 40 万元就属于固定成本。又假定该公司发现另一处建筑只要 420 万元，比第一处建筑便宜 20 万元，怎么办？是不是要舍弃那个贵的买这个便宜的？不是，还是要买前一处建筑。尽管它比较贵，但已经交了 40 万元定金了，人家又不给退，这 40 万元就属于沉没成本。这时若买第二处建筑，总共要花费 420+40=460 万元，比买第一处建筑的费用 440 万元要多 20 万元。所以，会计学是要把沉没成本计入的，而经济学则不用考虑它。因为它如同被打翻的牛奶和摔破的罐子，再可惜也没用了，已经与决策无关了。这好比期末考试和高考，前面的课程再没考好也不要去管它了，管了也没用，只会影响下一门的考试。这就是沉没成本。

在决策过程中，应该考虑的是增量成本而不是沉没成本。运用增量成本决策时，把增量成本与增量收益进行比较，如果增量收益大于增量成本，决策的结果会导致总利润的增加，决策方案可以接受；否则就不能接受。

例如，某企业生产 A 产品 1 000 件，单位变动成本为 1 元，总固定成本为 500 元（即单位固定成本为 500/1 000=0.5 元），单位全部成本为 1+0.5=1.5 元，单位价格为 2 元。现有人只愿以 1.3 元的价格订购 400 件，若企业生产能力有富余，该企业是否应接受这笔订货？答案是：因为 500 元固定成本是沉没成本，不受企业订货量增加的影响，所以不予考虑。增量成本为 1×400=400 元，增量收益为 1.3×400=520 元，增量收益大于增量成本，可以接受这笔订货，这样可以使企业增加 520−400=120 元的利润。

第二节 企业的短期成本

企业生产分为短期生产和长期生产，相应地，企业成本也分为短期成本和长期成本。企业的短期生产有可变成本和固定成本的区别，而在长期生产中都是可变成本。可变成本是随着产量的变化而变化的成本，如燃料费用、工人的计件工资等；固定成本是不随产量的变化而变化的成本，如厂房设备的租赁费、管理人员工资等。

一、管理学里的可变成本、固定成本和总成本

短期总成本（*STC*）是指企业在短期内生产一定量产品所需要的成本总和，它等于短期内每一产量水平的固定成本（*FC*）和可变成本（*VC*）之和，即

$$STC = FC + VC \tag{5-1}$$

管理学里的可变成本虽然随着产量的变化而变化，但它的变化是匀速的，没有加速度。如果以产量 Q 为横轴，成本 C 为纵轴，那么可变成本曲线 *VC* 是一条从原点出发的向右上方倾斜的直线，如图 5-1。因为不变成本 *FC* 是一条平行于横轴的直线，而总成本等于不变成本加可变成本，所以总成本曲线 *STC* 是一条从固定成本出发的与可变成本平行的直线。

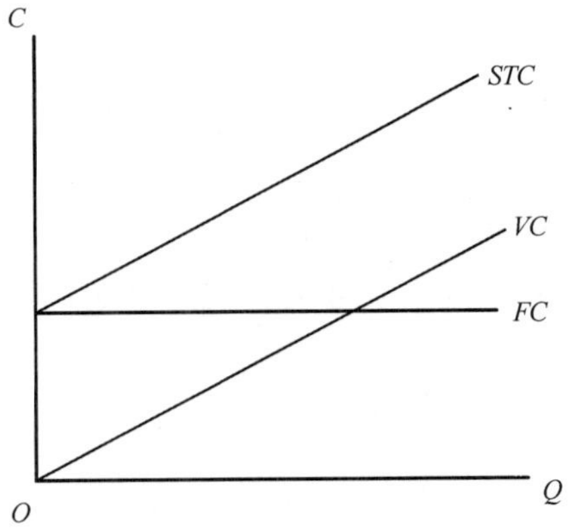

图 5-1 管理学里的成本

二、经济学里的可变成本、固定成本和总成本

在经济学里，可变成本、固定成本和总成本的概念是一样的，但可变成本随产量的变化而变化不是匀速的，有一个加速度，且这个加速度因产量的不同也是变化

的。产量从零增加时，就像汽车起步时耗油比较多一样，可变成本增加得比较快；以后随产量的增加，可变成本的增加就比较慢了；再往后随产量的增加可变成本的增加又比较快了，就像汽车超过一定速度耗油量又开始增加一样。所以，如果以产量 Q 为横轴、成本 C 为纵轴，可变成本曲线 TVC 就是一条从原点出发向右上方倾斜的刚开始比较陡峭，后来比较平缓，最后又比较陡峭的曲线，如图 5-2。由于固定成本 TFC 是一条平行于横轴的直线，所以总成本 STC 曲线就是一条从 TFC 的起点出发的与 TVC 平行的曲线。

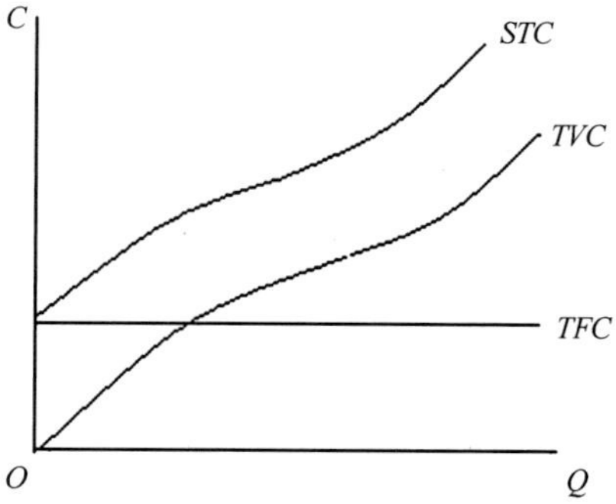

图 5-2　经济学里的成本

STC 曲线和 TVC 曲线不是一次函数曲线（因为一次函数曲线是直线），也不是二次函数曲线（二次函数曲线要么是抛物形要么是“U”形），经济学里常用三次函数曲线来描述它们。

三、经济学里的边际成本、平均成本和可变成本

由于可变成本和总成本随产量的变化而变化不是匀速的，所以在经济学里就有一个边际成本的概念，这在管理学里是没有的。短期边际成本（SMC），是指短期内企业每增加一单位产量所增加的总成本量，它等于短期总成本的变动量除以产量的变动量，即

$$SMC = \triangle STC / \triangle Q \tag{5-2}$$

如果 SMC 是连续可导的函数，则：

$$SMC = \mathrm{d}STC / \mathrm{d}Q \tag{5-3}$$

例如，某企业的短期总成本函数为 $STC = 5Q^3 + 10Q^2 + 20Q + 6$，则该企业的各种成本如下所示：

固定成本 $FC = 6$

平均固定成本 $AFC = FC/Q = 6/Q$

可变成本 $VC = STC - FC = 5Q^3 + 10Q^2 + 20Q$

平均成本 $SAC = STC/Q = 5Q^2+10Q+20+6/Q$

平均可变成本 $AVC = VC/Q = 5Q^2+10Q+20$

边际成本 $SMC = dSTC/dQ = 15Q^2+20Q+20$

由于短期总成本是三次函数，所以平均成本曲线 *SAC*、平均可变成本曲线 *AVC* 和边际成本曲线 *SMC* 都是二次函数的 *U* 形线，而平均固定成本曲线 *AFC* 是双曲线的一支，如图 5-3 所示。

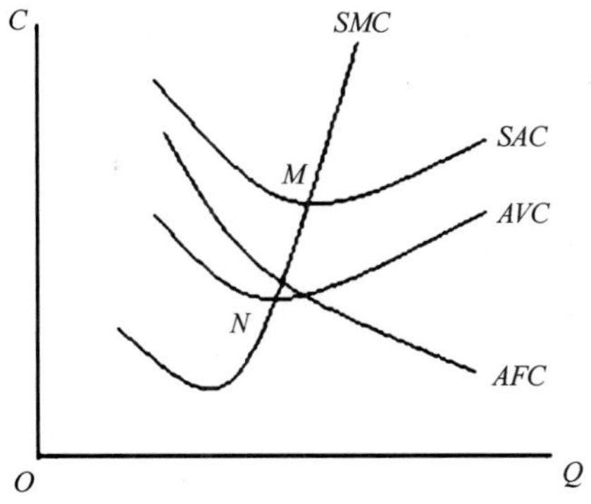

图 5-3　短期成本曲线

从图 5-3 可以看到，边际成本曲线 *SMC* 在它的上升段交于可变成本 *SAC* 的最低点 *M* 点，交于平均可变成本 *AVC* 的最低点 *N* 点。这个结论我们可以用前面证明边际产量曲线在它的下降段交于平均产量曲线的最高点类似的方法来证明，都用的是微积分里求极值的方法，只不过前者是上升段、最高点，求的是极大值；后者是下降段、最低点，求的是极小值。

第三节　企业的长期成本

在长期，企业设有固定成本和可变成本之分，调整生产要素的实质就是调整生产规模，因此，长期成本就是企业采用调整生产规模的方法来达到一定产量时所发生的成本。

一、长期总成本

长期总成本 *LTC* 由众多短期总成本 *STC* 构成。长期总成本曲线 *LTC* 是短期总成本曲线 *STC* 的包络线，在这条包络线上，在连续变化的每一产量水平上都存在着 *LTC* 曲线和一条 *STC* 曲线的切点，如图 5-4。该 *STC* 曲线所代表的生产规模就是生产该产量的最优生产规模，该切点对应的总成本就是生产该产量的最低总成本。

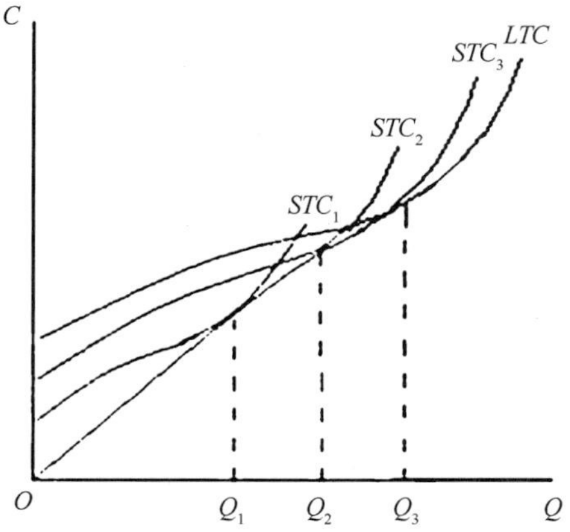

图 5-4　短期总成本和长期总成本

二、长期平均成本

长期平均成本 LAC 表示厂商在长期内按产量平均的最低总成本。长期平均成本 LAC 等于长期总成本 LTC 除以产量 Q：

$$LAC(Q) = LTC(Q)/Q \tag{5-4}$$

假定某行业的企业只能利用小、中、大 3 种规模进行生产，每一种生产规模都产生相应的短期平均成本曲线 SAC_1、SAC_2、SAC_3。厂商如何根据自己的生产计划选择生产规模？

如图 5-5，如果厂商打算生产 q_1的产量，就应选择能生产短期平均成本曲线 SAC_1的小规模生产；如果打算生产 q_6的产量，就应选择能生产短期平均成本曲线 SAC_3的大规模生产。有时某一种产出水平，如 q_3，既可以用小规模 SAC_1生产，也可以用中规模 SAC_2生产，这就要看长期产品的销售量是扩张还是收缩。若是扩张，就用中规模 SAC_2；若是收缩，就用小规模 SAC_1。一旦建立小规模 SAC_1，想生产较大产量 q_3，就只能用较高的成本。

长期平均成本曲线 LAC 是无穷多条短期平均成本曲线的包络线，如图 5-6。在这条包络线上，在连续变化的每一个产量水平，都存在 LAC 曲线和一条 SAC 曲线的相切点（该切点不一定是 SAC 曲线的最低点），该 SAC 曲线所代表的生产规模就是生产该产量的最优生产规模，该切点所对应的平均成本就是相应的最低平均成本。

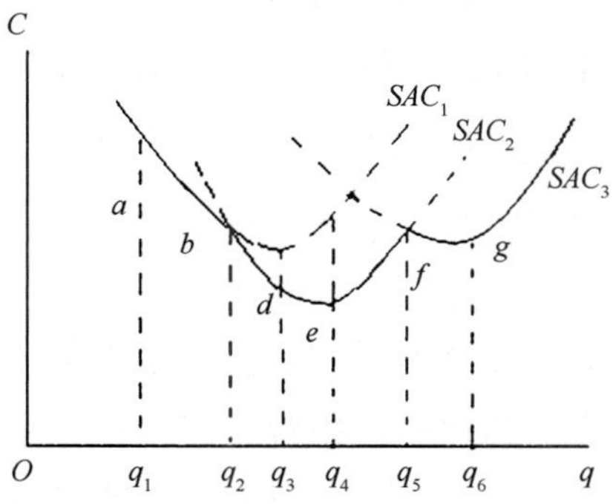

图 5-5　生产规模的选择

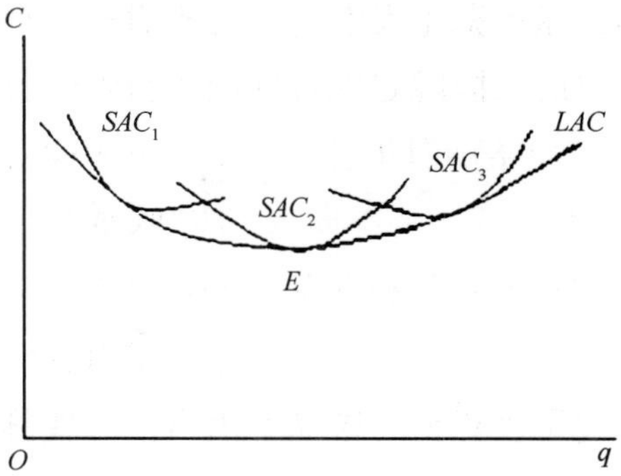

图 5-6　长期平均成本曲线

三、长期边际成本

长期边际成本表示厂商在长期内增加一单位产量所引起的最低总成本的增量。

$$LMC(Q) = \triangle LTC(Q)/\triangle Q$$

$$LMC = \lim \triangle LTC(Q)/\triangle Q = \mathrm{d}LTC(Q)/\mathrm{d}Q$$

如图 5-7，在每一个产量水平，代表最优生产规模的 SAC 曲线都有一条相应的 SMC 曲线，每一条 SMC 曲线都过相应的 SAC 曲线的最低点。在 Q_1产量上，生产该产量的最优生产规模由 SAC_1和 SMC_1代表，Q_1和 SAC_1与 LAC 的切点相对应（该切点不一定是 SAC_1曲线的最低点），相应的短期边际成本由 P 点给出，PQ_1既是最优短期边际成本，又是长期边际成本，即有 $LMC=SMC_1=PQ_1$。同理，Q_2和 SAC_2与 LAC 的切点相对应，在 Q_2的产量上有 $LMC=SMC_2=RQ_2$；Q_3和 SAC_3与 LAC 的切点相对应，在 Q_3的产量上有 $LMC=SMC_3=SQ_3$。在生产规模可无限细分的条件下，可以得到无数个类似 P、R 和 S 的点，将这些点连接起来便可以得到长期边际成本曲线。

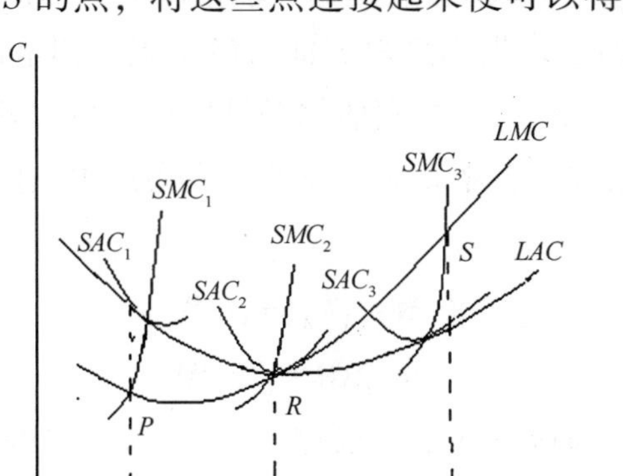

图 5-7　长期边际成本曲线

也就是说，长期边际成本曲线是与短期平均成本曲线和长期平均成本曲线切点相对应的短期边际成本点的连线。在短期平均成本曲线 SAC 与长期平均成本曲线 LAC 相切处，$SMC=LMC$。

长期边际成本曲线 LMC 表示的是与厂商在长期内通过选择最优的生产规模所达到的最低成本相对应的边际成本。

第四节　影响长期成本的因素

影响企业长期成本的因素很多，最主要的有两种：规模经济和范围经济。

一、规模经济

规模经济是指由于生产规模扩大而导致长期平均成本下降的情况。一般来说，企业的规模不能太小，也不能太大，即要有一个适度的规模。对于不同的行业，企业适度规模的大小是不同的。通常，需要投资多、生产过程复杂的行业，如汽车、电脑，适度规模要大一些；反之，需要投资少、生产过程简单的行业，如服装、制鞋等，适度规范就要小一些。适度规模还会随时间的推移和技术的进步而变化，所以一个企业要根据所处行业的性质和技术进步的程度，确定适度规模，以保证最大的收益。

行业的规模报酬是由该行业的生产函数决定的，生产函数分为如下 3 种情况。

（1）规模报酬递增。产量增加的比例大于各种生产要素增加的比例，称为规模报酬递增。对于生产函数 $q=f(K, L)$ 而言，若 $f(\lambda K, \lambda L)>\lambda f(K, L)$，则该生产函数为规模报酬递增的生产函数。

（2）规模报酬不变。产量增加的比例等于各种生产要素增加的比例，称为规模报酬不变。对于生产函数 $q=f(K, L)$ 而言，若 $f(\lambda K, \lambda L)=\lambda f(K, L)$，则该生产函数为规模报酬不变的生产函数。

（3）规模报酬递减。产量增加的比例小于各种生产要素增加的比例，称为规模报酬递减。对于生产函数 $q=f(K, L)$ 而言，若 $f(\lambda K, \lambda L)<\lambda f(K, L)$，则该生产函数为规模报酬递减的生产函数。

如果一个企业所处行业的生产函数为 $Q=AL^{1/3}K^{2/3}$，那么，在长期生产中，该行业的规模报酬属于哪一种类型？在短期生产中，该生产函数是否受边际产量递减规律的支配？

因为 $Q=AL^{1/3}K^{2/3}$，于是就有：

$$f(\lambda K, \lambda L)=A(\lambda L)^{1/3}(\lambda K)^{2/3}=A\lambda^{1/3+2/3}L^{1/3}K^{2/3}=\lambda AL^{1/3}K^{2/3}=\lambda f(L, K)$$

所以，$Q = AL^{1/3}K^{2/3}$属于规模报酬不变的生产函数。

对于 $Q = AL^{1/3}K^{2/3}$，有

$$MP_L = \frac{dQ}{dL} = \frac{1}{3}AL^{-\frac{2}{3}}K^{\frac{2}{3}}, \quad \frac{dMP_L}{dL} = -\frac{2}{9}AL^{-\frac{5}{3}}K^{\frac{2}{3}} < 0$$

这表明在短期资本投入量不变的前提下，随着劳动投入量的增加，劳动的边际产量 MP_L是递减的。可见，该生产函数受边际产量递减规律的支配。

造成规模报酬递增的因素包括：①生产成本降低。随着生产规模的扩大，分摊到单位产品上的厂房和设备的折旧费、管理费等固定成本就会减少。例如，一个年产 10 万辆汽车的企业的成本，一般要低于两个年产 5 万辆汽车的企业的成本；②交易成本减少。一次大规模的采购或销售比分几次的小规模交易的总和，更节省时间、出差费、运输费、谈判费等，更能得到批量折扣价的优惠；③专业化分工效益提高。生产规模扩大后，企业能利用更先进的技术和机器设备，生产分工能更合理和专业化，管理和培训能更节省成本。

造成规模报酬递减的因素包括：①生产能力的限度。投入增加到一定限度，由于边际产量递减规律的作用，边际产出将会下降；②市场容量的限度。生产规模扩大了，但市场规模不够大，一次性投资所形成的生产能力就得不到充分发挥，投入的资金就会成为“沉没成本”；③管理能力的限制。生产规模的过分扩大，会导致管理幅度过大，管理层次过多，信息传递过慢，内部协调过难，外部反应迟缓，从而使管理效率降低，规模收益递减。

产生规模经济的主要原因是劳动分工与专业化，以及技术因素。规模不经济是指企业由于生产规模扩大使得管理无效而导致长期平均成本上升的情况。企业规模过大会造成管理人员信息不通、企业内公文旅行、决策失误等。

一个厂商因为生产规模扩大由自身内部引起的长期平均成本下降，被称为内在经济。反之，被称为内在不经济。引起内在经济的主要原因有：一个厂商规模扩大后可使用更先进的设备，实现有利于技术提高的精细分工，充分发挥管理人员的效率，对产品进行综合利用，以更有利的条件采购或推销产品。

整个行业的规模扩大了，使得个别厂商因此长期平均成本下降，被称为外在经济。反之，被称为外在不经济。引起外在经济的原因主要是：个别厂商可以从整个行业的扩大中得到更加方便的交通辅助设施、更多的信息和更好的人才，可以实行更细微的专业化分工、更广泛的合作。

改革开放以来，产业集群在我国尤其是东南沿海一带发展得十分迅速，浙江省更是成为产业集群第一大省，产业集群创造的产值几乎占到了全省工业总产值的一半。所谓产业集群，就是很多生产同类产品的中小企业聚集在一个地方。比如湖州市织里镇就是远近闻名的童装产业集群，全镇 9 万人，有童装生产企业 6 600 家，

还带动起466家印花企业、1 021家绣花企业、872家面料辅料企业、39家缝纫机配件户、37个联托运站，整个织里镇就是一个没有围墙的童装大工厂。1999年，织里镇生产童装1亿件（套），产值25亿元，占全国童装市场的15%。产业集群为什么发展这么快？

产业集群的发展主要靠的是外在经济。比如织里镇童装产业集群，很多生产童装的企业聚集在那里，每个厂商都可以从整个行业的扩大中得到更加方便的辅助设施、更多的信息和更好的人才，更细微的专业化分工、更广泛的合作。规模化的生产降低了成本，企业之间的竞争又增加了花色品种，降低了价格。名声出去以后又会吸引全国乃至国外的客商到这里来选购产品，因为到这里来比到各地分散的企业选购更能节省交易成本。

二、范围经济

范围经济指由企业经营范围扩大、产品品种增加所带来的收益。一个企业同时生产多种产品的费用如果低于分别生产每种产品所需成本的总和时，就存在范围经济。比如，一家无线电厂，既生产收音机，又生产录音机，还生产电视机；又比如，一家汽车厂，既生产小轿车，又生产大卡车。生产这些产品的技术有一定共性，设备有一定通用性，人员技术也能举一反三、熟能生巧，因此可以产生品种效益和范围经济。

随着生活水平的提高，人们越来越不满足于消费单一产品，而希望有更多的选择。所以，20世纪60年代以来，世界市场需求的特征就是从规模化转向差别化、细分化和适用化，范围经济的概念越来受到企业的重视。《经济日报》2000年2月1日刊登文章《产量下去了，效益上来了》，说的是宝钢2000年淘汰了71万吨落后的炼钢能力，增加优质钢材产量，而利润增长了50%。我国钢材市场的结构矛盾十分突出，钢产量世界第一，总产量供大于求，但每年还要进口700多万吨国内无法生产的技术含量高的钢材。

企业之所以要多品种经营，除了为了满足市场需要和充分利用企业现有资源以外，还有一个目的就是降低风险。实际上生产任何一种产品都存在市场风险，企业生产的品种多了、经营范围大了，市场风险就可以相对减少，这种产品不行了还有其他的产品可以撑起企业的大梁。“不要把鸡蛋放在一个篮子里”，说的就是这个意思。

但是企业的经营范围也不是越大越好，产品品种也不是越多越好，要有一个适度的量。这是因为企业可以利用的资源是有限的，品种越多资源就越分散，规模化就越受影响。所以很多企业只专注生产一种产品，比如格力就只生产空调，效益也是不错的。是多种经营还是只生产一种产品，是要规模经济还是要范围经济，这要考虑很多因素，不能一概而论。

联产品是指不同的产品之间存在某种生产上的联系，如卡车和客车、汽油和柴油、理科生和工科生等。企业同时进行多产品的生产称为联合生产。联合生产可以共享生产设备或其他投入物，进行统一管理和营销，从而获得产出和成本方面的好处。但如果盲目扩大经营范围，而不顾新旧产品之间的联系，反而会削弱其核心竞争力。例如巨人集团原来是搞电脑的，很成功，后来史玉柱将业务扩大到保健品和房地产，导致战线太长，资金链断裂。蛰伏了两年后他改从保健品做起，把“脑黄金”改成“脑白金”，大做广告，又获得了成功。

第五节　价值工程里的成本

产品的成本与功能之间有一定的关系。将产品的成本和功能同时考虑的思想方法叫作价值工程。价值工程理论属于企业管理学，这是微观经济学里所没有的。微观经济学是将成本和利润联系起来考虑的，很少将成本和功能联系起来考虑。

一、价值工程的概念

价值工程（Value Engineering，VE）是现代被广泛采用的一种思想方法，同时也是一种技术经济方法，它产生于20世纪40年代后期的美国。第二次世界大战期间，为适应战时需要，美国国防部对武器装备提出要求，强调性能第一、交货期第二、成本第三，结果使得军工企业忽视成本控制，造成严重浪费，物资大量短缺。当时负责美国通用电气公司物资采购工作的电气工程师麦尔斯（Miles）通过对需要采购的物资的功能进行认真分析，寻找与物资功能相同或相近但货源充足、价格低廉的材料作为“代用品”，这样既满足了需要，又降低了成本。例如，当时美国《消防法》规定，为保证安全，车间地面必须铺石棉板，而这种材料供应紧张，价格昂贵。麦尔斯就分析，铺石棉板是为了防污和防火，有没有具有同样功能的其他物资呢？他找到了同样具有防污、防火功能但价格只有石棉板1/4的不燃烧的纸，通过消防部门的认可，用它来代替石棉板，为公司节约了大笔资金。麦尔斯在实践的基础上总结出一条规律：产品之所以有用是因为它具有一定的“功能”，用户之所以购买产品，不是为了购买产品本身，而是为了获得这种功能。因此，不同物品只要具有人们需要的相同功能，就可以相互替代，以降低成本。这种思想被系统化、规范化了以后，上升成为“价值工程”。

我国在1987年制定了关于价值工程的国家标准，并将价值工程定义为：“价值工程是通过各相关领域的协作，对对象功能与费用进行系统分析，不断创新，旨在提高研究对象价值的思想方法与管理技术。”企业降低成本，过去主要采用工业工程（IE）和质量管理（QC）等方法。IE 是在已有产品图纸的基础上，通过对制造和加工方法的改进来降低成本。QC 是通过质量管理，减少残次品和废品来降低成本。而价值工程则是在产品设计阶段就开展工作，在保证功能满足的前提下，消除现有设计中对用户毫无意义的功能。例如，玻璃杯没必要造得摔到地上不碎，抽屉没必要连里面也油漆，这样就可以使成本进一步降低。

二、价值工程中的价值及提高价值的途径

价值工程中的“价值”不同于政治经济学中的“价值”，而是人们在日常生活中经常提到的“性价比”，即产品所具有的功能（F）与获得该功能的全部费用（C）之比。如果用 V 表示价值，则

$$V=F/C \tag{5-5}$$

由式（5-5）可知，企业产品价值的大小，取决于功能与成本的比值。比值越大，价值越高；比值越小，价值越低。

提高产品价值有 5 种途径，如表 5-1。

表 5-1　提高价值的途径

序号	表达式	说　明	举　　例
1	$\frac{F\uparrow}{C\downarrow}=V\uparrow\uparrow$	提高性能，降低成本	计算机 CPU 的发展
2	$\frac{F\uparrow}{C\rightarrow}=V\uparrow$	提高性能，成本不变	家电产品的促销，如买一送一
3	$\frac{F\uparrow\uparrow}{C\uparrow}=V\uparrow$	成本稍有提高，性能大幅提高	企业产品技术改造
4	$\frac{F\rightarrow}{C\downarrow}=V\uparrow$	性能不变，成本降低	产品采用廉价新材料，如建筑门窗用塑钢代替木材
5	$\frac{F\downarrow}{C\downarrow\downarrow}=V\uparrow$	性能稍有降低，成本大幅下降	经济型轿车

以上提高产品价值的 5 种途径可以根据不同情况灵活运用。

三、价值工程的工作程序

（一）对象选择

由于企业的资源是有限的，所以要对实施价值工程的产品、零部件、工序、环

节、作业或其他项目进行选择。选择的方法有经验分析法、百分比分析法、同量纲价值比较法和 ABC 分析法等。

这里用百分比分析法来举例说明。某企业有 5 种产品，它们各自的成本和利润占总成本和总利润的百分比如表 5-2。应该对哪种产品实施价值工程？

表 5-2　企业产品的成本、利润百分比

产品	A	B	C	D	E	合计
成本（万元）	265	70	25	100	50	510
百分比（%）	52.0	13.7	4.9	19.5	9.8	100
利润（万元）	120	20	12	15	32	199
百分比（%）	60.3	10.1	6.0	7.5	16.1	100

从表 5-2 可知，产品 D 的成本占总成本的 19.5%，而利润只占总利润的 7.5%，显然应该作为价值工程的重点对象。

再用同量纲价值比较法来选择需要改进的产品。根据式（5-5），在产品成本已知的基础上，一旦产品功能定量化，就可以计算产品的价值。功能定量化可用产品的某个主要的、具有一定量纲的产品功能参数，如功率、载重量、流量等，来定量表示功能水平的高低。产品功能参数与产品的成本之比称为价值指数，如单位成本功率、单位成本载重量、单位成本流量等。

一定量纲的价值指数计算公式为：

$$价值指数 = \frac{产品的某个主要功能参数}{产品成本}$$

将系列产品按功能参数从小到大的顺序排列，计算各产品价值指数。比较各产品同量纲指数的大小，观察其是否随着产品功能参数的递增而递增。如果不是随着产品功能参数的递增而递增，则表明该产品存在问题，应选为改进对象。

如某企业生产 3 种型号的搅拌机，主要参数如表 5-3 所示。

表 5-3　某企业 3 种型号搅拌机的相关参数

搅拌机型号	“A”型	“B”型	“C”型
功能参数（m^3/h）	8	30	60
生产成本（万元）	0.8	1.9	5.7
价值指数（$m^3/h \cdot$ 万元）	1.0	15.8	10.5

从表 5-3 可以看出，从“A”型到“B”型，价值指数随着产品功能参数的递增而递增，属于正常范围。但从“B”型到“C”型，随着产品功能参数的递增，

价值指数反而降低，这就不正常了。所以，应选择“C”型搅拌机作为改进对象。

（二）功能定义

价值工程研究的功能指对象满足用户某种需求的一种属性。功能是产品最本质的内容，企业销售产品，就是在销售这种功能；用户购买产品，也是在购买这种功能。用户并不关心产品采用什么样的结构，以及如何实现这种功能，而是要求产品必须可靠地实现其功能，在此条件下购买和使用费用之和越低越好。所以，企业要对产品进行认真分析，保留其必要功能，而将与用户需求无关的功能予以消除，这样才能降低成本。功能定义是在对研究对象整体及其组成部分的本质属性即功能充分认识的基础上，用语言给予结论上的表述。如车床的功能是“车削工件”，自行车的外观功能是“造型大方、结构新颖”等。功能定义要求既简练准确又全面系统。

（三）价值工程的成果评价

价值工程的成果评价就是将改进方案的各项技术经济指标与原设计进行比较，以明确方案所取得的实际综合效益。

一个完整的价值工程成果评价体系一般包括技术评价指标、经济评价指标和社会评价指标三方面的内容。在实际评价时，要全面考虑定性、定量指标，明确哪些是价值工程创造的效益，并及时进行总结，写出成果报告。

第六章　企业利润

企业有了生产就有了收入，从企业收入中扣除成本就得到企业的利润。尽管管理学和经济学都认为企业的目标是利润，但经济学的利润概念和管理学又有不同。哪种认识更有利于企业的生存和发展呢？本章除了阐述这个问题以外，还用经济学的方法探讨了企业利润最大化的原则以及不同市场条件下企业的不同利润。

第一节　企业利润最大化

一、企业利润的概念

企业利润是企业赖以生存和发展的根本。企业利润等于总收益减去总成本。前面我们说过，经济学的成本与管理学的成本是不一样的，所以企业利润也有经济利润与会计利润之分。

经济利润 = 总收益 - 机会成本

会计利润 = 总收益 - 会计成本

会计利润是在会计成本的基础上计算出来的，目的在于报告企业的盈亏情况，以便作为投资者投资、政府征税的依据，不能用于决策。经济利润的大小取决于机会成本，机会成本反映了资源配置的情况，经济利润要求人们把资源用于最有价值的地方，是决策的基础。

由于机会成本包含显性成本和隐性成本，所以，经济利润还可用下式表示：

经济利润 = 总收益 - （显性成本 + 隐性成本）

人们常把企业利润与企业正常利润相混淆，以为企业利润就是企业的正常利润，其实不是。企业正常利润这个概念是经济学里才有的，管理学里没有。正常利润是厂商对自己所提供的企业家才能的报酬。很多厂商将自己提供的资本的报酬、土地的报酬和企业家才能的报酬混在一起，反正都是自己的钱，放在哪个口袋都一样。其实它们是有区别的。经济学里的利润等于总收益减去总成本，而总成本包括显性成本与隐性成本，所以经济学里的利润是要减去隐性成本的，而企业家才能的报酬（即正常利润）是隐性成本，因此，经济学里的利润不包含正常利润。这让好多人搞不懂，利润里怎么能不包含正常利润呢？其实这也没什么奇怪的，这就像老婆饼里没有老婆、鱼香肉丝里没有鱼肉一样。理解了这一点我们就可以理解：为什么很多企业利润为零了还在苦苦坚持？这在管理学里不好解释，但在经济学里就可以解释了。这是因为虽然企业利润为零了，但老板还有正常利润，这相当于老板给自己打工发的工资。与其给别人打工还不如给自己打工。

有的书中为了将企业利润与正常利润相区别，将企业利润称为超额利润。其实这样称呼也是有问题的。所谓超额利润，应该是超过什么的利润。超过什么？超过正常利润？可正常利润又不是利润。所以，利润就是利润，可以称它为经济利润，但不要称它为正常利润。

表 6-1 是某企业的利润计算表格。

表 6-1　某企业的利润计算　　单位：元

销售总收益	1 000 000
- 直接成本（原料、劳动、电力等）	650 000
=毛利（企业一般管理费用的贡献）	350 000
- 间接成本（折旧，企业一般管理费用等）	140 000
=所得税前的“净利润”	210 000
- 自有资金费用、风险、专利等（即隐性成本）	100 000
=所得税前的“经济利润”	110 000
- 应支付的所得税	36 300
=所得税后的“经济利润”	73 700

表 6-1 左端的“-”为减号，“=”为等于号。从表 6-1 中我们可以知道，原来企业的销售总收益是 100 万元，最后七扣八扣，只剩下 7 万多元才是企业利润。可见，当老板容易，赚钱难。

二、企业利润最大化原则

企业的目标是实现利润最大化。无论是在经济学还是管理学里，利润都等于总收益减去总成本。但在管理学里，总收益、总成本、利润是常量，而在经济学里，利润、总收益、总成本都是产量的函数，所以，设企业利润为 $\pi(Q)$，就有：

$$\pi(Q) = TR(Q) - TC(Q)$$

我们用微积分里求极值的办法，对利润函数求导并令导数为零，就有：

$$\mathrm{d}\pi(Q)/\mathrm{d}Q = \mathrm{d}TR(Q)/\mathrm{d}Q - \mathrm{d}TC(Q)/\mathrm{d}Q = 0$$

得：$\mathrm{d}TR(Q)/\mathrm{d}Q = \mathrm{d}TC(Q)/\mathrm{d}Q$

因为对总收益求导得边际收益，即 $\mathrm{d}TR(Q)/\mathrm{d}Q = MR$；对总成本求导得边际

成本，即 $dTC(Q)/dQ = MC$，所以

$$MR = MC \tag{6-1}$$

即边际收益等于边际成本，是企业利润最大化的必要条件，也可称之为利润最大化的原则。

当 $MR > MC$ 时，企业每增加一单位产品所增加的收益大于所付出的成本，企业继续增加产量仍然有利可图，使利润增加。在这种情况下，企业会不断扩大生产，导致供给增加价格下降，边际收益减少，边际成本增加。直到边际收益和边际成本相等，企业才会停止增加产量。

当 $MR < MC$ 时，企业每增加一单位产品所增加的收益小于所付出的成本，企业继续增加产量会使利润减少，在这种情况下企业会减少产量，导致供给减少价格上升，边际收益增加，边际成本减少。直到边际收益和边际成本相等，企业才会停止减少产量。

只有当 $MR = MC$ 时，企业不用增加产出，也不用减少产出，维持现有的产出水平就行了，因为该赚的钱都赚到了，利润空间都填满了，实现了利润最大化。

三、利润最大化原则的应用

（一）根据 MR = MC 来确定产量

产量最大不一定就是利润最大，所以要根据利润最大化原则来确定企业的产量。例如，假定某企业的需求为 $Q=5\ 000-50P$，平均成本为 $AC=6\ 000/Q+20$，问：该企业利润最大化的价格和产量是多少？最大化的利润是多少？

由 $Q=5\ 000-50P$，得 $P=100-0.02Q$，$TR=P\times Q=100Q-0.02Q^2$，

$MR=dTR/dQ=100-0.04Q$

由 $AC=6\ 000/Q+20$，得 $TC=AC\times Q=6\ 000+20Q$

$MC=dTC/dQ=20$

根据利润最大化原则 $MR=MC$，就有 $100-0.04Q=20$

得利润最大的产量为 $Q=2\ 000$，此时价格 $P=60$，最大化利润 $\pi=74\ 000$。

（二）根据 MR = MC 来确定最佳的员工数量

例如，某超市经常丢东西，总经理陆续增加保安人员，使失窃率不断下降。在一次经营会上，保安部经理夸口说，超市失窃率已降到 1%，如果再给他们增加 2 名保安人员，他们有望将失窃率降为 0。其他部门经理也同意再增加保安人员，但总经理说，保持一定的失窃率是必要的，不同意再增加保安人员。大家你望我，我

望你，不明白总经理说的是什么意思。其实总经理的意思是，失窃率为 0 固然好，但那样的话，增加保安的费用将大于失窃的损失，得不偿失。利润最大化原则是边际收益等于边际成本，也就是说每增加一个保安人员所增加的收益，即减少的失窃的损失，要与增加这名保安所花的成本，即工资相等。现在失窃率已降为 1%，因失窃造成的损失平均每月 2 000 元左右，刚好等于雇用一个保安的工资，符合利润最大化的原则，所以不用再增加保安了。

第二节　完全竞争的企业利润

在管理学里市场类型是相同的，但实际上市场类型是不同的，不同市场类型的企业利润也不同。经济学将市场分为完全竞争、完全垄断、垄断竞争和寡头垄断 4 种类型，并分析了不同市场条件下企业利润最大化的产量和价格。

一、完全竞争的条件

完全竞争市场是竞争不受任何阻碍的市场结构。它要具备以下条件。

（1）市场上有大量的买者和卖者。每一个买者的需求量和卖者的供给量只占整个市场份额的很少部分，不会对市场价格水平产生任何影响，只能被动地接受既定的市场价格。

（2）市场上每一个厂商提供的商品都是完全同质的。这种同质性不仅指商品质量、规格、商标，还包括购物环境、售后服务。这样一来，任何厂商想要通过产品差别来影响市场价格都是不可能的。

（3）所有的资源具有完全的流动性。这意味着厂商进出一个行业是完全自由和毫无困难的，自由竞争得以保证。

（4）信息是完全的。这就排除了任何厂商想要隐瞒信息影响自由竞争的可能。

这 4 个条件是很苛刻的，现实中真正符合这 4 个条件的市场是不存在的。农产品市场比较接近这个市场。

二、完全竞争企业的需求曲线和收益曲线

完全竞争市场的价格是由市场的供给和需求决定的，每个厂商只是市场既定价格的被动接受者，所以厂商的需求曲线是一条由既定市场价格水平出发的水平线。尽管市场供求的变化会引起市场价格的变化，但厂商的需求曲线始终是一条水平线，只不过会随着市场价格的变化上下浮动而已。

价格为常数的情况下，平均收益曲线、边际收益曲线与需求曲线重合，是一条

平行线。所以，完全竞争厂商的平均收益 AR 曲线、边际收益 MR 曲线和需求 d 曲线重叠，它们都用同一条由既定价格水平出发的水平线来表示，如图 6-1 所示。

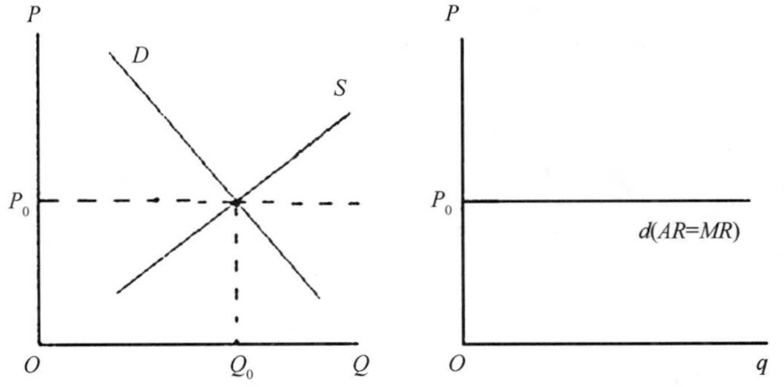

图 6-1　完全竞争企业的需求曲线和收益曲线

三、企业利润最大化的产量

边际收益 MR 等于边际成本 MC 是企业实现利润最大化的均衡条件。图 6-2 中，SMC 曲线和 d（$AR=MR$）曲线交于 E 点，决定了利润最大化的产量为 Q^*。当产量为 $Q_2> Q^*$ 时，$SMC>MR$，企业会减少产量；当产量为 $Q_1<Q^*$ 时，$MR>SMC$，企业会增加产量。只有当产量为 Q^* 时 $MR=SMC$，企业既不增加产量也不减少产量。

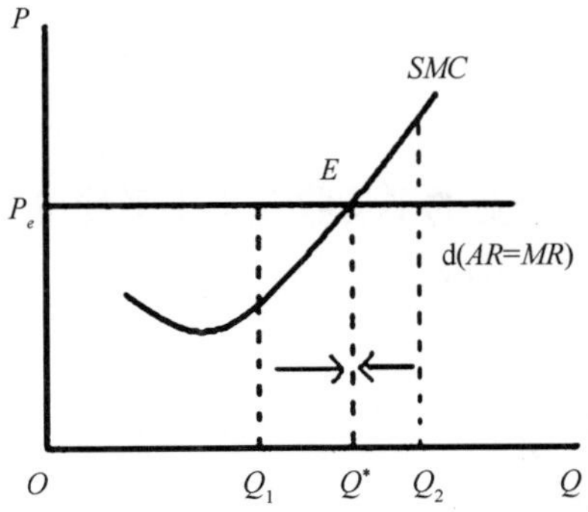

图 6-2　企业利润最大化的产量

完全竞争企业通过产量的调整实现利润最大化，但企业实现了 $MR=MC$ 也不一定盈利。这是因为在企业 AC、MC 不变时，是否盈利取决于市场的价格。因市场价格的不同企业分以下几种情况。

在图 6-3 中，MR 曲线和 MC 曲线交于 E_a点，表明利润最大化的产量是 q_a，这时的 AC 是 Og，总收益为 $Oq_aE_aP_0$ 面积，总成本为 Oq_afg 面积，利润为阴影所示的

gfE_aP_0 面积。因为存在利润，企业就会增加产量，别的企业也会加入这个市场，导致市场价格下降，需求曲线 d 和 AC 曲线切于 AC 曲线的最低点 E_b，如图 6-4 所示。这时总收益和总成本相等，都是 $Oq_bE_bP_0$。企业的利润为零，但仍有正常利润。

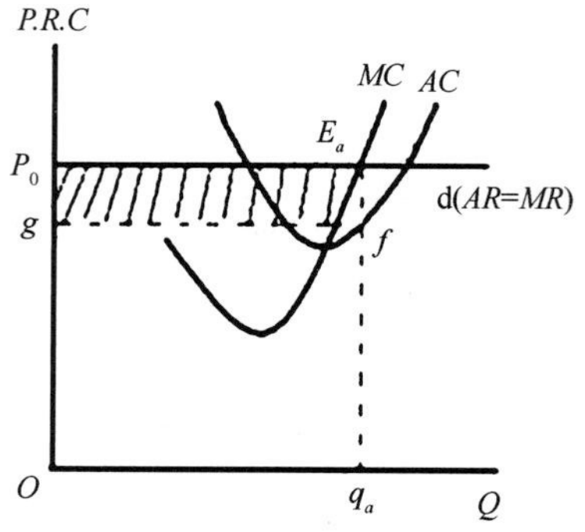

图 6-3　短期盈利

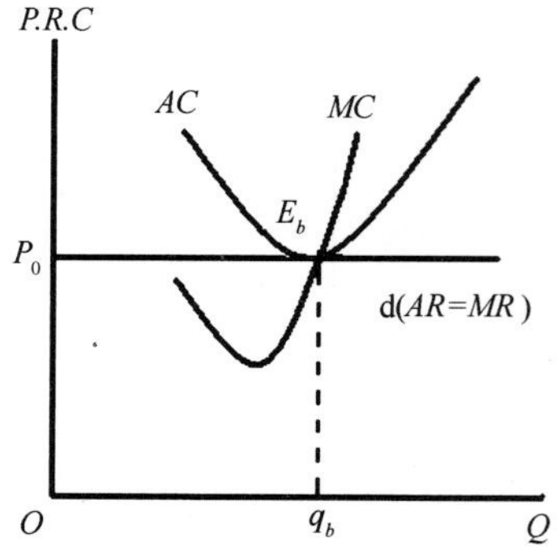

图 6-4　短期收支相抵

如果企业继续增加产量，别的企业仍盲目加入这个市场，导致曲线 d（$AR=MR$）继续下降。如图 6-5，MR 曲线和 MC 曲线的交点 E'_c决定了均衡产量为 q_c，这时厂商的平均收益小于平均成本，阴影部分即为厂商的亏损。但因 $AR>AVC$，厂商仍应继续生产，只有这样，收益除弥补可变成本外还有剩余，以弥补短期内总是存在的部分不变成本。

如果价格和需求曲线 d 继续下降，如图 6-6，d 切于 AVC 曲线的最低点 E，这一点是 AVC 曲线和 MC 曲线的交点，也是 MR 曲线和 MC 曲线的交点。此时亏损扩大了，企业可生产可不生产，因为其收益只能弥补可变成本，不变成本得不到弥补。由这一点再往下企业必须关闭，所以平均可变成本曲线的最低点 E 被称为企业停止营业点。在图 6-7 中，企业的平均收益小于平均可变成本，如果再生产，其收益不仅弥补不了不变成本，连可变成本也无法弥补。

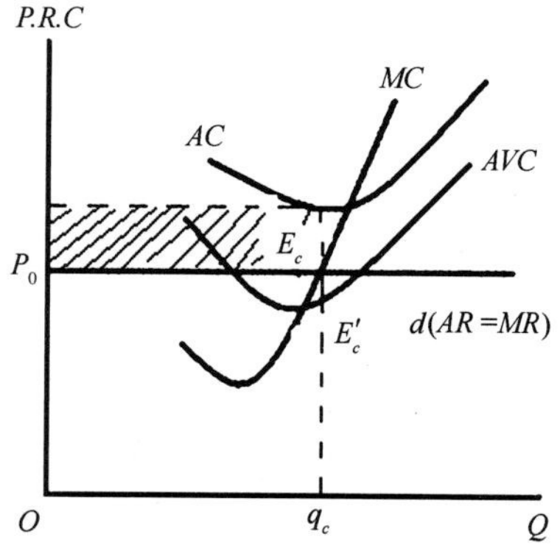

图 6-5　企业短期亏损

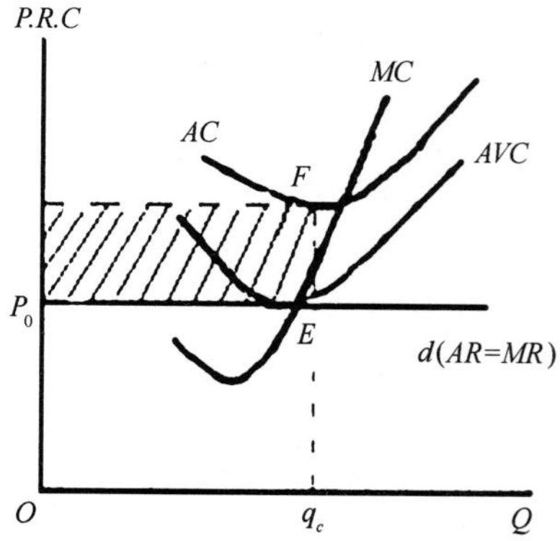

图 6-6　企业停止营业点

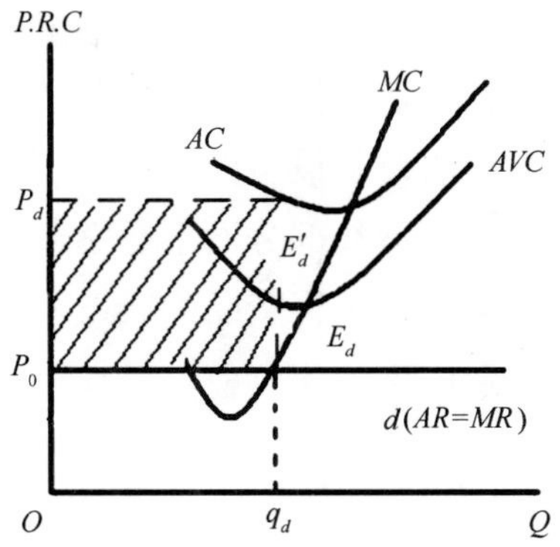

图 6-7　企业短期严重亏损

综上所述：

AR>AC，短期盈利，扩大生产；

AR=AC，收支相抵，继续生产；

AR>AVC，出现亏损，维持生产；

AR=AVC，到达停业点，生产和不生产都一样；

AR<AVC，严重亏损，停止生产。

例如，已知某完全竞争行业中的单个企业的短期成本函数为 $STC=0.1Q^3-2Q^2+15Q+10$。试求：①当市场上产品的价格为 $P=55$ 时，企业利润最大化时的产量和利润。②当市场价格下降为多少时企业必须停产？

解：(1) $\because\ STC = 0.1Q^3-2Q^2+15Q+10$

$\therefore\ SMC = dSTC/dQ = 0.3Q^2-4Q+15$

根据完全竞争下企业短期均衡条件 P = SMC，且已知 P = 55，就有：$0.3Q^2-4Q+15=55$，解得企业短期均衡产量 $Q=20$（负值舍去）。将其代入得：

$\pi = TR-STC = PQ-STC = 55\times20-(0.1\times20^3-2\times20^2+15\times20+10) = 790$

(2) 当 $P<AVC$ 时企业必须停产，而 $AVC = TVC/Q = 0.1Q^2-2Q+15$

令 $dAVC/dQ=0.2Q-2=0$，得 $Q=10$，且 $d^2AVC/dQ^2= 0.2>0$，

故 $Q=10$ 时 AVC 达到最小值。

将 $Q=10$ 代入 AVC（Q），得 $AVC = 0.1\times20^2-2\times20+15 = 5$。

所以，当市场价格 $P<5$ 时，企业必须停产。

有时我们在旅游淡季去某个景点旅游，常会发现那里的宾馆饭店门可罗雀，游人很少。我们不禁产生这样的疑问：这些宾馆饭店为什么不在淡季关门等到旺季再开门呢？宾馆和饭店的经营者当然知道他们这时是在亏本经营，但亏本不一定意味着要停止营业。如果企业短期内的营业收入能够超过平均可变成本，即宾馆饭店的

水电费、材料费和人工费，那么短期内继续经营仍然是合算的。在短期内的销售收益超过平均可变成本的情况下，企业不仅弥补了全部的可变成本，还弥补了一部分固定成本，如建设或租赁宾馆饭店及其设备的费用。固定成本是即使不生产也必须支出的成本，企业开工后即使只能弥补部分而不是全部固定成本，对于企业的短期经营也是有利的。如果企业短期内所出售产品的收益不仅不能弥补固定成本，甚至连变动成本也弥补不了，则企业应该停止营业。

四、企业的最优生产规模

如图 6-8，在 P_0的价格水平，企业应选择怎样的生产规模才能获得最大利润呢？短期内企业只能在既定规模 SMC_1 下生产，最优产量为 Q_1，利润为阴影面积 FGE_1P_0。而在长期，根据利润最大化条件 $MR = LMC$，企业会达到长期均衡点 E_2，并选择 SMC_2所代表的规模生产，最优产量为 Q_2，所获利润为 HIE_2P_0。所以，在长期，企业通过对最优生产规模的选择，得到比在短期内更大的利润。

在长期，如果该行业的企业获得利润，就会吸引别的企业进入该行业，导致产品供给增加价格下降，利润消失，如图 6-9。所以，完全竞争企业的长期均衡出现在 LAC 曲线的最低点，这时平均成本降到长期平均成本的最低点，价格也等于最低的长期平均成本。所有的企业在长期不存在利润是资源有效配置的表现，其条件是价格等于边际成本，即 $p = MC$。

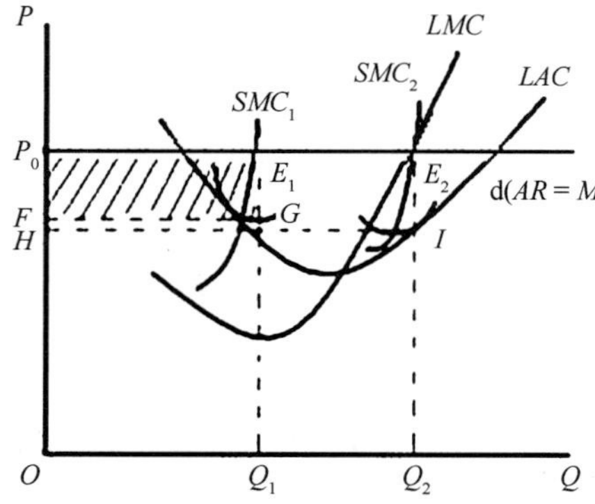

图 6-8　企业生产规模的调整

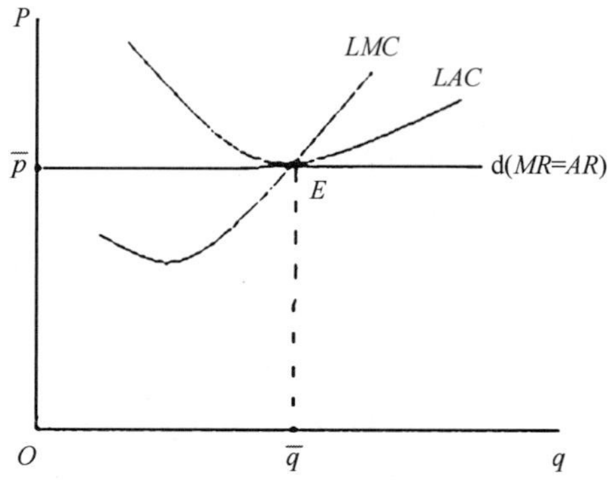

图 6-9　企业的长期均衡

第三节　完全垄断的企业利润

一、完全垄断的概念

完全垄断也称垄断，是指整个市场中只有唯一的一个企业的市场组织。具体地说，完全垄断的条件有这样 3 点：第一，市场上只有唯一的一个企业生产和销售商品；第二，该企业生产和销售的商品没有任何相近的替代品；第三，其他任何企业进入该行业都极为困难或不可能。

形成垄断的原因有以下 4 点。

（1）独家企业控制了生产某种商品的全部资源或基本资源的供给，这就排除了其他企业生产同种产品的可能性。

（2）独家企业拥有生产某种商品的专利权。

（3）政府的特许，如铁路、供水供电部门。

（4）自然垄断。有些行业的生产具有这样的特点：一方面，企业生产的规模经济只有在一个很大的产量上才能得到充分体现，以至于整个行业的产量只有由一个企业来生产时才能达到这样的产量；另一方面，只要发挥这一企业在这一规模上的生产能力，就可以满足整个市场对该种产品的需求。于是最先达到这一规模的企业就对整个行业的生产和销售形成了自然垄断。

二、垄断企业的需求曲线和收益曲线

由于垄断市场只有一个企业，所以市场的需求曲线就是垄断企业的需求曲线，它是一条向右下方倾斜的曲线。假定需求曲线为线性 $p=a-bq$，则：

$$TR = pq = aq-bq^2$$

$$AR = TR/q = pq/q = p = a-bq$$

$$MR = \mathrm{d}TR/\mathrm{d}q = a-2bq$$

可见，*AR* 曲线和需求曲线重合；*MR* 曲线在 *AR* 曲线左下方，平分 *AR* 曲线在横轴上的截距，即 $OF=FG$，如图 6-10。

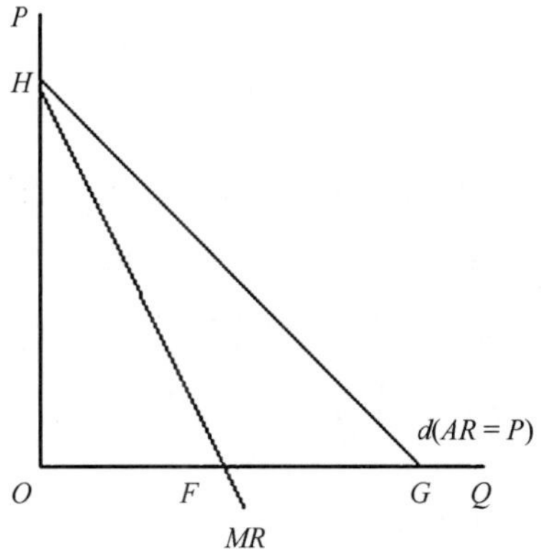

图 6-10　垄断企业的需求曲线与收益曲线

三、垄断企业的利润

在短期内，垄断厂商无法改变要素投入量，只能在既定的生产规模下通过对产量和价格的调整，来实现 $MR=MC$ 的利润最大化原则。

如果认为垄断企业在短期内总能获得利润的话那就错了。垄断企业在短期均衡点上，可以获得最大利润，如图 6-11 中的阴影部分 $FBAP_0$；也可能有亏损，如图 6-12 中的阴影部分 P_1HKJ。亏损的原因可能是成本过高，表现为成本曲线位置过高；也可能是市场需求过小，或政府定价过低，表现为需求曲线位置过低。

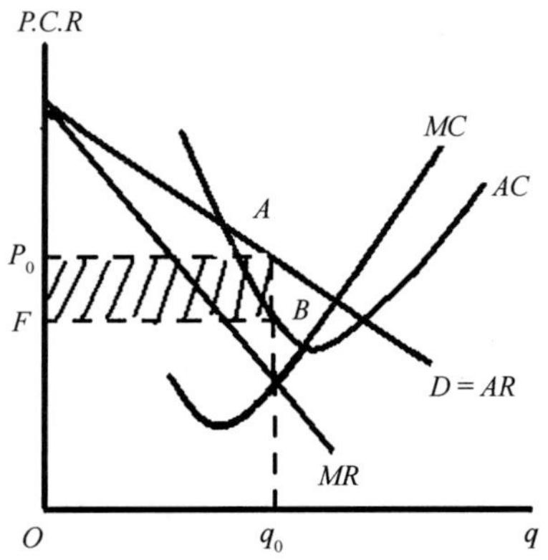

图 6-11　垄断企业的短期盈利

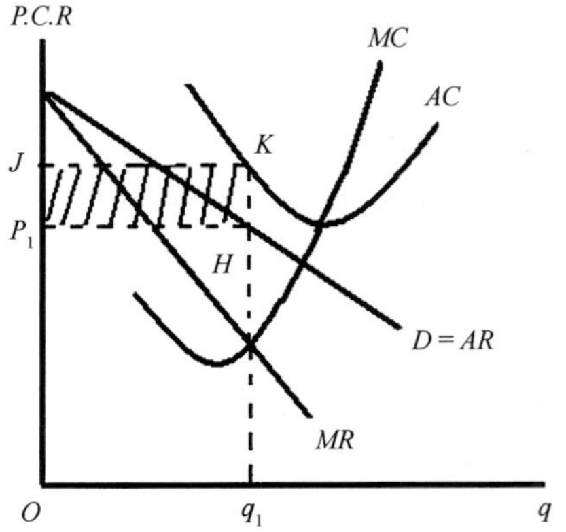

图 6-12　垄断企业的短期亏损

垄断企业之所以能在长期内获得更大利润，是因为长期内企业的生产规模是可以调整的，市场对新加入企业是关闭的。因此，人们常常称垄断企业获得的利润为垄断利润。但是，并不是所有的垄断企业都可以获得垄断利润，比如城市公交公司就是国营垄断企业，政府为了方便市民出行、减少私家车出行造成的污染，将票价压到一个很低的水平，比如一元钱、两元钱，这就使得绝大部分城市的公交公司都在亏本，不得不依靠政府补贴生存。近几年，由于不少城市地铁的开通，分流效应十分明显，使得公交公司的低票价逐渐失去了吸引客流的优势。有的公交公司为了减少亏损，减少了发车趟数，但这又使得一些乘客去选择地铁。所以，减少发车趟数不是办法，公交公司需要做的是不同线路、不同时段选择大、中、小不同的车型，淘汰耗油高的公交车，选择更节能更环保的公交车，并且不断改善服务质量。

四、垄断企业的价格歧视

垄断企业对于同样的产品收取不同的价格称为价格歧视。这里所说的“歧视”不是贬义词，因为价格歧视不是坏事。一般来说，垄断企业是根据不同国家或地区不同的消费能力来制定不同价格的，消费能力高的国家和地区价格高，消费能力低的国家和地区价格低。这样，消费者是满意的，垄断企业也可以获得更多的利润。国内一些消费者抱怨同样品牌的轿车或化妆品在国外买要便宜得多，不公平。其实这不能怪厂家，只能怪国内消费者的消费能力太强了，把价格给拱上去了。何况，某些有钱的消费者之所以注重品牌，不就是为了炫耀吗？价格低了怎么能达到炫耀的目的呢？

价格歧视分为以下 3 种情况。

（1）一级价格歧视。如果企业对每一单位产品都按消费者所愿意支付的最高价格出售，这就是一级价格歧视。这种情况下，垄断企业在 Q_c 的产量上有 $P=MC$，实现了完全竞争企业的均衡条件，所以资源配置是有效的。

（2）二级价格歧视。二级价格歧视只要求对不同的消费数量段规定不同的价格。如买 6 单位产品时的价格为 6 元，再买 4 单位产品时的价格就降为 5 元。这时垄断企业达到或接近 $P=MC$ 的有效资源配置的产量。

（3）三级价格歧视。三级价格歧视是指垄断者对于同一商品在不同的市场收取不同的价格。如同样的教科书对学生打折，同样的机票对先买者打折等。垄断企业对价格变化反应不敏感的消费者制定较高的价格，对价格变化反应敏感的消费者制定较低的价格，可以获得更大的利润。

例如，已知某垄断企业利用一个工厂生产一种产品，其产品在两个分割的市场上出售，成本函数为 $TC = Q^2+40Q$，两个市场的需求函数分别为 $Q_1 = 12-0.1P_1$，$Q_2 = 20-0.4P_2$。求：

（1）该企业三级价格歧视时的销售量、价格和总利润；

（2）该企业两个市场统一价格时的销售量、价格和总利润；

（3）比较（1）和（2）的结果。

解：（1）根据两个市场的需求函数可分别得到它们的反需求函数和边际收益函数：

$$P_1 = 120-10Q_1,\ MR_1 = 120-20Q;\ P_2 = 50-2.5Q_2,\ MR_2 = 50-5Q_2$$

又该企业的边际成本函数为 $MC = \mathrm{d}TC/\mathrm{d}Q = 2Q+40$

因为该企业实行三级价格歧视时利润最大化原则为：$MR_1 = MR_2 = MC$，就有：$120-20Q = 50-5Q_2 = 2Q+40$

解得 $Q_1 = 3.6$，$Q_2 = 0.4$。代入反需求函数可得：$P_1 = 84$，$P_2 = 49$

这时企业总利润为

$$\pi = (TR_1+TR_2) -TC = P_1Q_1+P_2Q_2- [(Q_1+Q_2)^2+40 (Q_1+Q_2)]$$

$$= 84\times3.6+49\times0.4-4^2-40\times4 = 146。$$

(2) 当企业在两个市场实行统一价格时，即 $P = P_1 = P_2$，

总市场需求函数为：$Q = Q_1+Q_2 = 12-0.1P_1+20-0.4P_2 = 32-0.5P$；

此时利润为：$\pi = PQ-TC = (64-2Q)Q-(Q^2+40Q) = -3Q^2+24Q$；

令 $d\pi/dQ=-6Q+24=0$，解得 $Q=4$。代入需求函数得 $P = 56$。

此时总利润为：$\pi = -3\times4^2+24\times4 = 48$。

(3) 比较（1）和（2）的结果可知，厂商在两个市场实行不同的价格，即实行三级价格歧视，比在两个市场实行统一定价要获得更多的利润。

第四节　垄断竞争的企业利润

一、垄断竞争的条件

垄断竞争市场是这样一种市场组织，一个市场中有许多企业生产和销售有差别的同种产品。这种市场既有垄断的特征，又有竞争的特征。其垄断的特征表现在其产品是有差别的，如在质量、包装、品牌、销售渠道和销售点、售后服务等方面是不同的，因而可以凭借其差别对价格施加某种程度的影响。但是，又因为其产品存在替代性，如不同品牌的香烟、饮料和方便面，你的价格高或服务差我就去买别的产品，所以彼此之间又存在着竞争。

20 世纪 80 年代，可口可乐与百事可乐之间竞争十分激烈。可口可乐为了赢得竞争，对 20 万名 13~59 岁的消费者进行调查，结果表明，55%的被调查者认为可口可乐不够甜。于是公司花了两年时间耗资 4 000 万美元，研制出了一种新的更科学、更合理的配方。1985 年 5 月 1 日，董事长戈苏塔发布消息说，可口可乐将中止使用 99 年历史的老配方，代之而起的是“新可口可乐”。24 小时之后，很多电话打到可口可乐公司，也有很多信件寄到可口可乐公司，人们纷纷表示对这一改动的愤怒，认为它大大伤害了消费者对老的可口可乐的忠诚和感情。旧金山还成立了一个“全国可口可乐饮户协会”，举行了抗议新可口可乐活动。还有一些人倒卖老可口可乐以获利，更有人扬言要改喝茶水。此时百事可乐火上浇油。百事可乐总裁斯蒂文在报上公开发表了一封致可口可乐的信，声称可口可乐这一行动表明，可口可乐公司正从市场上撤回产品，并改变配方，使其更像百事可乐公司的产品。这是百事可乐的胜利，为庆祝这一胜利，百事可乐公司放假一天。面对这种形势，1985 年 7 月 11 日，可口可乐公司董事长戈苏塔不得不宣布：恢复可口可乐本来面目，更名“古典可口可乐”，并在商标上特别注明“原配方”。与此同时，新配方的可口可乐继续生产。消息传开，可口可乐的股票一下子就飙升了。问：可口可乐改配方引起

的风波说明了什么?

这个风波说明由于存在产品差别，可口可乐在一些消费者中已经形成了垄断；又由于有可替代品，不同企业之间存在着竞争。这就是一个垄断竞争市场。

二、垄断竞争企业的需求曲线

由于垄断性，使得垄断竞争企业的需求曲线像垄断企业一样向右下方倾斜；又由于竞争性，使得垄断竞争企业向右下方倾斜的需求曲线是比较平坦的，相对地比较接近完全竞争企业的水平状的需求曲线。

既有垄断性又有竞争性的特点也使得垄断竞争企业所面临的需求曲线有两种：d 需求曲线和 D 需求曲线，如图 6-13。

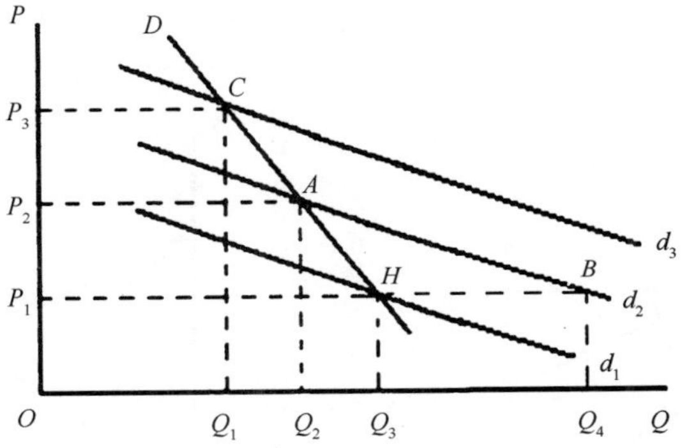

图 6-13　垄断竞争企业的需求曲线

d 需求曲线表示：在垄断竞争生产集团中的某个企业改变产品价格而其他企业的产品价格都保持不变时，该企业的需求曲线。假定某企业开始时处在价格为 P_2 产量为 Q_2 的 A 点上，他想把价格下降到 P_1，使生产由 A 点沿 d_2 曲线到达 B 点，销售量就会增加为 Q_4。他认为别的企业不会做出反应，所以 d_2 曲线被称为主观需求曲线，或预期的需求曲线。

但实际上别的企业是会做出反应的，他们都将价格下降为 P_1，于是该企业的实际销售量并没有增加为 Q_4，而是沿 D 曲线到达 H 点，增加为 Q_3。所以，D 曲线才是该企业的实际需求曲线，也叫份额需求曲线。

D 需求曲线表示：在垄断竞争生产集团中的某个企业改变产品价格而其他企业也使产品价格发生相同变化时，该企业的需求曲线。

由于 d 需求曲线表示单个企业单独改变价格时所预期的销售量，D 需求曲线表示每个企业在每一价格水平上实际面临的市场需求量，所以 d 曲线和 D 曲线相交意味着垄断竞争市场的供求相等状态。

三、垄断竞争企业的利润

短期内垄断竞争企业是在现有生产规模下通过对产量和价格的调整来实现 $MR=SMC$ 的均衡条件。实现了均衡也不一定能获得最大利润，也可能是最小亏损，这取决于均衡价格是大于还是小于短期平均成本。图 6-14 是均衡价格大于短期平均成本获利的情况。只要均衡价格小于 AVC，企业在短期内就会停产。

在长期内，垄断竞争企业不仅可以调整生产规模，还可以加入或退出生产集团。这样，如果该市场存在利润，企业就会扩大生产规模，别的企业也会加入这个市场中，导致产品数量增加，价格下降。当 d（AR）曲线下移到与长期平均成本曲线 LAC 相切时，利润为零，如图 6-15。这时企业停止扩大生产规模，别的企业也不再加入这个市场，实现了均衡。所以，垄断竞争企业在长期均衡时的利润为零。

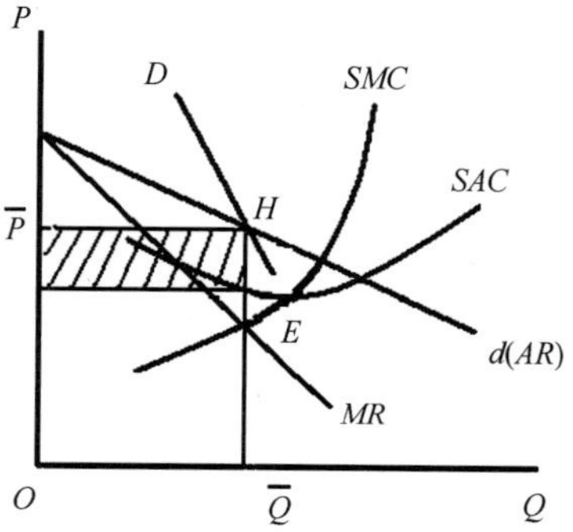

图 6-14　垄断竞争企业的短期利润

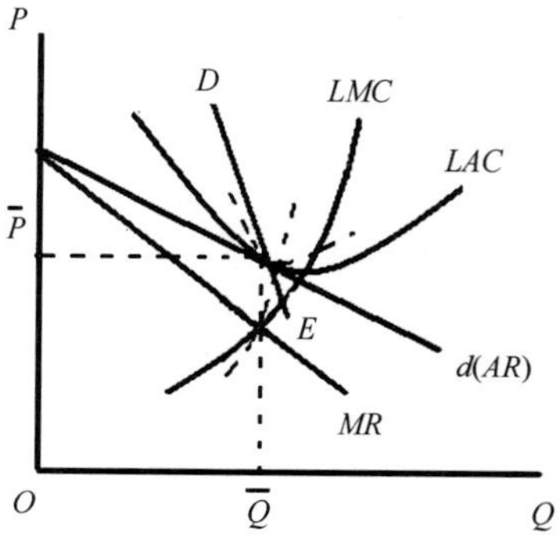

图 6-15　垄断竞争企业的长期利润

四、垄断竞争企业和完全竞争企业的比较

图 6-16 中，d（$MR=AR$）为完全竞争市场的需求（边际收益、平均收益）曲线，它切于平均成本曲线 AC 的最低点 G；d（AR）为垄断竞争市场的需求（平均收益）曲线，它切于平均成本曲线 AC 上的 E 点。E 点在 G 点上方，这决定了：

（1）完全竞争企业的产量 ON > 垄断竞争企业的产量 OM；

（2）完全竞争企业的价格、成本 OH < 垄断竞争企业的价格、成本 OF。

可见，完全竞争的市场比垄断竞争的市场更有效率。但垄断竞争市场的产品存在差别，可以满足消费者的不同需求，这比完全竞争市场要强。

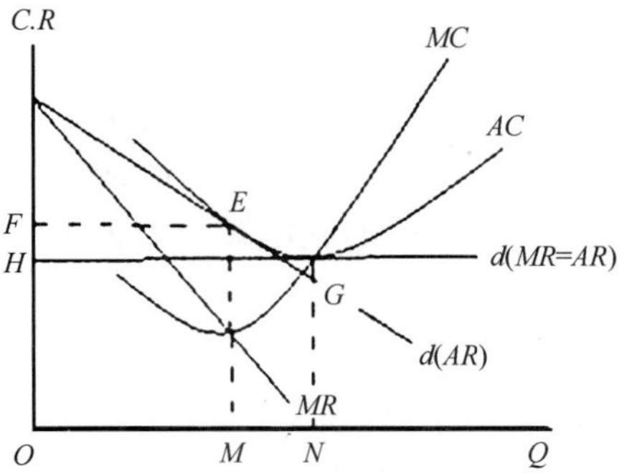

图 6-16　垄断竞争与完全竞争比较

第五节　寡头垄断的企业利润

一、寡头垄断市场的特征

寡头垄断市场又称寡头市场，是指少数几家企业控制整个市场的产品生产和销售的这样一种市场组织。寡头可分为纯粹寡头和差别寡头两类。产品没差别的叫纯粹寡头，如钢铁、水泥等行业；产品有差别的叫差别寡头，如汽车、冰箱等行业。

寡头市场的价格和产量的决定是个很复杂的问题，这是因为每个企业的产量在全行业总产量中占有一个很大的份额，从而其产量和价格的变动都会对其他竞争对手产生举足轻重的影响。所以每个企业在决策之前不仅要考虑自己的成本、收益和利润最大化，还要考虑自己这个决策对其他企业的影响以及其他企业可能做出的反应。不知道竞争对手的反应方式，就无法建立像其他市场那样的模型。

下面介绍寡头市场理论中具有代表性的古诺模型。

二、古诺模型

古诺模型的假定：市场上只有两个企业生产和销售相同的产品，生产成本为零（如生产矿泉水，成本很小，可忽略不计）；共同面临的市场的需求曲线是线性的；两个企业都是在已知对方产量的情况下确定能给自己带来最大利益的产量。

图 6-17 中，曲线 D 为 A、B 两个企业共同面临的需求曲线，由于生产成本为零，故无成本曲线。

在第一轮，A 企业首先进入市场，将产量定为 $\frac{1}{2}O\bar{Q}$，价格定为 $\frac{1}{2}O\bar{P}$，因为

矩形 OQ_1FP_1 是直角三角形 $O\,\overline{QP}$ 内最大面积的内接矩形，所以 A 企业可获得最大利润。然后 B 企业进入市场，产量定为 $\frac{1}{2}Q_1\overline{Q}=Q_1Q_2$，此时市场价格下降为 OP_2，B 企业获得最大利润 Q_1Q_2GH，A 企业的利润减为 OQ_1HP_2。

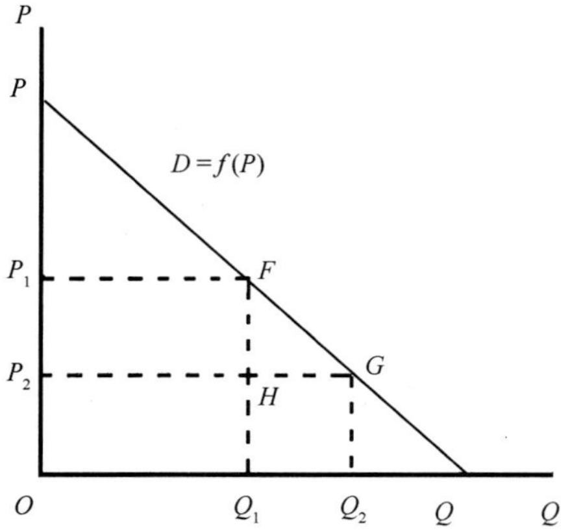

图 6-17　古诺模型

第二轮，A 企业将产量定为自己所面临市场容量的 1/2，即 $\frac{1}{2}OQ_2=\frac{1}{2}\times\frac{3}{4}O\overline{Q}=\frac{3}{8}O\overline{Q}$，与上一轮相比，产量减少了 $\frac{1}{8}O\overline{Q}$。B 企业也将产量定为自己所面临市场的 1/2，即 $\frac{1}{2}\times\left(O\overline{Q}-\frac{3}{8}O\overline{Q}\right)=\frac{5}{16}O\overline{Q}$。与上一轮相比，B 企业的产量增加了 $\frac{1}{16}O\overline{Q}$。

在这样轮复一轮的过程中，A 企业的产量不断减少，B 企业的产量不断增加，最后达到产量相等的均衡状态。

A 企业的均衡产量为 $O\overline{Q}\left(\frac{1}{2}-\frac{1}{8}-\frac{1}{32}-\cdots\right)=\frac{1}{3}O\overline{Q}$；

B 企业的均衡产量为 $O\overline{Q}\left(\frac{1}{4}+\frac{1}{16}+\frac{1}{64}+\cdots\right)=\frac{1}{3}O\overline{Q}$；

行业的均衡总产量为 $\frac{1}{3}O\overline{Q}+\frac{1}{3}O\overline{Q}=\frac{2}{3}O\overline{Q}$。

如果寡头数量为 m，则：

每个寡头的均衡产量 = 市场总容量 $\times\frac{1}{m+1}$；

行业的均衡总产量 = 市场总容量 $\times\frac{m}{m+1}$。

第七章　企业分配

企业赚了钱就要分配，在这一点上企业管理学与微观经济学也有不同。企业管理学把分配作为激励员工生产积极性的手段，主要研究如何分配才能让工人不偷懒；而微观经济学则把分配作为支付生产要素报酬的手段，主要研究如何分配才能让经理不偷懒。但无论是管理学还是经济学，都要在公平与效率之间做出选择。

第一节　管理学对企业分配的研究

一、企业分配的意义

在管理学中，所谓企业分配，就是将企业收益的一部分分配给员工，作为他们劳动的报酬。企业分配是激励员工生产积极性的一种手段，是一种物质利益的激励。员工是不同的，这样就有了“经济人”假设、“社会人”假设、“X & Y”理论和“复杂人”假设等不同的人性假设模式。泰罗把人看作纯粹的“经济人”，认为人的行为仅仅出于个人经济动机，工人都在追求自身经济利益的最大化。“社会人”假设来自梅奥的霍桑试验，认为影响人的劳动积极性的因素，除了物质利益之外，还有社会的心理因素。“X & Y”理论是由道格拉斯·麦格雷戈提出来的，他把传统的“经济人”观点称作 X 理论，而 Y 理论认为，人是自我实现的人，工作是人们的一种需要，人们通过工作才能实现自我的价值。“复杂人”假设是由美国行为科学家埃德加·沙因提出来的，他认为人的需要是多种多样的，而且会根据不同时期、不同生活条件和环境而改变。由于关于人的本质属性有不同的认识，所以仅仅靠企业分配来激励员工的生产积极性是不够的。但不管怎样，企业分配仍是激励员工生产积极性的基础手段，没有企业分配，其他的手段都很难起到作用。

二、企业分配的形式

企业分配是一种物质利益的分配，它对强化按劳取酬的分配原则和调动员工的工作热情有很大的作用。企业分配主要有薪酬分配、奖励和处罚等形式。

（一）薪酬分配

薪酬分配包括短期物质利益的分配和长期物质利益的分配。短期物质利益的分配主要有：基本工资，它通常是相对固定的；奖金，是对员工努力工作的一种奖赏，通常是变动的，具有较大的弹性；津贴和福利，属于特殊的物质奖励，在一定程度上可以使员工产生归属感。长期物质利益分配主要是期权和购买社会保险等，它可以增强员工的归属感和安全感，鼓励员工树立长远目标，关心企业的长远发展。

在进行薪酬分配时，应注意设计的薪酬机制与体系要为工作目标服务，二者应有机地结合起来，这样才能更好地起到激励作用。要确定适当的刺激量，太多会为以后实施激励带来压力，太少则起不到激励的作用。薪酬分配要同其他激励方式结合起来，因为人们对薪酬的追求是无限的，如果不辅之以其他的激励方式，如目标激励、情感激励、尊重激励、榜样激励、参与激励、荣誉激励和竞争激励，再好的薪酬分配也会有局限性。通过薪酬分配不仅可以支付员工的劳动报酬，而且可以使员工产生一定程度的安全感和归属感，对自己的能力和职责有一个更清醒的认识，有利于其在工作过程中激发自身的潜能。

（二）奖励

奖励和奖金不同，奖金是对努力工作的奖赏，奖励是对突出业绩的奖赏。奖励要能够起到有效的激励作用，必须公开授奖。如果只是将授奖情况局限在狭小的范围内，很少人知道，则会削弱激励的效果。最好的奖励方式是具有较高的名誉价值，金钱价值也不能低。对员工个人的公开奖励往往会产生很强的激励效果。许多研究表明，欧美国家更看重个体激励，而中国与日本则更强调群体激励。

（三）处罚

员工违反了企业的规章制度，或对企业造成损失的要予以经济上的处罚，如扣工资、扣奖金等。在经济上对员工进行处罚是一种管理上的负强化，属于一种特殊形式的激励。它不但对受到处罚的个人有一定的作用，而且可以起到警示他人的作用。运用这种方法时应注意：必须有可靠的事实根据和政策依据，处罚的方式和刺激量要适当，要同其他的激励方式相结合。处罚应当化消极为积极、化被动为主动、化问题为机遇、化约束为激励。

在目前的社会经济条件下，企业分配的物质激励是不可或缺的重要手段，但在运用这种手段时要注意，千万不能搞平均主义，吃“大锅饭”。一是只对成绩突出者予以奖赏，如果人人有份，既助长了落后者的懒惰，又伤害了先进者的努力动机，从而失去了激励意义；二是重奖重罚，对于克服重重困难才取得成功者应予以重奖，而对于玩忽职守、给企业造成重大损失者则应给予重罚。

第二节 经济学对企业分配的研究

一、企业分配的依据

在一次世界珠宝拍卖会上，有一颗叫作“月光爱人”的钻石一下子就吸引了顾客的眼球。它晶莹剔透、光彩夺目，最后卖出了8 000万元的最高价。这颗钻石是谁生产的？很多人都在抢功劳。这颗钻石是由“梦幻”珠宝公司在位于南非的一座矿山中挖掘出来的，“梦幻”公司的老板托尼洋洋得意地说：“我当初决定购买这座矿山开采权的时候，就觉得这里面一定有宝藏，现在果然应验了。”挖掘队队长鲍勃不服气了，说：“为了挖到这颗钻石，我和同事们付出了艰辛的劳动。我们夜以继日地工作，几乎找遍了矿山的每个角落，好不容易才发现了它。”而向“梦幻”公司提供挖掘设备的厂商却说：“我们公司的机器设备是世界一流的，如果没有我们提供的挖掘机，他们不可能在50米深的矿井中挖到这颗钻石。”最后，南非政府的官员说：“只有在我们国家的土地上才能找到如此宝贵的钻石。在我们的国土下面还埋藏着数不尽的矿藏资源，欢迎各国的企业家来投资开采。”

在这个故事中，大家都认为自己对生产钻石的功劳最大，其实离开了哪一方都不能成功。他们都是生产要素的提供者，理所当然地获得相应的报酬：提供劳动的获得工资；提供资本的获得利息；提供土地的获得地租；提供企业家才能的获得正常利润。工资、利息、地租和正常利润就分别是劳动、资本、土地和企业家才能的价格。一个企业要想赢利，离不开劳动、资本、土地和企业家才能这四大生产要素，所以企业分配的依据，就是这四大生产要素的价格。提供的生产要素的价格高，分配就多；提供的生产要素的价格低，分配就少。由于人们拥有的生产要素不同，不同的生产要素对产品价值的贡献也不同，这就使得企业收入的分配不可能是平均的，有时差距还很大。传统理论认为，只有劳动才创造价值，其他的收入都是“剥削”和“不义之财”。这是不对的，这种理论既不符合实际，也不利于劳动与其他要素的结合，阻碍了企业的发展。

二、利息、正常利润、工资和地租

（一）资本的使用价格——利息

股东也就是资本家，投入资本建立企业，是企业的主人。传统观念认为，资本家剥削工人获得剩余价值，应该被打倒。现代经济学却认为，没有资本家就没有企业，打倒了资本家，工人没地方就业，也无法生存。资本家获得的剩余价值，其实就是资本的使用价格，是资本家提供资本这种生产要素所应得的报酬。

资本的使用价格是利息，利息的高低取决于资本市场的供给与需求。资本的供给取决于收入在现期消费 C^0 和未来消费 C^1 之间的选择。如图 7-1 所示，我们以现期消费 C^0 为横轴，未来消费 C^1 为纵轴，$W'W$ 为预算线，U_1、U_2、U_3 为无差异曲线，$W'W$ 与 U_2 切于 B 点，表明这时 B 点为消费者均衡点。设消费者初始状态为 A（C_0^0，C_0^1）点，则随利率提高，预算线绕 A 顺时计旋转，与不同的无差异曲线相切，切点（即均衡点）的轨迹就是资本的供给曲线，如图 7-2 所示。

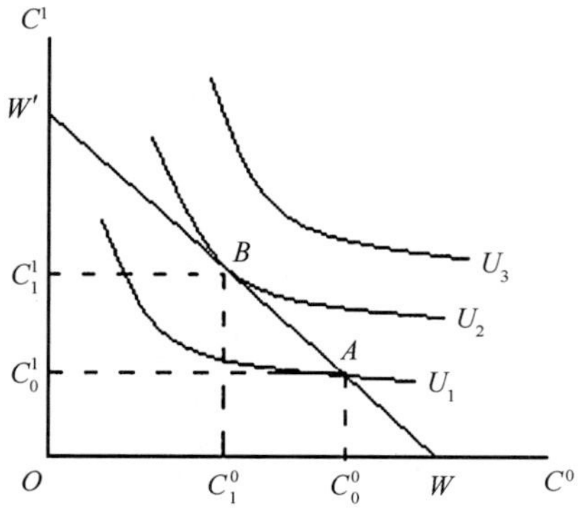

图 7-1　现期消费与未来消费

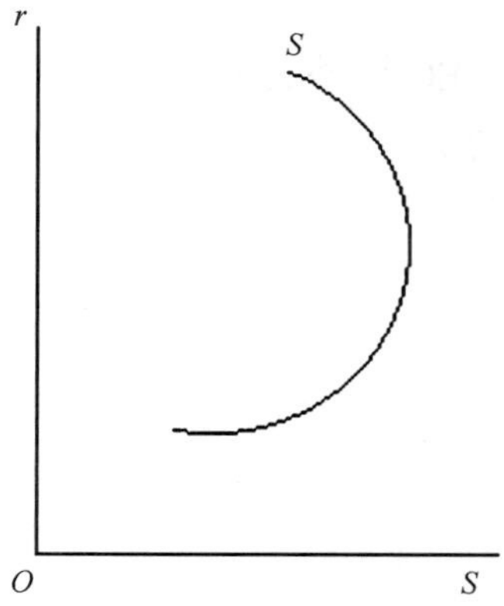

图 7-2　资本的供给曲线

资本的需求取决于预期，即人们对未来不确定因素的看法。有一篇美国作家写的短篇小说，写的是一个画家总不得志，作品卖不出去，吃饭都成问题。于是他和朋友策划了一个骗局，竟称自己已经亡故，并请一些评论家对其作品大加赞扬。于是，本来卖不出去的画价格狂升，他们着实发了一笔财，但已成名的画家却无法以原来的身份生活并作画了。为什么该画家的作品价格狂升呢？艺术品的价格取决对该艺术品的需求与供给，画家既然死了，他的作品的供给不会增加了，其价格就取决于需求。需求主要来源于欣赏与投资，而投资是为了保值与增值。在各种投资物品中，有价值的艺术品升值的速度最快。投资的收益在未来，所以出于投资动机买画的欲望取决于对未来升值的预期。一个画家死后，人们对其作品在艺术史上的地位及未来升值前景都是一种猜测。如果评论家此时对他的作品大家赞扬，这不仅会影响人们的欣赏，也会提高人们的预期，认为该画家的作品未来价格会上扬。这种预期使购买者增加，这就推动了它现在价格的上升。而现在价格的上升又会进一步提高人们的预期，于是这种价格与预期的相互作用就把已故画家的作品炒到了天价。

（二）企业家才能的使用价格——正常利润

现代企业所有权和经营权是分离的，资本家不直接管理企业，而是雇用经理也就是企业家管理企业。企业家运用企业家才能将资本、劳动和土地等生产要素结合起来进行生产，获得企业利润。正常利润是企业家才能的使用价格，它来源于创新、风险或垄断。创新是社会进步的动力，风险也是难免的，所以由创新和风险产生的正常利润是合理的。由行政权力和寻租活动等造成的垄断所引起的正常利润是垄断者对消费者的剥削，是不合理的。

美国财经资讯公司彭博 2003 年 8 月 13 日公布的一份报告显示，2002 年美国 243 家大型企业的 CEO 平均年薪已达 1 200 万美元。其中年薪最高的是苹果计算机公司的 CEO 斯蒂夫·乔布斯，年薪高达 2.19 亿美元。这些 CEO，他们的年薪为什么那么高？这是由他们提供的生产要素——企业家才能的供求决定的。在人才市场上，对优秀企业家的需求很大，而供给却很少，因此他们的年薪就很高。越是优秀的企业家，其需求就越大，供给就越少，年薪就越高。1997 年，苹果遭遇严重危机，其个人电脑和商业电脑的市场份额几乎丧失殆尽。此时乔布斯担任了临时 CEO，他重整旗鼓，励精图治，还出人意料地提出，1997 年自己只拿 1 美元的薪水。在乔布斯的领导下，苹果公司于 1998 年成功推出 iMac 电脑，这种电脑迅速成为全美最畅销的个人电脑。1999 年苹果公司又接连推出 iBook、G4 和 iMacDV 产品，到 2001 年又推出平面式 iMac 电脑，抢回更多的市场。像乔布斯这样优秀的企业家，年薪再高，也只占他创造财富的很小一部分，所以股东们对他拿高薪也都是认可的。

（三）劳动的使用价格——工资

传统理论认为，工人是企业的主人，工人在为自己干活，所以劳动不是商品，不能买卖。现代经济学却认为，股东是企业的主人，股东雇用经理管理企业，经理雇用工人进行生产，工人出卖劳动获得工资。所以劳动是商品，工资是劳动的使用价格。工资的多少是由劳动的需求与供给来决定的。我们从前面讲的超市经理为什么不再增加保安的例子可以知道，劳动的需求取决于最后增加的工人所增加的收益，即边际收益。劳动的供给取决于劳动的成本，它包括实际成本与心理成本。实际成本是维持劳动者及其家庭生活必需的生活资料的费用和培养、教育劳动者的费用；心理成本是以牺牲闲暇的享受为代价的给劳动者心理上带来的负效用。正是因为这个心理成本，使得工资的变动产生两种效应：替代效应和收入效应。工资提高使得闲暇相对昂贵，劳动者倾向于用劳动替代闲暇，这是替代效应。工资提高使得收入增加，劳动者可以购买更多的闲暇了，这是收入效应。当工资提高到一定程度后，收入效应大于了替代效应，劳动的供给曲线开始向左弯曲，如图 7-3。

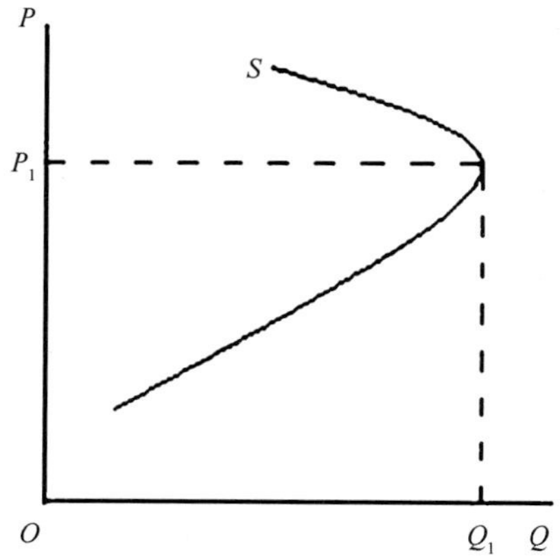

图 7-3　劳动的供给曲线

劳动的供给曲线向左弯曲，这个特性告诉我们，要想激励员工的生产积极性，不能仅仅靠提高工资，工资增加到 P_1，劳动 Q 的供给增加到 Q_1，以后工资再增加，劳动的供给不增反降。这时如果想让工人增加劳动的供给，更需要进行精神的鼓励。这一点与管理学的激励理论是相符合的。

耶鲁大学的陈志武教授曾研究“为什么中国人勤劳但不富有”这个课题，他从安格斯·麦迪森的《世界经济千年史》中找到了 25 个国家的劳动时间与人均 GDP 的数据，放在一起比较后，得出了一个惊人的结论：越勤劳的国家，人均 GDP 越低。问：根据劳动价值论，越勤劳的人应该创造的价值越多，为什么情况正好相反？生产要素价格的大小要由它们的供给和需求来决定。假设对这些要素的需求是相同的，那么其价格就由供给来决定了。一般来说，劳动的供给是充裕的，而资本、土地和企业家才能的供给是不足的。因此前者的价格就低，后者的价格就高。所以，资本、土地和企业家才能的拥有者，其收入就高；而劳动的拥有者，其收入就低。

（四）土地的价格——地租

企业要想进行生产，离不开土地这种生产要素。在资本主义国家，土地是私有的，土地的所有者即地主为企业提供土地，获得的报酬为地租。在我们国家，土地是国家或集体所有，国家或集体为企业提供土地，企业向政府或集体交纳的土地使用费其实就是地租。地租是土地的使用价格，它由土地的需求与供给所决定。由于在长期，土地的供给是固定的，土地的供给曲线 S 是一条与横轴垂直的线，如图7-4所示。随着经济的发展和城市化的进程，我国对土地的需求不断增加，需求曲线由 D_1 右移到 D_2，这就使得土地的价格即地租由 P_1 上升到 P_2。

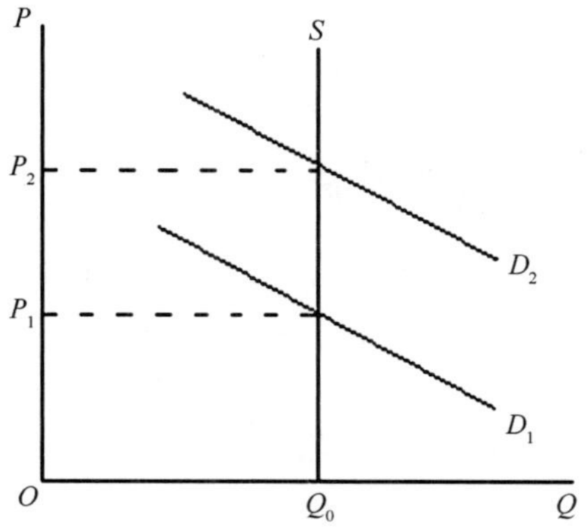

图7-4　土地价格的上升

我国大陆房地产价格不断上升，除了地租上升的因素以外，地方政府的土地财政也是重要因素。所谓土地财政，是指一些地方政府依靠出让土地使用权的收入来维持地方财政支出。我国大陆，城市土地属国家所有；农村土地属集体所有，地方政府充当了土地的所有者，因此可以凭借公权力低价收购土地使用权，再高价将使用权转让给企业，从中获取巨额财政收入。据国务院发展研究中心的一份调研报告显示，在一些地方，土地直接税收及城市扩张带来的间接税收占地方预算内收入的40%，而土地出让金收入占政府预算外收入的60%以上。

三、企业使用生产要素的原则

厂商使用生产要素的目的是利润最大化，为此必须让自己使用要素的边际收益等于边际成本。对于完全竞争的企业来说，其边际收益和边际成本是什么呢？

（一）使用要素的边际收益

$$\because\ R(Q)=Q\cdot P,\quad Q=Q(L)\qquad \therefore\ \frac{\mathrm{d}R(L)}{\mathrm{d}L}=\frac{\mathrm{d}R(Q)}{\mathrm{d}Q}\cdot\frac{\mathrm{d}Q(L)}{\mathrm{d}L}$$

$$\because\ \frac{\mathrm{d}R(L)}{\mathrm{d}L}=VMP,\quad \frac{\mathrm{d}R(Q)}{\mathrm{d}Q}=MR=P,\quad \frac{\mathrm{d}Q(L)}{\mathrm{d}L}=MP$$

$$\therefore\ VMP=MP\cdot P$$

式中，P 表示价格；R（Q）表示收益 R 是产量 Q 的函数；Q（L）表示产量 Q 是劳动 L 的函数；所以收益 R（L）是产量 Q 和劳动 L 的复合函数。VMP 为边际产品价值，它表示增加使用一单位要素所增加的收益。MP 为要素的边际产量（或边际生产率），$MP \cdot P$ 即为要素的边际收益。也就是说，企业使用要素的边际收益就是边际产品价值。

（二）使用要素的边际成本

因为 $C = \omega \cdot L$，所以 $\frac{dC(L)}{dL} = \omega$。

它表示完全竞争企业增加使用一单位要素所增加的成本，即要素的边际成本。也就是说，企业使用要素的边际成本就是要素的价格。

（三）完全竞争企业使用要素的原则

$\pi(L) = P \cdot Q(L) - \omega \cdot L$

令 $\frac{d\pi(L)}{dL} = P\left[\frac{dQ(L)}{dL}\right] - \omega = 0$，即 $P\left[\frac{dQ(L)}{dL}\right] = \omega$。

所以 $VMP = \omega$。也就是说，为了利润最大化，完全竞争企业使用要素的原则是：要素的边际产品价值等于要素的价格。

第三节　对经理和员工的分配

一、企业的委托—代理问题

完全竞争模型的一个重要假定是完全信息，即股东对企业充分了解，经理对业务充分了解。但这种假定并不符合现实。现实中信息是不对称的，经理对企业情况的了解要比股东多一些，员工对具体业务的了解要比经理多一些。所谓信息不对称，就是有些人比其他人拥有更多的相关信息。在信息不对称的情况下就可能产生这样的问题：股东委托经理代理企业，经理是否维护了股东的利益？经理委托员工代理业务，员工是否尽心尽力？这样的问题就是委托—代理问题。对于股东和经理来说，股东是委托人，经理是代理人；对于经理和员工来说，经理是委托人，员工是代理人。在信息不对称的情况下，代理人可能会出现两类问题：一类是逆向选择；另一类是道德风险。这两类问题都会损害委托人的利益。

（一）逆向选择

所谓逆向选择，是指在买卖双方信息不对称的情况下，劣质商品将优质商品驱逐出市场，导致市场交易产品平均质量下降的现象。例如，某车间主任不熟悉业务，只能根据员工上季度平均产量来制订定额，完成定额有奖，完不成定额惩罚。于是产量高的员工可能会这样想：超过定额一点就可以了，不要超过太多，这样既能拿奖，又可以避免下季度定额提高太多。大家都这样做的结果是，下季度定额不升反降。又如，某企业要选一名技术好的员工去国外引进新设备，由于对员工的情况不了解，经理就让大家投票选举。由于大家都想去，都投自己的票，结果一人一票，选举失败。第二次选举时经理规定不能投自己的票，只能投别人的票。结果计票时发现，票数集中在那个技术最差的人身上。这是因为每个人都想去，又不能投自己的票，如果把票投给技术好的员工，就会减少自己的机会；而把票投给技术差的员工，则会增加自己的机会。大家都这样想的结果，技术好的员工就票数少，技术差的员工反而票数多。

（二）道德风险

所谓道德风险，是指交易双方签订协议后，其中一方利用多于另一方的信息，有目的地损害另一方的利益，从而达到增加自己的利益又不用承担责任的行为。由于股东的利润最大化是通过经理来实现的，而经理的目标可能是收入最大化，也可能是在工资一定的前提下舒适最大化，所以可能会在工作中偷懒、懈怠，为自己添加不必要的办公设施以使工作环境更加舒适，或者借考察为名用企业的钱到国外旅游等。股东不可能时刻盯着经理的一举一动，于是经理的目的便可以堂而皇之地达到，而股东的利益却受到了损害。又如司机想偷懒，欺骗经理说汽车坏了。经理信以为真，让司机把汽车送修理厂修理。司机可以借机休息，而经理的事情却被耽误了。

二、企业委托—代理问题的解决

解决企业委托—代理问题的一个方法是采用“木马计”，即委托人把自己的利益“植入”到代理人的利益之中，或者“搭载”到代理人的利益之上。这样，当代理人为自己的利益而采取行动时，他同时也就是在为委托人的利益服务了。如果代理人损害委托人的利益，也就是在损害自己的利益。

（一）股票期权计划

现代企业的所有权和经营权往往是分离的，这种情况下的委托—代理问题就是：如何确保经理的行为符合股东的利益？所谓股票期权计划，就是企业给经理在一定的时间期限内按照某个既定的价格购买一定数量的本公司股票的权利。例如，某企业于 2019 年 1 月 1 日推出的投票期权计划可能是：允许本公司的高级经理人员在以后 10 年中的任何时候按 2019 年 1 月 1 日的市场价格购买不超过 10 000 股的本公司股票。这里值得注意的是，公司给予其经营者的不是现金报酬，也不是股票本身，而是一种权利，根据这种权利，经营者可以购买本公司的股票。

股票期权计划对企业经营者具有两方面的激励作用：一个叫“报酬激励”；另一个叫“所有权激励”。报酬激励是在经营者购买股票之前发挥作用的。在股票期权计划下，如果企业经营得好，公司股票的价格就会不断上涨，经营者就可以通过股票期权赋予的权利（即购买既定价格和数量的公司股票）而获得可观的收益。反之，如果公司经营得不好，股票价格就不能上涨甚至下跌，这种情况下经营者就可以放弃股票期权计划所赋予的特权而避免遭受损失。总之，股票期权计划向企业的经营者提供了一个没有任何风险的获利机会。所有权激励则是在经营者购买了股票之后发挥作用的。一旦经营者购买了公司的股票，则他们就处于和普通股东同样的地位，成了企业的所有者。作为企业的所有者，他们的目的当然也是企业利润的最大化。于是，股票期权计划又通过“所有权激励”机制保证了经营者的行为与所有者利益相一致。

（二）效率工资

雇主雇用雇员为自己生产，由于监督成本很高或者不可能，雇主对雇员的生产率具有不完全的信息，从而存在委托—代理问题。有个偷懒模型用来解释如何用效率工资来防止雇员偷懒。偷懒模型假设市场是完全竞争的，因此所有的工人都有同样的生产率并得到同样的工资，一旦被雇用以后，工人就可能或者有效生产，或者偷懒。但因为他们表现的信息有限，所以很难因为偷懒而被解雇。

如果一个企业向其工人支付市场出清的工资 W_1，他们就有偷懒的刺激。即使他们被抓到并被解雇（他们可能不会），他们能够立即在其他地方以相同的工资就业。在这种情况下，解雇的威胁并不构成工人的成本，因此他们没有有效工作的热情。作为不偷懒的刺激，企业必须向工人提供较高的工资 W_0，在这个工资上，由于偷懒而被解雇，在别的企业就拿不到这么高的工资。如果工资的差异足够大，工人就会被吸引到有效的工作上来，企业就没有偷懒问题。这种不发生偷懒的工资就是效率工资。

但是所有企业都面临偷懒问题，都将提供高于市场出清的工资 W_1，比如 W_0（效率工资）。这会由于工人被解雇后能以较高工资被别的企业雇用而消除对工人不偷懒的刺激吗？不会。由于所有企业都提供大于 W_1 的工资，对劳动的需求就小于市场出清的数量，从而就存在失业。这意味着由于偷懒而被解雇的工人在另一家企业得到 W_0以前会面临一段时间的失业。

在图 7-5 中，劳动的需求曲线 D_L由于传统的理由向右下方倾斜，如果没有偷懒，D_L与劳动供给曲线 S_L相交会使市场工资确定在 W_1上，并导致充分就业（L_1）。然而有了偷懒，各企业就不愿支付 W_1。相反，对于劳动市场上的每一种失业水平，企业都需要支付某种大于 W_1的工资以诱使工人有效地工作。这一工资由无偷懒约束曲线给出。这一曲线显示，相对每一种失业水平，工人为了不偷懒而需要得到的最低工资。注意，失业水平越高，效率工资与 W_1之间的差距就越小。这是因为在失业水平高的时候，偷懒的人要冒长时间失业的风险，因此就不需要很大的诱因来使他们有效率地工作。

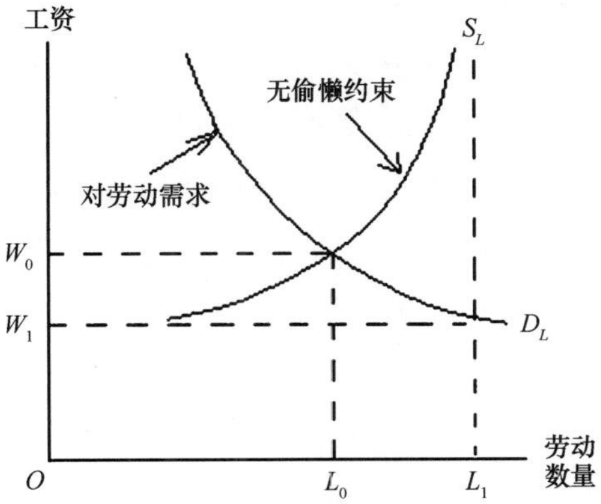

图 7-5　偷懒模型中的约束

在图 7-5 中，均衡工资处在无偷懒约束曲线与 D_L曲线的交点上，这时 L_0的工人赚取 W_0的工资。这是因为无偷懒约束曲线给出了企业能够支付并能避免偷懒的最低工资。企业不需要支付大于这一数目的工资来得到他们所需要的工人人数，但也因为偷懒而不会支付小于这一数目的工资。

福特公司是美国主要的汽车生产企业之一，支付效率工资的例子可以追溯它的早期历史中。1913 年以前，汽车生产严重依赖于技术工人，但装配线的引进使所需技术大大减少，生产主要依靠装配线的维修。所以，工人大量流失，利润急剧下降。福特公司需要一个稳定的劳动大军，于是亨利 · 福特及其商业伙伴詹姆斯 · 克生士在 1914 年为其工人推出了每天 5 美元的工资，而当时工业流行的平均工资为每天 2~3 美元。虽然亨利 · 福特受到别的企业的攻击，但这一工资政策获得成功，它使工人的生产率提高了 51%，旷工减少了一半，解雇也大大下降。生产率的提高抵消了工资的增加还有节余，福特公司的利润从 1914 年的 3 000 万美元提高到 1916 年的 6 000 万美元。

第四节　效率与公平的关系

在企业分配中是要效率还是要公平？这个问题困扰着很多企业。为此，我们首先要有一个判断的标准，这个标准就是帕累托改进和帕累托最优原则。

一、帕累托改进与帕累托最优

帕累托改进和帕累托最优的概念是意大利经济学家帕累托提出来的。帕累托改进是指如果一项改变能使一些人的处境变好，而其他人的处境不会变坏，这种变化就是帕累托改进。不能进行帕累托改进的状态就是帕累托最优状态。帕累托最优表明，这时任何调整都不可能在不使其他人状况变坏的情况下而使任何人的境况变好。假定有一个 30 座的客车，在这个客车没有满载之前，每增加一个乘客就是一个帕累托改进。当座位都坐满了以后，就达到了帕累托最优状态。因为这时如果有人想占两个座位，以使自己舒服些，就得有人站起来，他的处境会变差。

通俗来说，如果我们每一个人在不损害其他人利益的前提下还有可能争取自己的利益，那尽管去争取好了，这叫帕累托改进。但如果到了要争取自己的利益就必然要损害其他人利益的地步时，也就是说已经不存在帕累托改进的空间了，这时就达到了帕累托最优状态，就不要做任何变动了。

帕累托最优状态与马克思在《共产党宣言》中说的“自由人的联合体”的概念比较接近，在自由人的联合体那里，“每个人的自由而全面的发展是一切人自由发展的条件”。如果你为了自己的自由发展而影响到了其他任何人的自由而全面的发展，你就不能这么做了，否则就达不到帕累托最优状态，也不符合自由人联合体的要求。有人以为经济学教人不择手段地去追逐个人利益，这显然是一种误解。帕累托最优的概念让我们懂得经济学为个人利益的追求设置了边界，在这个边界之内每个人对个人利益的追求在“看不见的手”的作用下是能够促进社会的公共利益的，而在这个边界之外则不然。

二、缺乏公平的效率提高

图 7-6 中，横轴 1 和纵轴 2 分别表示两个企业成员分配的数量，亦即收入。该企业最大收入为 Q，Q 要在两个成员中分配，QQ 线上每一点都是最有效率的，区别只在于收入的分配。假定企业实际情况在 A 点，它表示 1 的收入为 Q_1，2 的收入为 Q_2，$Q_1>Q_2$，$Q_1+Q_2<Q$，说明该企业的分配不是绝对平等的，也不是最有效率的。从 A 向 QQ 移动可以提高效率，如果向 B、C 移动，每个人的收入都增加；向

D、F 移动，一人增加一人不变，都是帕累托改进。即使向 E、G 移动，也可让收入增加的“补偿”收入减少的，从而实现帕累托改进。

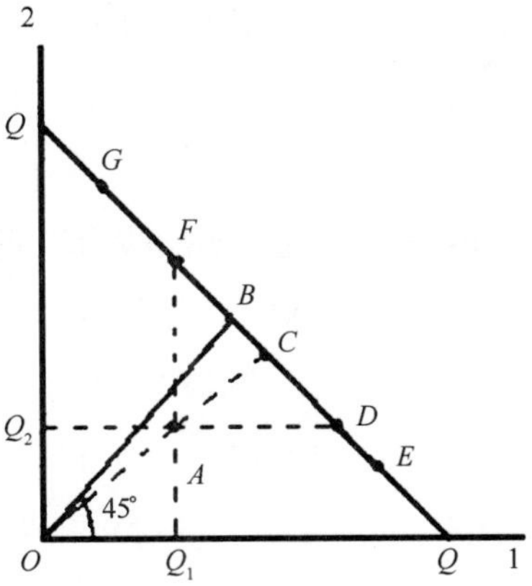

图 7-6　效率与分配

尽管从效率的角度看，从 A 向 QQ 线上任何一点都要比 A 点更好，但从公平的角度看，情况就不一样了。我们可以以 A 点的移动离过原点的 45°线更近还是更远来判断其收入分配是否改善。从 A 向 B 移动，分配随效率的提高而改善；向 C 移动，分配随效率的提高而不变；向 D 或 E 移动，分配随效率的提高而恶化；向 F 或 G 移动，分配随效率的提高先改善后恶化。可见，随着效率的提高，收入分配状况可能会恶化。

三、缺乏效率的公平增进

那么，先改善收入分配、再提高经济效率怎样？那也不行，因为收入的平等化会导致直接和间接的效率损失。直接的效率损失是指，为了把富人的一部分收入“转移”到穷人手里，必须建立一套制度，设立专门的机构和人员，这都要耗费大量的资源。如果这一套制度的建立还需要革命和流血牺牲，耗费的资源会更多。间接的效率损失是指，平等化本身可能造成的对劳动、储蓄和投资等经济活动的各种“反刺激”效应。过去我们搞平均主义，吃大锅饭，干多干少一个样，扭曲了市场经济的“努力-报酬”机制，影响了人们的工作、储蓄和投资的积极性。现在我们搞市场经济，政府改善收入分配的两个重要手段——税收和转移支付，同样有反刺激效应。比如税收，它一方面提高了生产成本，减少了厂商对要素的需求；另一方面降低了要素的收入，减少了要素的供给。

四、效率优先、兼顾公平

如何解决效率与公平的矛盾？较为普遍的认识就是“效率优先、兼顾公平”。所谓效率优先，就是让市场机制在收入分配领域充分发挥作用，让市场供求关系去决定各种生产要素的价格，去决定收入的分配，就是要承认个人的天赋能力和后天努力及其结果的差别。所谓兼顾公平，就是要减少和消除不合理的收入，促进机会均等，限制某些行业、个人的垄断性收入，保障生存权利和消灭贫穷。

第八章　企业决策

从以上各章的讨论中我们不难发现经济学理论和方法对企业管理的重要指导意义。尽管管理学有它独特的存在价值，但只有借鉴经济学的理论和方法，才能使管理学对企业决策的研究更具有科学性。

第一节　企业决策概述

一、决策的概念

企业决策是企业家为了实现特定目标，运用科学的理论和方法，系统地分析企业的主、客观条件，在掌握大量相关信息的基础上，提出若干个预防方案，从中选择出最佳方案，并将其付诸实施的过程。

决策是一个系统分析的动态过程，它不是一个瞬间的决定，而是一个发现问题、分析问题、解决问题的过程。它包括确定目标、收集资料、拟订方案、评价方案、选择方案、采取行动、付诸实施、信息反馈和追踪检查等活动。

二、决策的分类

（一）战略决策与战术决策

企业决策按问题的重要程度，可分为战略决策和战术决策。战略决策是指那些影响企业全局、左右企业长远发展方向的一些重大问题的决策；战术决策是指为实现企业战略决策所做的各种实施决策和管理过程中的各种具体业务决策。

（二）定性决策与定量决策

按决策的方法，企业决策可分为定性决策和定量决策。定性决策主要依据决策者的经验、知识和判断能力做出；定量决策则根据具体数据资料，运用一定的决策方法，通过数学计算得出。

（三）确定型决策、不确定型决策和风险决策

按问题所具备的条件，企业决策可分为确定型决策、不确定型决策和风险型决策。确定型决策是指问题的各种可行方案都只有一个确定结果的决策；不确定型决策是指决策问题的各种可行方案都有两种以上的结果，但事先无法知道出现哪一种结果的决策；风险型决策的基本情况与不确定型决策相似，但各种方案的每一种结果发生概率的大小事先可知。

（四）最优决策和满意决策

按决策准则，企业决策可分为最优决策与满意决策。采用最优决策，意味着决策者必须在给定的约束条件下选出一个能产生最优后果（如利润最大、成本最小）的方案，以求一次性地从根本上解决问题。经济学里的决策主要是最优决策。但最优化是一种理想化的追求，在现实中只有少数情况下才能用得上这种决策准则，多数情况下只能采用满意决策，即只要求将既定目标实现到足够好、令人满意就行了。管理学里的决策，大多是满意决策。有这样一个故事：有一次，古希腊哲学大师苏格拉底的三个弟子向老师求教怎样才能成功。苏格拉底将他们领到一块麦田，要求他们从田埂上走过去，选摘一个最大最好的麦穗，不能后退，只能选一次。第一个弟子没走几步就看到一个又大又好的麦穗，高兴地摘了下来。但他继续向前走时发现还有更大更好的麦穗，可惜已经没有机会了。第二个弟子正好相反，每当要摘时总是自我提醒：前面还有更好的，结果走到终点才发现自己失去很多机会。第三个弟子走过全程的 1/3 时将麦穗分为大、中、小三类，再走 1/3 时验证这种分类是否正确，在最后 1/3 时他很快选择了属于大类的一个饱满的麦穗。虽然这个麦穗不一定是麦田里最大最好的，但肯定是令人满意的。

三、决策的程序

（一）发现问题

一切决策都从发现问题开始，如果连问题都发现不了，决策便无从谈起。所谓问题，就是应达到的结果与实际状况之间的差距。决策者要善于在全面收集、调查、了解情况的基础上发现差距，提出问题。

（二）确定目标

目标是决策的出发点和归宿，目标必须明确、合理、尽量具体和量化，以便

与执行情况进行对比分析。由于情况是在不断变化的，所以在必要的时候要对目标进行调整。例如，1965 年 11 月，美国整个东北部出现了一次历史上最严重的全面停电事故。在大停电的那天早晨，纽约市所有报纸都因停电没能出版，唯有《纽约时报》例外，发行了 50 万份。原来停电时总编当即决定把报纸改在赫德逊河对岸的纽华克印刷。因当时纽华克还没有停电。这本来是个英明决策，但美中不足的是，通常发行 100 万份的报纸只印了一半。本来是有时间印完的，可当《纽约时报》上了印刷机后，总编忽然下令叫停，原来他与三个助手就某一英文单词如何分节问题发生了争论。这个争论持续了 48 分钟后才下令开机，这个时间恰好是有限印刷时间的一半。保证报纸质量固然是企业的一个重要目标，但在出现意外停电的情况下，保证发行份数已成为更紧迫的目标。这时再恪守报纸不应有一处文法错误的目标就显得很迂腐、太教条了。可以说，在决策过程中实际重要的并不是对各种备选方案的选择，而是对决策目标的选择，因为决策目标是选择方案的依据。

（三）拟订可行方案

可行方案是指具备实施条件、能保证决策目标实现的方案。解决任何一个问题，都存在多种途径，其中哪条途径最有效，要经过比较，所以要制定各种可供选择的方案。拟订方案要有预见性、可行性、选择性。拟定可行方案的过程是一个发现、探索的过程，也是一个淘汰、补充、修订、选取的过程。

（四）对方案进行评价和优选

对每一个方案的可行性要进行充分的论证，并在论证的基础上做出综合评价。论证要突出技术上的先进性、实现的可能性以及经济上的合理性。不仅要考虑方案所带来的经济效益，也要考虑方案可能带来的不良影响和潜在的问题，从多个方案中选取一个较优的方案。

（五）方案的实施和反馈

决策的正确与否要以实施的结果来判断，在方案实施过程中应建立信息的反馈渠道，将每一局部过程的实施结果与预期目标进行比较，若发现差异应迅速纠正，以保证决策目标的实现。

正确的决策取决于多种因素，除了要有完善的决策体系、遵循科学的决策程序以外，决策者的经验、知识、才能和素质，以及决策的方法等，都是至关重要的因素。

第二节　管理学的决策方法

现代企业的定性分析，不再满足于“应该是什么”“不应该是什么”的规范分析，也不再满足于凭经验材料的价值判断以及哲学思辨，而是更多地运用一些科学的方法和工具，从多个角度进行综合分析。

一、定性决策方法

（一）头脑风暴法

头脑风暴法的原意是神经病患者的胡思乱想，这里借来形容参加会议的人思想奔放，能创造性地思考问题。美国人奥斯本于 1939 年首次提出该方法。这种方法的运用分以下 4 个阶段。

第一阶段是将对某一问题感兴趣的 10~25 人集合在一起，让大家在完全不受约束的环境中发表自己的意见，不能反驳他人的意见，也不能对别人意见做任何评价。要创造自由发表意见而不受约束的气氛，鼓励大家对已提出的方案进行补充及完善。提的建议和设想多多益善，不要考虑自己的设想是不是有质量，想到什么说什么，越新奇越好。

第二阶段是对已提出的每一种设想进行质疑，并在质疑中产生新设想，同时着重研究有碍于实现设想的障碍。在这个基础上对每条设想进行初步筛选。

第三阶段是对已经过筛选的每一种设想编制一个评价意见一览表，同时编一个可行性设想一览表，进行进一步的比较、研究、讨论和筛选。

第四阶段是对质疑过程中的意见进行总结，以便形成一组对解决所提出问题的最终设想。

（二）名义小组技术

在集体决策中，如对问题性质不完全了解且意见分歧时，可要求每个人独立思考，不通气不讨论，把自己的意见写下来并按次序陈述，然后由小组成员对提出的全部备选方案投票。

（三）德尔菲技术

这种方法需要专家参与。首先把问题分别告诉专家们，请他们单独填写意见征询表；管理者收集并综合这些意见后再反馈给专家，请他们再次分析并发表意见。

这样反复多次后最终形成专家组意见。

（四）经营单位组合分析法

该法由美国波士顿咨询公司建立，它把企业分成不同的经营单位，计算各单位的市场占有率和业务增长率。根据其占有企业资产比例衡量其相对规模，绘制经营单位组合图，根据每个单位在图中的位置确定其方向，如图 8-1。

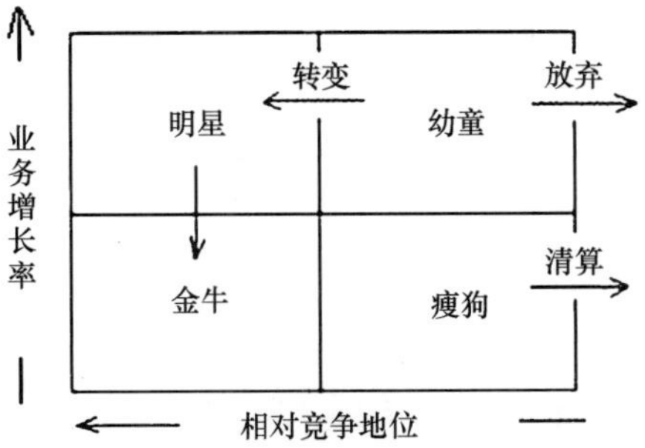

图 8-1　经营单位组合分析法

图 8-1 中金牛表示较高的市场占有率，为企业带来较多利润，较低的业务增长率，需要较少投资；明星表示市场占有率和业务增长率都较高，因而所需的投资和所产生的利润都很高。幼童表示或投入资金，以提高市场份额，使其转变为明星；或及时放弃。瘦狗表示收缩或放弃。

（五）政策指导矩阵

该法由荷兰皇家-壳牌公司创立，它从市场前景和相对竞争力两个角度分析各经营单位的现状和特征，并把它们标示在矩阵上，据此指导企业的活动方向。

从图 8-2 中可知，处于该矩阵左上角的经营单位，市场前景也好，竞争能力又强，应优先发展，确保它们有足够的资源；处于该矩阵右下角的经营单位，市场前景不好，竞争能力又弱，应予压缩或放弃，不要让它们拖了企业的后腿。其他经营单位则应具体分析，区别对待。

二、定量决策方法

管理学里的定量分析方法主要分 3 种：确定型决策、风险型决策和非确定型决策。

（一）确定型决策

应用确定型决策方法应具备以下 4 个条件。

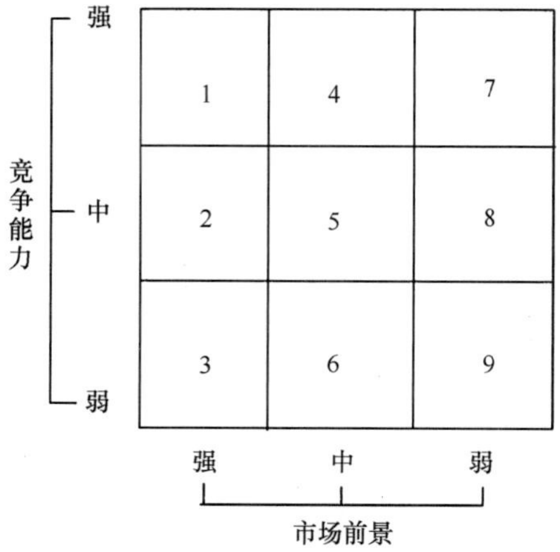

图 8-2　政策指导矩阵

（1）存在决策者期望达到的一个确定型目标。

（2）只存在一个确定的自然状态。

（3）存在可供决策者选择的两个或两个以上的经营方案。

（4）不同经营方案在确定状态下的损益值可计算出来。

盈亏平衡分析法又称量本利法，是确定型决策常用的方法。我们用下面这个例子来说明什么是盈亏平衡分析法。某企业生产某产品的总固定成本为 6 万元，单位变动成本为每件 1. 8 元，产品价格为每件 3 元。假设某方案带来的产量为 10 万件，问该方案是否可取？

我们以产量为横轴、收入/成本为纵轴建立坐标系，画出盈亏平衡分析图，如图 8-3。其中总收入曲线为 $R = 3Q$，总成本曲线为 $C = 6+1.8Q$，它们在 E 点相交，表明在 E 点之前总成本大于总收入，企业是亏本的；在 E 点之后（即阴影部分）总成本小于总收入，企业是盈利的。E 点因此被称为盈亏平衡点。保本产量（总收入曲线和总成本曲线交点对应的产量）为 5 万件；安全边际（方案带来的产量与保本产量之差）为 5 万件。由于安全边际大于零，所以该方案可取。

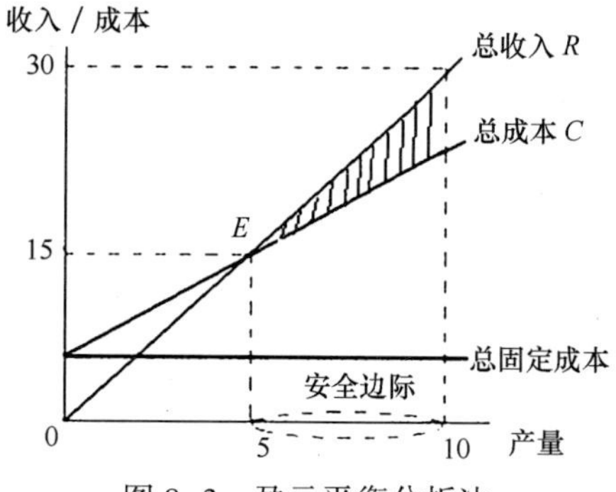

图 8-3　盈亏平衡分析法

盈亏平衡分析法在企业经营决策中简捷易用，在企业产品成本控制、利润预测、产量调整、新设备投资等方面得到了广泛的应用。

（二）风险型决策

风险型决策的未来情况不止一种，但知道每种情况发生的概率。

例如，某企业为了扩大某产品的生产想建个新厂。据市场预测，该产品销路好的概率为0.7，差的概率为0.3。如建大厂，需投资300万元，销路好时每年可获利100万元，差时要亏损20万元，服务期为10年。如建小厂，需投资140万元，销路好时每年可获利40万元，差时仍可获利30万元，服务期也是10年。或者先建小厂，3年后如果销路好再扩建，需追加投资200万元，服务期为7年，每年可获利95万元。问：哪个方案最好？

解：（1）画出决策树，如图8-4：

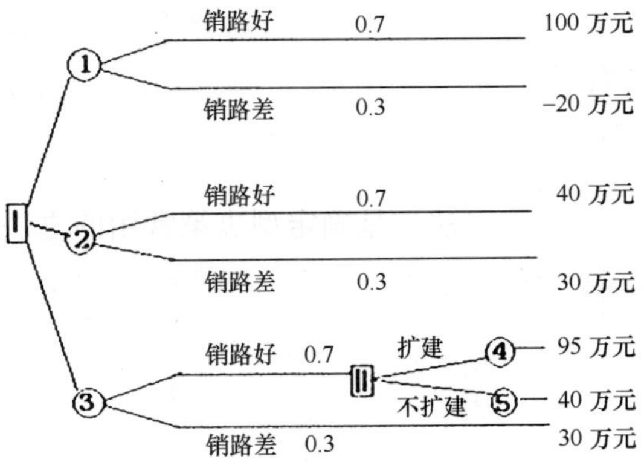

图8-4 决策树

（2）计算期望收益：

方案1：［0.7×100+0.3×（-20）］×10-300 = 340（万元）

方案2：（0.7×40+0.3×30）×10-140 = 230（万元）

方案3：［0.7×40×3+0.7×（95×7-200）+0.3×30×10］-140 = 359.5（万元）

计算结果表明，方案3的期望收益最大，所以选择方案3。

（三）非确定型决策

在管理决策中，风险型决策还不是最难的，因为它不但知道未来有多少种后果，还知道各种后果的出现有多大概率。最难的是非确定型决策，它们有的是对方案实施可能产生的后果无法估计，有的是对各种自然状态在未来发生的概率无法做出判断。也就是说，非确定型决策的不确定因素要更大一些。

管理学对非确定型问题的处理办法有 3 种：一是依经验进行模糊决策，如判断哪个方案可能性大，哪个次之，哪个最小，就像诸葛亮唱空城计那样；二是通过一些科学方法来补充信息，将不确定型问题变为风险型来处理；三是在可以知道各种方案执行后产生什么后果的情况下，预先设定某种适用的决策准则，依次对各方案进行比较和选择。

由于不同的决策者的个性和风险偏好不同，其选用的决策准则不可能一样。有的决策者是个乐观者，认为未来总会出现最好的自然状态，因此他对方案的比较和选择就会倾向于选取那个在最好状态下能带来最大效果的方案。有的决策者是一个悲观者，认为未来会出现最差的自然状态，因而为避免风险起见，决策时只能以各方案的最小收益值进行比较，从中选取相对收益为大的方案。有的决策者既不是乐观者，也不是悲观者，取折衷态度，认为最好和最差的自然状态都有可能出现，因此可以根据决策者本人的估计，给最好的自然状态一个乐观系数，给最差的自然状态定一个悲观系数（两系数之和等于 1），然后将它们分别乘以对应状态的收益值再加起来，求得各方案的期望收益值，经过比较选出期望值最大的方案。

下面通过一个例子来说明这 3 种不同的决策者是如何对同一个企业的 4 种不同方案进行选择的，如表 8-1。

表 8-1　A 企业在对手 B 企业的 3 种不同反应策略下的收益状态及方案选择

B 企业的可能反应 / A 企业的策略	B_1	B_2	B_3	乐观准则 X	悲观准则 Y	折衷准则 0.3X+0.7Y
A_1	13	14	11	14	11	11.9
A_2	9	15	18	18	9	11.7
A_3	24	21	15	24	15	17.7
A_4	18	14	28	28	14	18.2
相对收益最大值及选取的方案				28 A_4	15 A_3	18.2 A_4

由表 8-1 中可知，乐观者采取的是“大中取大”或“好中求好”决策法：先在每个方案的各行中取最大的一个收益者，再在各方案最大收益值这一列中取最大的一个收益值，它所在的方案就是要选的方案。悲观者采取的是“小中取大”或“坏中求好”决策法：先在每个方案收益值的各行中取最小的一个收益值，再在各方案最小收益值这一列中取最大的一个收益值，它所在方案就是要选的方案。折衷者定的乐观系数为 0.3，悲观系数为 0.7，先将它们分别乘以各方案最大收益值和最小收益值再加起来，然后在这个和的列中取一个最大值，它所在的方案就是要选

的方案。这 3 种决策者分别根据他们自己的决策准则来选择方案，乐观者选的是第四个方案，悲观者选的是第三个方案，折衷者选的也是第四个方案。这几种选择说不上谁对谁错，只能说它们对各自的决策者来说都是正确的选择。

第三节　经济学的决策方法

一、确定型决策

经济学里对于确定型决策，常用微积分求极值的方法予以解决。例如，已知某企业短期总成本函数为 $STC(Q)=1/3Q^3-4Q^2+240Q+1\ 000$，问：当 SMC 达到最小值时，产量为多少？当 AVC 达到最小值时，产量为多少？

由 $STC(Q)=1/3Q^3-4Q^2+240Q+1\ 000$，可得：$SMC(Q)=\mathrm{d}STC(Q)/\mathrm{d}Q=Q^2-8Q+240$。

对 $SMC(Q)$ 求导有 $2Q-8=0$，得 $Q=4$。即当 SMC 达到最小时产量为 4。

由 $STC(Q)=1/3Q^3-4Q^2+240Q+1\ 000$，可得：$AVC(Q)=STC(Q)/Q=1/3Q^2-4Q+240$，求导 $2/3Q-4=0$，得 $Q=6$。即当 AVC 达到最小时产量为 6。

AVC 的最小产量 6 即为企业停止营业点。

二、非确定型决策

经济学对这类问题的处理主要借助博弈分析。博弈分析主要针对理性竞争对手。尽管竞争对手可以有 1 个，2 个甚至更多，但总可以归纳或演绎为最简单的两人竞赛而进行研究。根据利益冲突的程度，竞赛可以分为零和竞赛及非零和竞赛两类。在零和竞赛中，参与者彼此有完全的利害冲突，因而某一竞赛者所得到的数额刚好等于他的对手失去的数额，两者相加结果为零。例如，对企业之间的竞争市场占有率而言，如果甲多得 5%的市场份额，则乙必然失去 5%的市场份额，因为全部市场份额始终是 100%。在非零和竞赛中，竞赛者之间的利益冲突并不完全，甲的所得并不等于乙的所失。例如，企业彼此追求增加产品销量，结果可能销量都有不同程度的增加。

两个对手的零和竞赛的结果可以用益损矩阵来表示。例如，有两个企业竞争产品市场占有率，甲利用包括红、黄、绿三种颜色的包装方案，分别称为 A_1、A_2 和 A_3；乙利用包括电视、电台、报纸及杂志 4 种媒体的广告方案，分别称为 B_1、B_2、B_3 和 B_4。益损矩阵如图 8-5。

图 8-5 中，横行表示甲的结果，纵列表示乙的结果。例如第二行和第三列的交

$$\begin{array}{c} \\ A_1 \\ A_2 \\ A_3 \end{array} \begin{array}{c} \begin{array}{cccc} B_1 & B_2 & B_3 & B_4 \end{array} \\ \begin{pmatrix} 0 & 40 & -32 & -25 \\ -23 & -40 & -41 & 45 \\ 14 & -20 & -38 & -30 \end{pmatrix} \end{array}$$

图 8-5 益损矩阵

点为-41，表示甲采取 A_2方案、乙采取 B_3方案时，甲的市场占有率下降了 41%，乙的市场占有率上升了 41%。矩阵中数值的正负号是对于甲而言的，也就是说，决策者是站在甲的立场上来考虑问题的。

在竞赛者总是使用相同的方案进行竞赛，即采用纯战略时，按照以下过程进行决策：首先，找出益损矩阵每行最小值中的最大值。各行最小值分别为-32、-45和-38，故 max {-32，-45，-38} = -32。其次，找出益损矩阵每列最大值中的最小值。各列最大值依次为 14、40、-32 和 45，故 min {14，40，-32，45} = -32。显而易见，两步的最终结果对应于益损矩阵中的同一个值（位置），称之为鞍点或均衡点。其对应的方案就是最优选择，即甲应采取 A_1 方案。上述过程表明，鞍点是行最小值中的最大值和列最大值中的最小值。注意到：益损矩阵中数值乘以(-1) 才表示乙的决策结果。因此，鞍点实际上是甲和乙都按照悲观准则——小中取大法决策的结果。这种选择意味着无论竞争对手如何高明，竞赛者最差也能获得这样的结果。

当按照上述方法不能产生鞍点时，也就是采用纯战略无法获得最优解时，就应采取混合战略。混合战略是指竞赛时按固定的比例使用不同的方案。下面结合实例说明其求解方法。

设甲、乙企业产品市场占有率竞争的益损矩阵，如图 8-6。

$$\begin{array}{c} \\ A_1 \\ A_2 \end{array} \begin{array}{c} \begin{array}{cc} B_1 & B_2 \end{array} \\ \begin{pmatrix} 30 & -30 \\ -10 & 50 \end{pmatrix} \end{array}$$

图 8-6 益损矩阵

由于行最小值中的最大值为 max { -30，-10} = -10，列最大值中的最小值为 min {30，50} = 30，故不存在鞍点。

现在采用混合战略。对甲而言，假定它采取 A_1 方案的相对次数或概率为 P，采取 A_2 方案的相对次数或概率为 $1-P$。甲的目标是不管乙采用哪种方案，其所获得的预期益损值都一样，即下式成立：

$30P+(-10)\times(1-P)=-30P+50(1-P)$

解这个方程，得 $P=0.5$。故甲的混合战略是使用 A_1 方案和 A_2 方案的次数各为 50%。

同理，可得出乙的混合战略的方案为：

$30P+(-30)\times(1-P)=-10P+50(1-P)$

得 $P=2/3$。即乙的混合战略是使用方案 B_1 的次数占 2/3. 使用 B_2 的次数占 1/3。可以证明，求出的混合战略和鞍点相对多，就是企业的最优选择，如图 8-7。

$$
\begin{array}{r} \\ A_1 \\ A_2 \\ 1/2\,A_1+1/2\,A_2 \end{array}
\begin{array}{c} \begin{array}{ccc} B_1 & B_2 & 2/3\,B_1+1/3\,B_2 \end{array} \\ \left(\begin{array}{ccc} 30 & -30 & 10 \\ -10 & 50 & 10 \\ 10 & 10 & 10 \end{array}\right) \end{array}
$$

图 8-7　混合战略的益损矩阵

第四节　两种决策方法的比较

一、两者的不同之处

从以上介绍中我们不难发现，经济学决策与管理学决策有一个很大的不同，就是管理学的决策主要是线性决策，而经济学的决策既有线性决策，又有非线性决策。所谓线性决策，就是定量分析中依据的主要是线性函数，在图像上表现为一条条直线，如图 8-8 所示的盈亏平衡分析法。所谓非线性决策，就是定量分析中依据的主要是非线性函数，在图像上表现为一条条曲线，如图 8-9 所示的利润最大化分析法。

图 8-8 是管理学里的盈亏平衡分析图。它将总收入曲线表示为从原点出发随产量增加而增加的向右上方倾斜的直线，将总成本曲线表示为从固定成本出发随产量增加而增加的直线。这两条直线交于 E 点，这点左边表示亏损，右边表示盈利，E 点所对应的产量为盈亏平衡的产量。这种分析比较简单实用，但容易给人造成一种错觉，就是产量越多盈利也越多。

图 8-9 是经济学里的利润最大化分析图。它将总收入曲线表示为从原点出发随产量增加起初上升后来又下降的曲线，将总成本曲线表示为从固定成本出发随产量

增加起初比较陡峭，后来比较平缓，最后又比较陡峭的曲线。这两条曲线交于 E 点，这点左边表示亏损，右边虽然也表示盈利，但盈利是变化的：起初随产量的增加盈利逐渐增加，产量达到 Q 点时盈利最大为 FG；Q 点以后产量再增加，盈利逐渐减少，最后还会亏损。这种分析虽然复杂了一些，但不会给人造成产量越大盈利就越大的错觉，而是存在一个利润最大化的产量，超过这一点，产量增加盈利会减少，甚至可能是负数。经过进一步的数学分析，我们还知道企业利润最大化的必要条件是边际收益等于边际成本。

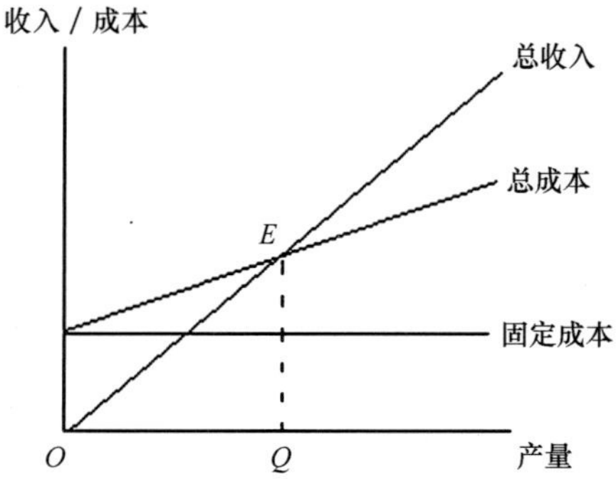

图 8-8　管理学的盈亏平衡分析

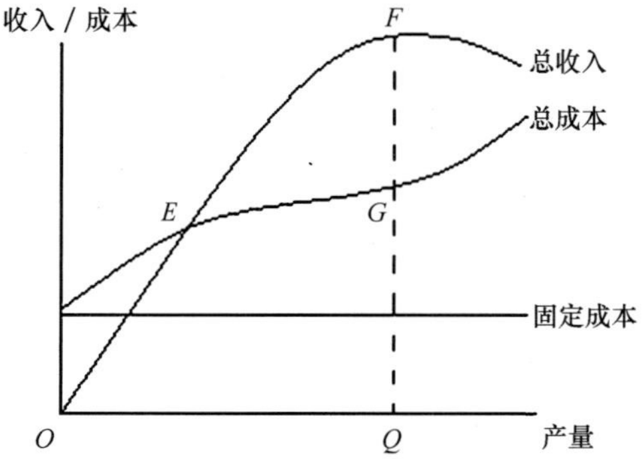

图 8-9　经济学的利润最大化分析

可见，经济学比管理学更多地运用了数学，所以就企业决策而言，经济学的决策比起管理学的决策来说准确性更强一些，也更科学一些。管理学的线性分析考虑问题比较简单，容易造成资源的浪费，不利于资源的有效配置和企业利润最大化的实现。例如在 20 世纪 60 年代，很多航空公司都遵循一个简单规则，就是只有乘坐率在 65%以上时，它们才提供飞行服务，因为根据盈亏平衡分析，乘坐率在 65%以下会亏本。但是大陆航空公司却不是这样，乘坐率在 65%以下只要达到 50%它们也飞行。当大陆航空公司宣布了这项政策后，它的股东们很愤怒，其竞争者也在等着看笑话。结果，大陆航空公司的利润却在继续增长。大陆航空公司为什么能盈利？这是因为它采用的是经济学的边际分析法：增加一次飞行的边际成本约 2 000 美元，而乘坐率为 50%的边际收益为 3 000 美元，仍旧大于它的边际成本，因此增加飞行次数能够增加利润。

二、两者的相同之处

我们前面说过，经济学里有一个机会成本的概念管理学里没有，但管理学里有一个后悔值的概念与此类似。

后悔值 = 该状态的最大收益 – 该方案在该状态的收益。

例如，某企业有 4 个可选方案，在各自状态发生后预期的利润如表 8-2，求一个最佳方案。

表 8-2　各种备选方案及其预期利润　　单位：万元

方案	畅销	平销	滞销
建大厂	300	200	-100
建小厂	200	250	80
技　改	100	110	70

决策者可用最大后悔值最小化法来选择方案，其步骤如下。

（1）计算出各方案在每一种自然状态下的后悔值。如在畅销的情况下，建大厂的利润是 300 万元，建小厂的利润是 200 万元，技改的利润是 100 万元，可见建大厂利润最大，不后悔，后悔值为 0，建小厂的后悔值为 300-200=100 万元，技改的后悔值为 300-100=200 万元。后悔值填在括号里，如表 8-3。其他自然状态下（平销和滞销）的后悔值依此类推。

表 8-3　最大后悔值最小化示例　　单位：万元

方案	畅销	平销	滞销	最大后悔值	最小化
建大厂	300（0）	200（50）	-100（180）	180	
建小厂	200（100）	250（0）	80（0）	100	最佳方案
技　改	100（200）	110（140）	70（10）	200	

（2）找出每种方案的最大后悔值。如建大厂的后悔值分别为 0、50 万元和 180 万元，最大后悔值为 180 万元。其他方案（建小厂和技改）的最大后悔值以此类推。

（3）比较各种方案的最大后悔值，找出最小的那一个，它的方案就是最佳方案。如表 8-3，此例中各方案的最大后悔值分别为 180 万元、100 万元和 200 万元。100 万元最小，它的方案是建小厂，可见建小厂是最佳方案。

从以上决策过程我们可以发现：后悔值其实就是机会成本。管理学里的最大后悔值最小化的过程其实就是经济学里的找出机会成本最小方案的过程。可见，在这个问题上管理学与经济学的实质是一样的，只是表现形式不同而已。

第九章　企业战略

作为企业决策的一个重要方面，就是关于企业战略的决策。在这一方面，管理学介绍了企业战略的概念、特征和制定方法，而经济学则更深入一步，介绍了两种重要的企业战略：绝对优势战略和比较优势战略。

第一节　企业战略的概念和制定方法

一、企业战略的概念

“战略”一词原用于军事，是指对战争、战役的总体筹划与部署。“战略”一词引入到企业管理中来也只有几十年的时间，究竟什么是企业战略，目前尚无一个统一的认识。有的学者认为，企业战略是对企业长远目标、经营方针、资源分配的规划；有的学者认为，企业战略是企业为适应外部环境的变化，谋求企业的生存和发展，有效地运用企业的内部资源，对企业全局性的目标、方针进行运筹规划。战略管理大师迈克尔·波特认为，战略的本质是抉择、权衡和各适其位。管理学家亨利·明茨伯格认为，人们在不同的场合用不同的方式赋予企业战略不同的内涵，可以从计划、计谋、模式、定位和观念 5 个方面来加以界定。

不同的定义强调了企业战略的不同的方面，都有一定的道理。笔者认为，企业战略是企业根据内外条件和环境，充分发挥企业的优势，对企业长远目标、经营方针和资源分配进行的指导性谋划。这个定义强调的是发挥企业的优势，包括对企业优势的认识、发掘和激发。不发挥企业的优势，任何企业都难以生存和发展，所以如何发挥企业优势是企业战略的精髓。

二、SWOT 分析法

SWOT 分析法是一种应用十分广泛的企业战略制定方法。它是由旧金山大学的管理学教授于 20 世纪 80 年代初提出来的，是一种能够发挥优势、克服劣势、利用机会、化解威胁的企业战略制定方法。SWOT 分别是 4 个英文字母的缩写，S 代表优势（Strength），“W”代表劣势（Weakness），“O”代表机会（Opportunity），“T”代表威胁（Threat）。从整体上看，SWOT 可以分为两部分：第一部分为 SW，主要用来分析内部条件；第二部分为 OT，主要用来分析外部环境。

在采用 SWOT 分析法对企业战略进行分析时，首先应对企业内部的条件和外部环境进行全面而深入的分析；然后，将各种因素根据轻重缓急或影响程度等排序方式构建 SWOT 矩阵（表 9-1）；最后，根据 SWOT 矩阵和“发挥优势、克服劣势、利用机会、化解威胁”的原则制定相应的行动方案。

表 9-1　SWOT 矩阵

	内部优势 S	内部劣势 W
外部机会 O	SO 战略：运用优势利用机会	WO 战略：利用机会弥补劣势
外部威胁 T	ST 战略：运用优势克服威胁	WT 战略：劣势威胁减到最小

对每一种内部条件与外部环境的组合，企业应采取相应的对策。

SO 组合：这是一种最理想的组合，任何企业都希望凭借企业的长处和资源来最大限度地利用外部环境所提供的多种发展机会。

ST 组合：企业应巧妙地利用自身的优势来对付外部环境中的威胁，但这并非意味着一个强大的企业必须以其自身实力来正面回击外部环境中的威胁。合适的策略应该是慎重而有限度地利用企业的优势。

WO 组合：通过外在的方式来弥补企业的弱点，以最大限度地利用外部环境中的机会。如不采取行动，就会把机会拱手让给对手。

WT 组合：减低外部威胁和内部劣势产生的影响，可以选择合并或缩减生产规模的战略，以期能克服劣势或使威胁随时间的推移而消失。

第二节　绝对优势战略

一、企业分工与合作

企业之间既有竞争的关系，也有分工合作的关系。企业分工是社会分工发展到一定阶段的产物，是企业内部的分工超越企业界限广泛发展的结果。早在 1776 年，亚当·斯密就在《国富论》中充分肯定了分工的作用。他以制针业为例，说在没有分工的情况下，一个工人既要将钢丝截短，又要将一头磨尖，还要将另一头打眼，每天最多能制造 20 枚针，有的甚至连一枚也制造不出来。有了分工以后，有人专门将钢丝截短，有人专门将一头磨尖，还有人专门将另一头打眼，这样不仅提高了劳动的熟练程度，节省了工具转换的时间，还能用机器代替手工，劳动生产率大大提高，平均每人每天可制针 4 800 枚。

企业分工是企业合作的基础。斯密说："如果一件东西在购买时所花费的代价比在家里生产时花费的小，人们就永远不会在家里生产，这是每一个精明的家长都知道的格言。裁缝不想制作他自己的鞋子，而是向鞋匠购买。鞋匠不想制作他自己的衣服，而雇裁缝制作……他们都感到，为了他们自身的利益，应当把他们的全部精力集中使用到比邻人处于某种有利地位的方面，而以劳动生产物的一部分或同样的东西，即其一部分的价格，购买他们所需要的任何其他物品。"① 一个家庭是这样，一个企业也是这样。如果每个企业都把精力集中到比别的企业处于更有利地位的方面，并将产品拿到共同市场上去交换，再用所得的收益去购买自己所需要的产品，这不仅对自己有好处，也是别的企业所希望的。企业间的贸易就这样展开了，各个企业就这样繁荣起来。

二、绝对优势原理

裁缝与鞋匠相比，裁缝在制衣方面具有特长，处于绝对优势地位；鞋匠在制鞋方面具有特长，处于绝对优势地位。他们各自生产自己拥有绝对优势的产品，然后用部分产品进行交换，这对双方都有好处。同样道理，各个企业都生产自己拥有绝对优势的产品，进行专业化分工；然后用部分产品和别的企业进行交换，则能使各个企业都受益。这就是绝对优势原理。我们看下面这个例子。

假设 A 企业与 B 企业都生产螺丝和螺帽，但各自生产螺丝和螺帽的效率不同，如表 9-2。它们怎样分工合作才能使双方都受益呢？

表 9-2　A 企业与 B 企业的绝对优势

	A 企业	B 企业
螺丝（个/小时）	1 000	6 000
螺帽（个/小时）	5 000	4 000

由表 9-2 中可知，A 企业在螺帽生产上具有绝对优势，因为它每小时可生产 5 000 个螺帽，而 B 企业只能生产 4 000 个；B 企业在螺丝生产上具有绝对优势，因为它每小时可生产 6 000 个螺丝，而 A 企业只能生产 1 000 个。所以，根据绝对优势原理，A 企业专门生产螺帽，并用部分螺帽与 B 企业交换螺丝；B 企业专门生产

① 亚当·斯密著，郭大力，王亚楠译：《国民财富的性质和原因的研究》上卷，商务印书馆，1992 年，第 29 页。

螺丝，并用部分螺丝与A企业交换螺帽，这对双方都有利。这是为什么呢？如果两个企业按照1：1比例交换螺丝和螺帽，A企业5 000个螺帽可换B企业5 000个螺丝，比自己生产可多得4 000个螺丝，因为自己在同样时间只能生产1 000个螺丝。B企业6 000个螺丝可换A企业6 000个螺帽，比自己生产可多得2 000个螺帽，因为自己在同样时间只能生产4 000个螺帽。可见，两个企业在不同产品上各具绝对优势的情况下，按绝对优势进行专业化生产然后交换，可以使双方都受益。

第三节　比较优势战略

一、比较优势原理

绝对优势原理告诉我们，各企业都生产自己拥有绝对优势的产品，然后进行交换，则能使大家都受益。这就是“绝对优势战略”。可现实情况是，“绝对优势战略”存在局限性，有的企业没有绝对优势，那怎么办？这就不得不考虑比较优势的问题了。

比较优势原理告诉我们，即使一个企业在两种产品的生产中都拥有绝对优势，而另一个企业在两种产品的生产中都拥有绝对劣势，只要前者专门生产优势较大的产品，后者专门生产劣势较小的产品，则通过专业化分工和交换，双方仍能得到比自己什么都生产时获得更大的收益。我们来看下面这个例子。假设A企业与B企业都生产螺丝和螺帽，但B企业在这两种产品的生产上都具有绝对优势，而A企业在这两种产品的生产上都处于绝对劣势，如表9–3。那么，它们怎样分工合作才能使双方都受益？

表9–3　A企业与B企业的比较优势

	A企业	B企业
螺丝（个/小时）	1 000	6 000
螺帽（个/小时）	2 000	4 000

表9–3表明，A企业与B企业相比，在两种产品的生产上都处于绝对劣势：A企业每小时可生产螺丝1 000个，而B企业可生产6 000个；A企业每小时可生产螺帽2 000个，而B企业可生产4 000个。但是，如果单就A企业来看，把它的螺丝生产和螺帽生产相比，螺帽的优势更大一些，每小时可生产2 000个，螺丝才1 000个，这是它的比较优势。而单就B企业来看，虽然它在两种产品的生产中都处于绝对优势，但如果把它的螺丝生产与螺帽生产相比，螺丝生产的优势更大一

些，每小时可生产6 000个，螺帽才4 000个，这是它的比较优势。按照比较优势原理，A企业只生产螺帽，B企业只生产螺丝，然后按1∶1的比例相交换。那么B企业用6 000个螺丝交换A企业6 000个螺帽，比自己生产可多得2 000个螺丝，因为自己同样时间只能生产4 000个螺丝。A企业用6 000个螺帽交换B企业6 000个螺丝，比自己生产可多得3 000个螺丝，因为生产6 000个螺帽自己需要3小时，而在这3小时自己只能生产3 000个螺丝。可见，不管A企业和B企业相比是否拥有绝对优势，但自己和自己相比总有比较优势，只要两个企业都按比较优势进行分工，则双方都能得到好处。

二、比较优势与机会成本

既然比较优势是自己生产的不同产品相比较得到的，那我们就可以用机会成本的概念来表述。所谓机会成本，就是指在资源既定的条件下，额外生产一种产品所必须放弃的另一种产品的数量。比如，A企业1小时可生产螺丝1 000个，或者螺帽2 000个，则多生产1个螺丝就必须放弃2/1个螺帽，多生产1个螺帽就必须放弃1/2个螺丝，所以螺丝的单位机会成本是2/1个螺帽，螺帽的单位机会成本是1/2个螺丝。B企业1小时可生产螺丝6 000个，螺帽4 000个，则多生产1个螺丝就必须放弃2/3个螺帽，多生产1个螺帽就必须放弃3/2个螺丝，所以螺丝的单位机会成本是2/3个螺帽，螺帽的单位机会成本是3/2个螺丝。这样，两个企业各自生产螺丝和螺帽的不同机会成本就如表9-4。

表9-4　比较优势与机会成本

	A企业	单位机会成本	B企业	单位机会成本
螺丝	1个	2/1个螺帽	6个	2/3个螺帽
螺帽	2个	1/2个螺丝	4个	3/2个螺丝

可见，两个企业拥有比较优势的产品，都是机会成本比较低的产品。如A企业的螺帽生产具有比较优势，单位机会成本为1/2个螺丝，就低于螺丝的单位机会成本2/1个螺帽；B企业的螺丝生产具有比较优势，单位机会成本为2/3个螺帽，就低于螺帽的单位机会成本3/2个螺丝。所以，比较优势原理可以这样来表述：在资源有限的情况下，如果各企业都只生产机会成本低的产品，那么通过交换大家就都能从中受益。

比较优势原理中的两个企业可以推广到多个企业，两种产品可以推广到多种产品。有了机会成本的概念，各企业之间又可进行比较了。如有A、B、C 3个企业生产X、Y两种产品，其生产效率和机会成本如表9-5。

表 9-5　多个企业的分工与合作

	X	机会成本	Y	机会成本
A	12	1/3 Y	4	3 X
B	10	1/2 Y	5	2 X
C	10	1　Y	10	1 X

表 9-5 显示，生产 1 单位 X 产品的机会成本，A 企业为 1/3Y，B 企业为 1/2Y，C 企业为 1Y，可见 A 企业的机会成本最低，其次是 B 企业，最后是 C 企业。而生产 1 单位 Y 产品的机会成本，A 企业为 3X，B 企业为 2X，C 企业为 1X，可见 C 企业的机会成本最低，其次是 B 企业，最后是 A 企业。因此，典型的互利模式是：A 企业专门生产 X 产品，C 企业专门生产 Y 产品。

那 B 企业呢？B 企业生产什么取决于商品的需求强度和企业交换的条件。假如 A 与 C 的交换比率为 2∶1，恰好等于 B 企业内两种商品的交换比率，这样的话，B 的商品将不会进入 X 和 Y 的贸易市场，贸易仅在 A 与 C 之间进行。但如果 A 对 Y 的需求增大，从而使交换比例变为 2∶1.5，这时 B 在 Y 上就获得了比较优势，B 也生产 Y，和 C 共同向 A 输出 Y。同理，当 C 对 X 的需求增大，从而使交换比例变为 2.5∶1，这时 B 就在 X 上获得了比较优势，B 也生产 X，和 A 共同向 C 输出 X。

三、核心竞争力

尽管按比较优势分工对各个企业都有好处，但这个好处还是有差别的，差别的大小主要取决于具有比较优势产品的供给弹性。

如图 9-1，横轴 OQ_Y 表示 Y 产品的数量，纵轴 P_Y/P_X 表示 Y 产品相对 X 产品的价格。在两企业没有分工合作以前，A 企业的需求曲线 D_A 与供给曲线 S_A 交于 E_1，决定了 A 企业内的均衡价格为 P_1，均衡数量为 Q；B 企业的需求曲线 D_B 与供给曲线 S_B 交于 E_2，决定了 B 企业内的均衡价格为 P_2，均衡数量为 Q^*。两企业分工合作后，因为 $P_1>P_2$，表明 B 企业拥有 Y 产品的比较优势，所以 Y 由 B 企业向 A 企业流动，导致 A 企业内 Y 的价格下降，B 企业内 Y 的价格上升，最后价格为 P 时实现了共同市场的均衡。这时 A 的消费者剩余增加了 $a+b+d$，生产者剩余减少了 a，整个企业的利益变化为（$a+b+d$）$-a=b+d$。也就是说，尽管 A 从 B 输入 Y，使得生产者剩余减少，但消费者剩余增加了，整个企业的利益是增加的，增加的幅度为 $b+d$。同样的分析可知，B 通过向 A 输出 Y，消费者剩余减少但生产者剩余增加了，整个企业的利益增加了 f。

现在来分析两个企业的分工合作给哪个企业带来更大利益。由于 $b+d$ 是 A 从 B

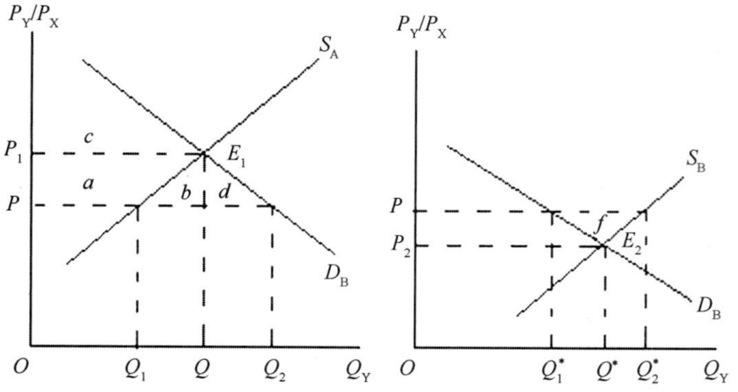

图 9-1　A 企业与 B 企业之间的产品流动

输入 Y 后给 A 带来的利益，f 是 B 输出 Y 后给 B 带来的利益，所以，分工合作给哪个企业带来更大利益的问题又归结到 $b+d$ 和 f 哪个大的问题。以 S 表示 Y 的输出供给曲线，输出供给等于 B 对 Y 的超额供给 S_B-D_B；以 D 表示 Y 的输入需求曲线，输入需求等于 A 对 Y 的超额需求 D_A-S_A。显然，S 和 D 在纵轴上的截距分别等于封闭条件下 A、B 两个企业内的均衡价格 P_2 和 P_1。而 S 的斜率和 S_B 的弹性系数正相关；D 的斜率和 D_A 的弹性系数正相关。由图 9-2 可知，当 S 的斜率大于 D 的斜率（左图）时，Y 的价格 P 比较高，$f > b+d$，B 企业获得了更大的利益；当 S 的斜率小于 D 的斜率（右图）时，Y 的价格 P 比较低，$f < b+d$，A 企业获得了更大的利益。

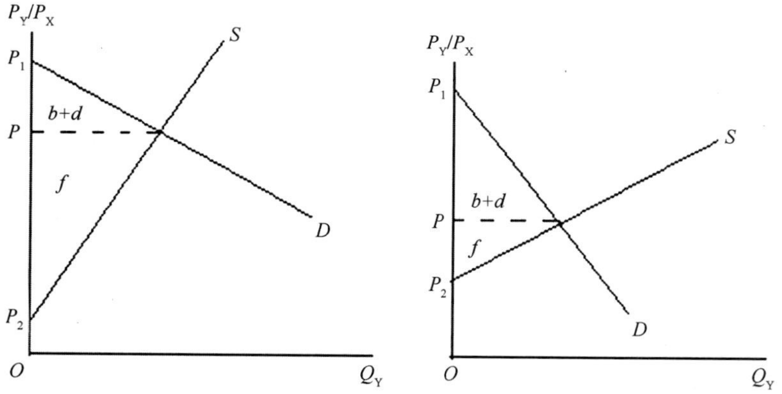

图 9-2　两个企业利益的分配

一个企业要使本企业利益有较大的增长，除了要积极加入企业之间分工合作以外，还要使本企业具有比较优势产品的供给缺乏弹性。而要想使供给缺乏弹性，就要提高企业的核心竞争力。核心竞争力指能为企业带来相对于竞争对手的竞争优势的资源和能力。如表 9-6，企业的核心竞争力包括有无价值、稀有性、难以模仿性和不可替代性 4 个方面，只有这 4 个方面的条件都具备，企业才能具有持久优势，其业绩才能大于平均回报。

表 9-6 核心竞争力的 4 个标准

有无价值	稀有性	难以模仿性	不可替代性	竞争后果	业绩评价
×	×	×	×	没有优势	< 平均回报
√	×	×	√×	优势对等	= 平均回报
√	√	×	√×	暂时优势	≥平均回报
√	√	√	√	持久优势	> 平均回报

第四节 比较优势原理的意义

比较优势原理最早是由李嘉图提出来的，至今被公认是十分正确和重要的原理。美国著名经济学家萨缪尔森在哈佛当学生的时候，他的一个同学要他在所有社会科学原理中，指出一个既正确又重要的理论。萨缪尔森这个当时已经崭露头角的高才生，一下子竟被难住了。此后 30 年间，这个问题一直萦绕在他的脑海中，直到他获得诺贝尔经济学奖的前一年，也就是 1969 年，才找到了答案。萨缪尔森认为，李嘉图的比较优势原理是那些可以称作既正确又重要的社会科学原理中首屈一指的。

有的企业之所以发展不起来，一个重要原因是企业管理者缺乏信心，总认为自己这也不行那也不行，无优势可言。比较优势原理告诉我们，即使我们各方面比别人都不行，和自己相比总有一方面要好一些，这就是我们的比较优势。只要制定比较优势战略，充分认识和发挥自己的比较优势，就能参与到国内甚至是国际的分工与合作的大潮中去，顺势而上。

有的企业之所以搞多而全、大而全，什么都自己生产，还美其名曰“自力更生、丰衣足食”，是因为他们不知道专业化分工合作的好处。一个企业的资源是有限的，什么都自己生产，势必会把有限的资源分散到自己并不具有优势的产品上去，结果失去了核心竞争力。比较优势原理告诉我们，一个企业即使各方面都比别的企业强，也不能什么都干，应选中自己的比较优势进行产业结构的优化和调整，集中精力干好它，打造出自己的核心竞争力，而把其他优势外包出去，与其他企业分享。这样既对本企业好，又对其他企业好，对国家也好。

有一个故事说，有人问上帝：什么是地狱，什么是天堂？上帝领他到一个地方，见许多人围着一口大锅准备喝汤。锅里有好喝的汤，每个人都准备了长柄的勺，因为柄不长就舀不到汤。可舀到了汤却因为柄太长送不到自己嘴里，大家都很沮丧。上帝说，这就是地狱。上帝又领他到一个地方，也是许多人围着一口大锅舀汤。虽然勺的柄也很长，但他们不是舀汤给自己喝，而是你舀给我喝，我舀给你喝，结果人人都能喝到汤，大家很高兴。上帝说，这就是天堂。在这个故事里，带长柄的勺就是比较优势，每个人都有。但为什么不能把汤送到自己嘴里？就是因为比较优势都是为别人准备的，就像商品都是为别人生产的一样。如果一个企业有了比较优势而不能与其他企业分工合作，这种优势就发挥不出来，和没有一样。所以，既要有比较优势，还要有合作共赢的思想和有助于分工合作的政策与制度。

第十章　企业博弈

企业之间不光有合作，还有竞争。企业竞争的一种形式就是博弈。在这一点上，企业管理学和微观经济学也有不同。企业管理学主要研究企业内部的生产经营，很少研究企业与企业之间的关系；而微观经济学不仅研究企业内部的生产经营，还把很多精力放在研究企业与企业之间的关系上。企业之间的竞争和博弈早就纳入了微观经济学的范畴，博弈论也已成为微观经济学的一个重要组成部分。

第一节　企业博弈的概念和类型

一、从游戏到博弈

“博弈论”译自英文“Game Theory”，“Game”的基本意思是游戏，因此，“Game Theory”直译应该是“游戏理论”。之所以译成中文后成了“博弈论”，是因为中国人将它所研究的事物与赌博、下棋等游戏联系在了一起。“博弈论”所研究的事物确实是和赌博、下棋等游戏有共同的一些特征：①它们都有一定的规则，规定游戏的参加者可以做什么，不可以做什么，应该按怎样的次序做，什么时候结束游戏，一旦参加者犯规将受到怎样的处罚等；②它们都有一个结果，如一方赢一方输、平局或参加者各有所得等，而且结果常用正或负的数值表示，或能按照一定的规则折算成数值；③参加者行动时不仅要考虑自己的情况，还要考虑对方的情况，自己这一步会引起对方怎样的反应，自己应该如何应对等，往往要走一步看三步；④尽管双方的成或败都有运气的成分在里头，但运用什么样的策略至关重要，参加者不同的策略选择常常会带来不同的游戏结果；⑤策略和利益相互依存，即每一个参加者所得结果的好坏，不仅取决于自身的策略选择，也取决于其他参加者的策略选择，有时一个差的策略也许会带来并不差的结果，原因是其他参加者选择了更差的策略。因此，在有策略依存性的游戏中，策略本身并没有绝对的好与坏之分，只有相对的好与坏。

企业之间的博弈是经常存在的。以寡头市场中企业的产量决策为例，一个企业的利润和发展，与它的产量决策很有关系，但又不仅仅取决于本企业的产量决定，还取决于其他企业的产量决定。若其他企业的产量较大，则自己的利润就会下降，因为这时市场比较拥挤，卖出产品比较困难或价格会更低。反过来，若其他企业的产量较低，那么自己的利润就会较高。因此，本企业的产量决策与其他的企业存在明显的相互依存与制约的关系。

再以企业是否进入某一市场为例。当一个企业先开发并占领了某个市场后，其他企业看到有利可图会进入这个市场与之竞争。“先来者”既可以“宽容”地接受“后来者”，也可以通过打价格战阻止“后来者”的进入。如果“后来者”知难而退，“先来者”的阻止策略就成功了；如果“后来者”知难而进，就很可能两败俱伤。可见，市场进入问题也说明企业决策与别的企业存在明显的相互依存与制约的关系。

二、企业博弈的概念

现在，我们给企业博弈下一个比较直白的定义：企业博弈即一些企业面对一定的环境条件，在一定的规则下，同时或先后，一次或多次，从各自允许选择的行为或策略中进行选择并加以实施，各自取得相应结果的过程。

这个定义包括 4 个方面：①博弈的参与者是企业；②博弈可选择的策略，可以是一种、几种、许多种，甚至是无限多种；③博弈的次序，可以是同时，也可以有先后之分，次序不同博弈也不同；④博弈方的得益，主要是通过数量关系的比较进行的，例如收入、利润、效用、福利等。

本章就是研究可以用上述方法定义的一些博弈问题，寻求在企业具有充分或有限理性、能力的条件下，合理的策略选择，正确处理与别的企业的关系，并分析这些策略选择结果的经济意义。

三、不同数量的企业博弈

企业博弈可以用不同标准分为不同的类型。如果根据参加博弈的企业数量来分，企业博弈可分为单企业博弈、双企业博弈和多企业博弈。

（一）单企业博弈

严格来说，单企业博弈不算博弈，它已经退化为一般的最优化问题。但分析单企业博弈，可以为分析双企业博弈和多企业博弈打下基础。

下面是一个单企业博弈问题。设有一个企业要从 A 地向 B 地运送一批货物，既可以走水路，也可以走陆路。走水路成本是 7 000 元，走陆路成本是 10 000 元。不过走水路有一定风险，暴风雨出现的概率是1/4。一旦遇到暴风雨天气，会造成货物总价值10%的损失。已知货物总价值为90 000元，问该企业应该选择走哪条运输路线？

我们将这个单企业博弈看成是企业和天气的博弈，画出运输路线得益矩阵，如表10-1。

表10-1　运输路线得益矩阵

		天气	
		好（75%）	坏（25%）
企业	水路	-7 000	-16 000
	陆路	-10 000	-10 000

表10-1中，博弈的一方为企业，它有水路和陆路两种选择；博弈的另一方为天气，它有好（75%）和坏（25%）两种可能。在好天气的情况下，这批货走水路要花7 000元，走陆路要花10 000元；在坏天气的情况下，这批货走水路要花7 000+90 000×10%＝16 000元，走陆路要花10 000元。因为天气好坏具有不确定性，所以我们用以前讲过的计算期望值的方法来进行决策。企业走水路的期望收益为（-7 000）×75%+（-16 000）×25%＝-9 250；走陆路的期望收益为（-10 000）×75%+（-10 000）×25%＝-10 000。因为-9 250>-10 000，所以，该企业还是应该选择走水路。

（二）双企业博弈

双企业博弈最常见，前面讲的两个企业产量和市场进入的博弈就是双企业博弈。需要说明的是：

第一，双企业博弈并不总是相互对抗的，有时会出现双方利益一致的情况。如一家生产电视机的企业和一家生产放像机的企业在采用制式问题上的博弈就是一种非对抗性的博弈。因为如果两个企业采用相同的制式，各自的机器可以相互匹配，就会给双方带来产品互补性的利益。而如果两企业采用不同的制式，则双方都无法享受这些利益。因此，两个企业在这种博弈中的利益就是一致的而不是对立的。

第二，双企业博弈中并不能保证掌握信息较多的企业一定会获得较多的利益。例如，掌握信息较多的企业常常更清楚过度竞争的危险，因此为了避免不理智的恶性竞争导致两败俱伤，采取了较为保守的策略，从而只能获得较少的利益。相反，对危险了解较少的企业却可能因为不会顾忌后果而掌握了主动，所谓“无知者无畏”，结果获得了较多的利益。

第三，单个企业追求自身利益最大化的行为，常常并不能导致实现社会利益的最大化，也常常不能真正实现个人自身利益的最大化。我们用博弈论里常常用到的“囚徒困境”来说明这个问题。

某地发生了一起纵火案，警察在现场抓到了两个疑犯。事实上，正是他们为了报复而放了火，但警察没有掌握足够的证据，只得把他们暂时隔离囚禁起来。为了让他们坦白交代，警察展开了攻心战，审讯时告诉他们：如果他们都承认纵火，每人将被判入狱 8 年；如果他们都不坦白，每人将只判入狱 2 年；如果一个抵赖另一个坦白并愿意出庭作证，那么抵赖者将被判入狱 10 年，而坦白者将被宽大处理——只判 1 年。攻心战果然奏效，两个疑犯都承认火是他们放的。问：两个疑犯为什么都承认火是他们放的？

我们先用得益矩阵将两个囚徒在各种情况下的得益列出来供选择（表 10–2）。

表 10–2　囚徒困境

		囚徒乙	
		坦白	抵赖
囚徒甲	坦白	−8，−8	−1，−10
	抵赖	−10，−1	−2，−2

从表 10–2 中可以看出，囚徒甲和乙之间就是一场博弈，都想争取对自己最有利的结局。甲会想，我如果抵赖，他坦白了怎么办？那我就要坐 10 年牢，他却只坐 1 年。而我坦白了，他如果抵赖，我只要坐一年；即使他也坦白了，我要坐 8 年，也比抵赖坐 10 年强。乙也这么想，于是他们都选择了坦白。我们用得益矩阵将他们的选择列出来进行比较，可以发现，如果甲和乙都选择抵赖对他们最为有利，每人只判入狱 2 年，但结果是他们都选择了坦白，每人被判入狱 8 年。这个结果就叫“囚徒困境”。

这个结果与他们是否在被抓之前订立攻守同盟无关，甚至与他们是否真的放了火也无关，因为有特定的选择条件，本来对他们最有利的结局就不可能出现。冷战时期两个超级大国长达 40 年的军备竞赛，以色列和巴勒斯坦之间跨世纪的军事冲突，各国的贸易保护主义倾向和众所周知的企业之间的价格战也属于这种情况。

（三）多企业博弈

有 3 个或 3 个以上的企业参加的博弈称为多企业博弈。多企业博弈也是企业在意识到其他博弈方的存在，意识到其他博弈方对自己决策的反应和反作用的情况下，寻求自身最大利益的决策活动。因而，它们的基本性质和特征与双企业博弈是相似的，我们可以用研究双企业博弈同样的思路和方法来研究它们。不过，只有少数的多企业博弈可以用两个或多个得益矩阵合起来加以表示，其他多企业博弈无法用得益矩阵表示，只能通过文字描述和函数式加以表达。

四、不同得益总和的企业博弈

在双企业和多企业博弈中，每个博弈方在每种结果（策略组合）下都有相应的得益，可将每个博弈方在同一结果中的得益相加算出所有博弈方得益的总和，并将其看作“社会总得益”。根据社会总得益的不同，可将企业博弈分为零和博弈、常和博弈、变和博弈几种类型。

（一）零和博弈

在不少博弈问题中，一方的得益必然是另一方的损失，也就是社会得益之和为零，这样的博弈称为“零和博弈”。零和博弈是常见的博弈类型，博弈方之间的利益始终是对立的，偏好通常是不一致的，无法和平共处。双企业零和博弈也称为“严格竞争博弈”。我们现在常说，我们和某个大国的博弈不是零和博弈，意思就是说并不是一方得益必然是另一方的损失，相互利益并不是总是对立的，完全可以互利双赢、和平共处。

（二）常和博弈

常和博弈也是很普遍的博弈类型，比如几个企业之间为财产和利润讨价还价，为你多了我少了而争执。常和博弈可以看作零和博弈的扩展，零和博弈可以看作是常和博弈的特例。只不过零和博弈是你有我无的问题，而常和博弈是你多我少的问题。常和博弈中各博弈方之间的利益关系也是对立的，是竞争关系，但常和博弈中利益的对立性体现在各自利益的多少上，而不是有无上。所以，结果可能出现大家都分得合理或满意的一份，彼此经过妥协和平共处。

（三）变和博弈

零和博弈和常和博弈以外的所有博弈都称为“变和博弈”。变和博弈在不同策略组合下各博弈方的利益之和往往是不同的，如前面介绍的囚徒困境和关于产量决策的古诺模型就都是变和博弈。变和博弈的结果存在社会总得益大小方面的区别，这就意味着存在博弈方相互配合争取较大社会总利益和个人利益的可能性。如果是互利双赢，那么得益之和肯定会变大，产生 1+1>2 的效果。因此，这种博弈的结果可以从社会总得益的角度分为“有效率的”“无效率的”或“低效率”的几种情况，即站在社会利益的立场上对它们做出效率方面的评价。

五、不同过程的企业博弈

博弈过程也是企业博弈的重要方面。根据博弈过程可以将企业博弈分为“静态博弈”“动态博弈”和“重复博弈”几种类型。

（一）静态博弈

所有博弈方同时或可以看作同时选择策略的博弈称为“静态博弈”。比如石头剪子布的游戏，要同时出手，不能一先一后，那样就不公平了。又比如企业招投标活动，虽然投标人投出标书可能会有先后，但所有投标人在自己投标之前都无法知道其他投标人的标价，因此可以看作是同时决策的，这种博弈也是静态博弈。

（二）动态博弈

各博弈方的选择不仅有先后次序，而且后选择的博弈方在自己选择之前，可以看到其他博弈方的选择，这种博弈称为“动态博弈”。比如打扑克、下象棋就是动态博弈。又比如两个企业先后进入市场的古诺模型，也是动态博弈。

（三）重复博弈

所谓重复博弈，就是同一个博弈反复进行的博弈。比如体育竞技中的多局制比赛、商业中的回头客现象、企业之间的长期合作和竞争等，如果不考虑环境条件方面的细小变化，都可以看作是重复博弈。重复一次就结束的博弈称为“有限次重复博弈”；重复会不断进行下去的博弈被称为“无限次重复博弈”。由于大多数重复博弈的第一次博弈（即原博弈）是静态博弈，因此重复博弈和静态博弈、动态博弈都有关系，需要结合起来研究。

我们还可以根据其他标准将企业博弈分为合作博弈和非合作博弈、完全理性博弈和有限理性博弈、完全信息博弈和不完全信息博弈等不同类型。这些不同类型的博弈往往是交叉的，不存在严格的层次关系。

第二节　完全信息静态博弈

在“囚徒困境”的例子中，明明两个囚徒都抵赖对他们最有利，为什么他们都选择了坦白呢？这是因为在那种条件下都坦白是一种纳什均衡。纳什均衡是博弈论里的一个重要概念，它反映了博弈双方的一种不可抗拒的策略选择。要想知道什么是纳什均衡，必须从条件策略和条件策略组合说起。

一、条件策略和条件策略组合

我们看下面这个例子。假定在某个市场上只有甲、乙两个企业，每个企业都有合作和不合作两个可供选择的策略。如果两个企业都采用合作的策略，则分别可得到5个和6个单位的收益；如果两个企业都采用不合作的策略，则分别只得到2个和3个单位的收益。如果甲企业采取合作的策略而乙企业采取不合作的策略，则采取合作策略的企业得到1个单位的收益，采取不合作策略的乙企业得到5个单位的收益；如果甲企业采取不合作的策略而乙企业采取合作的策略，则采取不合作策略的甲企业得到7个单位的收益，采取合作策略的乙企业得到1个单位的收益。问：甲企业和乙企业应该采取什么策略？

我们画出两个企业合作与不合作的得益矩阵，如表10-3。

表10-3　寡头博弈：合作与不合作

		乙企业	
		合作	不合作
甲企业	合作	5，6	1，5
	不合作	7，1	2，3

先来看甲企业的决策。首先，如果乙企业选择合作，则甲企业最好选择不合作，因为此时甲企业的得益为7，而选择合作的得益只有5。因此，不合作是甲企业此时的最优策略，也叫条件策略。我们在条件策略的得益值7下面画一条横线以示确认。同时，我们把与甲企业的这一条件策略相联系的策略组合，即（不合作，合作）叫作甲企业的条件策略组合。其次，如果乙企业选择不合作，则甲企业最好也选择不合作，因为此时它选择不合作的得益为2，而选择合作的得益只有1。因此，不合作是甲企业的另一个条件策略，我们在这个条件策略的得益值2下面也画一条横线。与这一条件策略相联系的策略组合（不合作，不合作），是甲企业的另一个条件策略组合。

再来看乙企业的决策。如果甲企业选择合作，则乙企业最好也选择合作，因为此时乙企业的得益为6，而选择不合作的得益只有5。因此，合作是乙企业此时的最优策略，也叫条件策略。我们在这个条件策略的得益6下面画一条横线。同时，我们把与乙企业的这一条件策略相联系的策略组合，即（合作，合作）叫作乙企业的条件策略组合。其次，如果甲企业选择不合作，则乙企业最好也选择不合作，因为此时它选择不合作的得益为3，而选择合作的得益只有1。因此，不合作是甲企业的另一个条件策略，我们在这一策略的得益值 3 下面也画一条横线。与这一条件策略相联系的策略组合（不合作，不合作），是乙企业的另一个条件策略组合。

二、纳什均衡的概念

在表 10-3 中，甲企业有两个条件策略和与此相联系的两个条件策略组合，乙企业也有两个条件策略和与此相联系的两个条件策略组合，合起来共有 4 个条件策略和 4 个条件策略组合。条件策略或条件策略组合有一个重要的性质，即它代表了博弈中某个参与人在某个条件下的均衡状态。例如，在甲企业的第一个条件策略组合（不合作，合作）上，甲企业选择不合作是最优的，它没有单独改变策略的倾向；再如，在乙企业的第一个条件策略组合（合作，合作）上，乙企业选择合作是最优的，它也没有单独改变策略的倾向。如果要甲企业和乙企业同时都不再有单独改变策略的倾向，那它们的条件策略组合应当恰好相同。例如在表 10-3 中，只有一个单元格的两个得益值下面都画了横线，即（2，3），表明（不合作，不合作）既是甲企业的条件策略组合，也是乙企业的条件策略组合，故在该策略组合上，甲企业与乙企业终于取得了一致，都没有单独改变策略的倾向。

当两个企业的条件策略组合恰好相同，从而两个企业都不再有单独改变策略的倾向时，整个博弈就达到了均衡。博弈均衡是博弈各方最终选取的策略组合，是博弈的最终结果，也是博弈的解。这种均衡有个专门的名称，叫“纳什均衡”。更加严格一点说，所谓纳什均衡，指的是参与人的这样一种策略组合，在该策略组合上，任何参与人单独改变策略都不会得到好处。或者换个说法，纳什均衡是指这样一种均衡：在这一均衡中，每个参与人都确信，在给定其他参与人策略的情况下，他选择了最优策略以回应对手。

寻找纳什均衡的方法就是划线法，即在得益矩阵的一个单元格中，如果两个得益值下面都划有横线，即这个得益值既是该矩阵中列的最大值，又是行的最大值，则表明这时两个企业都没有单独改变策略的动机，博弈就处于均衡状态。反之，如果一个单元格中只有一个收益值下面划有横线，或者两个收益值下面都没有横线，则说明该策略组合只是一个企业的条件策略组合，而不是两个企业的条件策略组合；或者不是任何一个企业的条件策略组合，那这个博弈就没有处于均衡状态，就不是纳什均衡，表明它还处在博弈的过程当中。

我们再看一个纳什均衡的例子。从前有座山，山里有个圈，圈里有一大一小两头猪。猪圈的一头有一个猪食槽，另一头有一个按钮，只要按一下按钮，就有 8 个单位的猪食进入猪食槽。不管谁去按按钮，不光要自己损失 2 个单位的热量，还会让另一头守在猪食槽边上的猪先吃到食。如果大猪先吃食，可吃 7 个单位，小猪吃

1 个单位；如果小猪先吃食，可吃 4 个单位，大猪吃 4 个单位；如果两头猪同时都去按按钮，大猪吃 5 个单位，小猪吃 3 个单位；如果两头猪都不去按按钮，都吃不上食。问：最后是大猪还是小猪去按了按钮？

这个“智猪博弈”的求解方法是：①画出得益矩阵，将不同情况下每头猪所吃猪食减去它按按钮的成本之后的净收益列出来。例如，当大猪和小猪都去按按钮时，根据前面假定：两头猪同时都去按按钮，大猪 5 个单位，小猪 3 个单位，它们再跑回猪食槽吃食，各损失 2 个单位热量，所以在小猪按按钮、大猪按按钮那个单元格中填的数字是 3，1。其中大猪得益是 3 个单位热量，写在前面；小猪得益是 1 个单位热量，写在逗点后面。依此类推，如表 10-4。②分别从每头猪的角度针对对方的不同策略找出对自己最有利的选择（即最大的数字），并在该数字下画一条横线。例如，针对小猪按按钮的策略，大猪有两种选择：按按钮或等待。按按钮的得益是 3，等待的得益是 7，因为 7>3，所以在 7 下面画一条横线，依此类推。③看哪个单元格里有两条横线，哪个单元格的策略就是对双方都有利的策略，即“纳什均衡”。我们看到在大猪按按钮、小猪等待这个单元格里有两条横线，所以，智猪博弈的纳什均衡是大猪去按按钮，小猪等待。

表 10-4　智猪博弈

		小猪	
		按按钮	等待
大猪	按按钮	3，1	<u>2</u>，<u>4</u>
	等待	<u>7</u>，-1	0，<u>0</u>

智猪博弈模型有什么意义呢？我们可以将大猪换成大企业，小猪换成小企业；或者把大猪换成大股东，小猪换成小股东，它们之间博弈的逻辑却是不变的。这样我们就可以用这个模型来解释为什么大企业做广告、搞研发而小企业不做广告、不搞研发；为什么大股东参与企业决策而小股东不参与。因为只有这样才实现了纳什均衡，才是对它们都有利的选择。

三、纳什均衡的存在性、唯一性、稳定性和最优性问题

（一）纳什均衡的存在性问题

在完全信息的静态博弈中，纳什均衡既可能存在，也可能不存在。表 10-2、表 10-3 和表 10-4 给出的是存在纳什均衡的例子。下面给出一个不存在纳什均衡的例子。

表 10-5 的博弈由于没有任何一个单元格中的得益值下面有两条横线，表明没有任何一个条件策略是被两个企业共同认可的，所以这种博弈会出现一个永不停歇的周期状态。例如，设一开始时，条件策略组合为得益矩阵中左上角的（4，$\underline{6}$）。由于 4 下面没划线，故甲企业改变自己的策略，结果得到左下角的条件策略组合（$\underline{7}$，3）。又由于这个组合中 3 下面没划线，乙要改变自己的策略，结果得到右下角的条件策略组合（2，$\underline{8}$）。再由于这个组合中 2 下面没划线，甲要改变自己的策略，结果得到右上角的（$\underline{9}$，1）组合。最后，由于这个组合中 1 下面没划线，乙要改变自己的策略，结果回到一开始的左上角的条件策略组合（4，$\underline{6}$）。

表 10-5　不存在纳什均衡的博弈

		乙企业	
		C 策略	D 策略
甲企业	A 策略	4，$\underline{6}$	$\underline{9}$，1
	B 策略	$\underline{7}$，3	2，$\underline{8}$

（二）纳什均衡的唯一性问题

在完全信息的静态博弈中，如果纳什均衡存在，则它既可能是唯一的，也可能是不唯一的。表 10-2、表 10-3 和表 10-4 给出的只有一个纳什均衡的例子，下面给出一个存在两个纳什均衡的例子。

有一对情侣正在热恋之中，但只有周末才能相聚。难得的周末又来了，安排什么节目好呢？恰好周末晚上有一场精彩的足球比赛，男的是个超级球迷，他想去看球赛。也正好是这个周末晚上，有一场精彩的芭蕾舞演出，女的从小的愿望就是当芭蕾舞演员，她想去看演出。这时他们就面临一场博弈：是去看球赛还是演出？

我们不妨给这对情侣各种选择的效用赋值：如果两人一起去看足球赛，男的效用为 2 女的为 1；如果一起去看芭蕾舞，女的效用为 2 男的为 1；如果男的去看足球赛，女的去看芭蕾舞，双方虽然都看的是自己喜欢的节目，但因不能和恋人在一起，每个人的效用都被抵消为 0；如果男的去看芭蕾舞女的去看足球赛，既不是去看自己喜欢的节目，又不能和恋人在一起，双方的效用为-1。画出情侣博弈的得益矩阵并给条件策略的得益值下画横线，如表 10-6。

表 10-6　情侣博弈

		女	
		足球赛	芭蕾舞
男	足球赛	$\underline{2}$，$\underline{1}$	0，0
	芭蕾舞	-1，-1	$\underline{1}$，$\underline{2}$

从表 10-6 看，在情侣博弈的得益矩阵中，左上角的单元格和右下角的单元格中都有两条横线，表明无论是两人一块去看足球赛或是看芭蕾舞，都是最佳选择，都实现了纳什均衡。

存在两个纳什均衡的还有如表 10-7 所示的博弈。这里，在左上角和右下角两个单元格相对应的策略组合即（A，C）和（B，D）都是纳什均衡。首先，（A，C）是一个纳什均衡，因为在该策略组合上，甲和乙企业都不会单独改变策略——甲单独改变策略将导致自己的得益从 5 减少为 4，乙单独改变策略将导致自己的得益从 6 减少为 4。其次，（B，D）也是一个纳什均衡，因为在该策略组合上，甲和乙也不会单独改变策略——甲单独改变策略将导致自己的得益从 2 减少为 1，乙单独改变策略将导致自己的得益从 3 减少为 1。除此之外，其他的策略组合即（A，D）和（B，C）都不是纳什均衡。

表 10-7　存在两个纳什均衡的博弈

		乙企业	
		C 策略	D 策略
甲企业	A 策略	5，6	1，4
	B 策略	4，1	2，3

（三）纳什均衡的稳定性问题

所谓纳什均衡的稳定性问题，就是说如果存在纳什均衡，那么从任何一个非均衡的得益组合出发，最终能否调整到均衡的得益矩阵。如果可以，那这个纳什均衡就是稳定的；如果不可以，那这个纳什均衡就是不稳定的。

在完全信息的静态博弈中，如果纳什均衡存在，则它既可能是稳定的，也可能是不稳定的。在表 10-3 和表 10-4 中，从任何一个非均衡的得益组合出发，最终都会调整到均衡的得益组合。所以说这样的纳什均衡是稳定的。在表 10-7 中，从任何一个非均衡的得益策略组合出发，最后都不会调整到均衡的得益组合，所以说这样的纳什均衡是不稳定的。例如，设一开始的得益组合为左下角的非均衡的（4，1），由于两个数字下面都没画线，故两个企业都将改变自己的策略，结果得到右上角的非均衡的得益组合（1，4）。同样，设一开始的得益组合为右上角的非均衡的（1，4），由于两个数字下面都没画线，故两个企业都将改变自己的策略，结果得到左下角的非均衡的得益组合（4，1）。我们说，这样的两个纳什均衡及相应的得益组合（5，6）和（2，3）都是不稳定的。表 10-6 所示的情侣博弈中的两个纳什均衡也都是不稳定的，即两个情侣既可以一起去看足球赛，也可以一起去看芭蕾舞，没有说非要一起去看足球赛或非要一起去看芭蕾舞不可。

（四）纳什均衡的最优性问题

所谓纳什均衡的最优性问题，指的是在完全信息的静态博弈中，如果存在纳什均衡，而且这个纳什均衡相应的得益组合大于其他所有的得益组合，那么这个纳什均衡就是最优的。否则，就不是最优的。

在完全信息的静态博弈中，如果存在纳什均衡，则它既可能是最优的，也可能不是最优的。例如，在表 10-7 中，有两个纳什均衡，即（A，C）和（B，D），因为和第一个纳什均衡（A，C）相对应的得益组合（5，6）大于其他所有得益组合，所以这个纳什均衡是最优的。而第二个纳什均衡（B，D）却不是最优的，因为它相应的得益组合（2，3）小于第一个纳什均衡（A，C）相应的得益组合（5，6）。

四、纳什均衡的意义

纳什均衡的概念在经济思想史上有很深刻的意义。在此之前，经济学上占统治地位的是“斯密信条”，即追求自己利益的理性经济人，在一只“看不见的手”的指引下，最终会促进社会整体福利的改进。也就是说，在自由放任的条件下，个人理性不仅与集体理性不矛盾，而且二者相互促进。但纳什均衡告诉我们世界的另一面，即个人出于自利的目的，并不总是能促进集体的福利的。相反，有可能损坏集体福利，并进而也损坏了个人的福利。这就像“囚徒困境”中的那两个囚徒，仅仅为自己的利益考虑，结果使两个人都陷入了不利的境地。在这种情况下，个人理性显然与集体理性有矛盾，并因为个人理性妨碍了集体理性，反过来导致个人效用的损失。

纳什均衡告诉我们，个人出于自利的目的，并不总是能促进集体的福利。同时，纳什均衡也告诉我们，个人出于公利的目的，也不一定能促进集体的福利，有时甚至会损害集体的福利。我们看下面这个例子。

欧·亨利有一个小说《麦吉的礼物》，说新婚不久的吉姆和德儿十分贫困，除了德儿那一头美丽的金色长发和吉姆那一块祖传的怀表之外，他们便再也没有什么东西值得骄傲的了。但他们相亲相爱，关心对方胜过关心自己，为了对方愿意奉献自己的一切。快过圣诞节了，小两口身无分文，为了让爱人高兴，两个人还是想悄悄准备一份礼物给对方。吉姆想来想去也没什么值钱的东西，就把心爱的怀表卖了，买了一套漂亮的发卡，准备去配德儿那一头金色的长发。德儿想来想去也没什么值钱的东西，就剪掉自己心爱的长发，拿去卖钱，为吉姆的怀表买了表链和表袋。圣诞节那一天，他们开始交换礼物，却无可奈何地发现，自己如此珍视的东西，对方已经出卖了，而这一切都是因为深爱着自己。

如果我们暂时抛开爱情的温馨，单纯从利益的角度来解读，可以用博弈论来分析《麦吉的礼物》。因为小两口一心只谋求对方的幸福，个人选择付出还是不付出，只看对方能否得益，这样他们就有 4 种结果，得益矩阵如表 10-8。

表 10-8　麦吉的礼物

		德儿	
		付出	不付出
吉姆	付出	1，1	3，0
	不付出	0，3	2，2

不难看出，这个博弈的纳什均衡是（付出，付出），即双方都付出。然而这并不是对大家都有利的结果。事实上，双方都选择不付出，明显优于双方都付出的选择。也就是说，这个纳什均衡并不是最优的。从这个意义上说，这一对深具爱心、一心只求对方高兴的小两口，与囚徒困境中的两个为自己精于算计的囚徒一样，都做出了最符合个体理性的选择。他们遇到的问题完全是同构的：最符合个体理性的行为，却不符合整体理性。可见，无论是情侣还是罪犯，无论是利己还是利人，都有可能陷入囚徒困境而难以自拔。

这个案例具有典型意义。我们的很多父母为了爱孩子，强迫孩子上这个兴趣班那个兴趣班；孩子为了爱父母，违心地学习自己不喜欢的东西。结果，孩子的个性和自主选择的权利设有了，学习兴趣也被扼杀了。我们的很多地方政府为了爱护国有企业，给予各种优惠，并理所当然地干预其经营；企业为了让政府满意，违心地上一些自己本不愿上的项目。结果，企业迷失了市场，被市场所淘汰，成为“僵尸企业”。而政府也背上了沉重的包袱。所以，家长和政府都应避免以“为了你好”的名义而过多地干预孩子和企业的成长；孩子和企业也应避免为了让父母和政府满意，干一些自己本不愿干的事情。应避免成为新版的德儿和吉姆，陷入“囚徒困境”而不自知，不自拔。

第三节　完全信息动态博弈

前面我们主要讨论的是完全信息静态博弈，这一节我们讨论完全信息动态博弈。由于完全信息动态博弈的参与人的决策有先有后，所以用得益矩阵就不太方便了，我们用博弈树来帮助我们决策。下面先看一个例子。

一、竞争者–垄断者博弈

考虑一个既有的垄断者和一个潜在的竞争者之间的博弈。在该博弈中，竞争者先决策：他要决定是进入还是不进入由垄断者独霸的市场；垄断者后决策，他要根据竞争者的行动决定是对其“容忍”（如维持原来的垄断价格，不对竞争者进行任何威胁）还是“抵抗”（如为防止竞争者可能的进入而事先实施降价威胁）。因此，该博弈总共有 4 个策略组合，即（进入，容忍）、（进入，抵抗）、（不进入，容忍）、（不进入，抵抗）。在每一个策略组合中，前面的是先行者即竞争者的策略，后面的是后行者的策略。每一个策略组合都将导致两个参与人的得益。

二、博弈树

根据前面假定，我们可以画出如图 10–1 所示的博弈树。

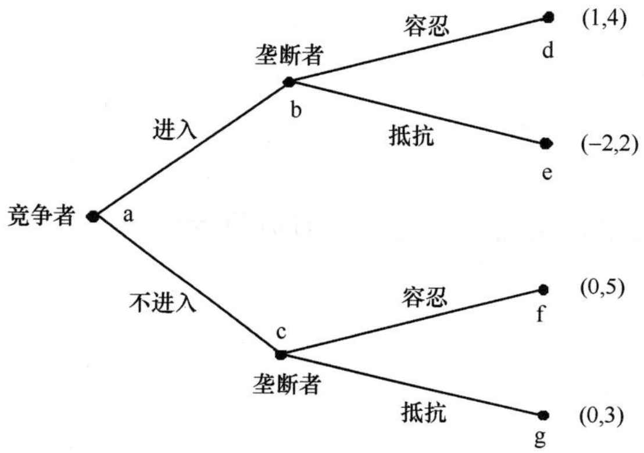

图 10–1　博弈树

博弈树模型又称为扩展式博弈模型，以博弈树来描述的完全信息动态博弈又叫作扩展型博弈。在图 10–1 中，博弈树由一些点和线段以及标在这些点和线段旁边的文字和数字组成，自左向右伸展。点包括“起点”（如 a）、“中间点”（如 b、c）和“终点”（如 d、e、f、g）；点与点之间由线段连接，点和线段旁边的文字和数字则进一步说明了它们各自的具体含义。

博弈树很直观地说明了竞争者有进入和不进入的两种策略选择，而垄断者随之也有容忍和抵抗两种策略选择，最后到达终点，即博弈结束的地方。每个终点旁边有用括号标出逗号分开的两个数字，它表示一个策略组合及其相应的得益值。第一个数字是先行者的得益，第二个数字是后行者的得益。例如，终点 d 旁边括号里的数字（1，4）表示，在竞争者进入、垄断者容忍的情况下，竞争者的得益为 1，垄断者的得益为 4。

三、博弈树的纳什均衡

在图 10-1 表示的竞争者-垄断者博弈中，哪些策略组合是纳什均衡呢？容易看到，终点 d 所代表的策略组合（进入，容忍）是一个纳什均衡。在这个策略组合上，没有哪个参与者愿意单独改变自己的策略。为什么呢？首先，垄断者不会单独改变自己的策略。如果他单独改变，即将原来的容忍改为抵抗，则策略组合变为终点 e 所代表的策略组合（进入，抵抗），得益组合也变为（-2，2）。这样，他的得益就会由 4 降为 2。其次，竞争者也不会单独改变自己的策略。如果他单独改变策略，即将原来的进入改为不进入，则策略组合就成为终点 f 所代表的策略组合（不进入，容忍），从而使得益组合成为（0，5）。这意味着竞争者的得益将从 1 下降为 0。

在图 10-1 中，除了终点 d 所代表的策略组合（进入，容忍）是纳什均衡以外，其余的策略组合都不是纳什均衡。首先，终点 e 代表的策略组合不是纳什均衡。这是因为此时垄断者会单独改变自己的策略，以使得益从 2 提高到 4；竞争者也会单独改变自己的策略，以使得益从-2 提高到 0。其次，终点 f 所代表的策略组合（不进入，容忍）也不是纳什均衡。因为，此时竞争者会单独改变自己的策略，以使得益从 0 提高到 1。最后，终点 g 所代表的策略组合（不进入，抵抗）也不是纳什均衡，因为此时垄断者会单独改变自己的策略，以使得益从 3 提高到 5。

四、博弈树与决策树的比较

我们将图 10-1 的博弈树和第八章中图 8-4 的决策树加以比较，发现经济学里的博弈树同管理学里的决策树有几分相像：①它们都是帮助企业经营者进行决策的工具；②它们都有“树”一样的形状，从左向右扩展；③它们不同的“枝”都代表了不同的策略，最后的数字都代表了不同策略下的得益。

仔细观察，博弈树和决策树也有一些不同的地方：①博弈树反映的是不同企业的不同策略之间的关系；而决策树反映的是同一个企业的不同策略之间的关系；②博弈树反映了不同企业选择不同策略的先后顺序；决策树反映了同一个企业不同自然状态出现的概率；③博弈树的解是纳什均衡，是博弈双方的一个策略组合；而决策树的解是期望收益，是一个企业具有最大期望收益的策略。

第四节　企业博弈与决策

企业之间的博弈对企业的决策影响很大，所以学好博弈论对优化企业决策很有帮助。如果说企业管理学是一本适合科室主管和车间主任读的教科书，那么微观经济学则是一部适合总经理和厂长读的教科书。下面我们用一些企业之间博弈的例子来说明这个问题。

一、关于市场进入的决策

我们先看这个例子。某市场上已有一家垄断企业，它丰厚的垄断利润让另一家企业眼红，也想进入这个市场。我们把前者称为在位者，后者称为进入者。在这个博弈中，在位者有两种选择：一是默许；二是反对。进入者也有两种选择：一是进入；二是不进入。假设进入之前的垄断利润为 300，进入后完全垄断市场变成了寡头垄断市场，寡头利润一共为 100，各得 50。还假设进入成本为 10，进入者进入了，在位者继续反对，双方斗争的结果是谁的利润都为零。问：它们会如何决策？

首先画出各种策略组合的得益矩阵，如表 10-9。从表 10-9 中可知，这个博弈有两个纳什均衡：一个是进入者进入，在位者默许；另一个是进入者不进入，在位者反对。既然进入者进入、在位者默许是纳什均衡，那么，进入者最好是进入，而在位者最好是默许。因为进入者不进入的得益为 0，而进入者进入了，在位者反对的得益也是 0。

表 10-9　市场进入博弈

		在位者	
		默许	反对
进入者	进入	<u>40</u>，<u>50</u>	-10，0
	不进入	0，<u>300</u>	<u>0</u>，<u>300</u>

二、关于价格的决策

假设上例中进入者已进入，垄断市场变成了双寡头市场。如果两个企业都定高价，双方会赚得比定价低时更多。但是他们都不敢定高价，因为如果企业 1 定高价，而企业 2 定了低价，顾客就会被企业 2 吸引走，企业 1 就会亏损。他们也不敢私下协议定高价，因为这违反了反垄断法。这种状态类似于“囚徒困境”，不过

"囚徒困境"是静态的，而大多数的寡头定价是动态的，不断重复的。要是此例中的博弈是一次次重复进行的，那么企业 1 和企业 2 又会怎样？表 10-10 给出了两个企业的得益矩阵。

表 10-10　两个企业的"囚徒困境"

		企业 2	
		低价	高价
企业 1	低价	20，20	200，-100
	高价	-100，200	100，100

不难看出，这个得益矩阵的纳什均衡为（低价，低价），即两个企业都采用低价策略，价格战由此而生。有人用计算机对各种博弈策略进行模拟，发现在重复博弈的情况下，最好的策略是一种很简单的方式，即"一报还一报"，或称"以牙还牙"。即只要双方继续"合作"并一直保持下去，那就相安无事；一旦一方降价，另一方也马上降价，价格战便会爆发。由于该博弈可以是无限重复的，所以首先降价的一方的累计损失必然会超过第一次降价时所获得的短期利润。所以，打价格战不是一种理性行为。

该博弈的结果有很多可验证的实际例子。比如以色列和巴勒斯坦之间旷日持久的冲突，中间也签订过不少停战协议，终因一些极端分子的恐怖活动而成为一张张废纸。以色列"以牙还牙"的报复，又引起巴勒斯坦更激烈的反抗。这样几十年过去了，受害最深的恐怕不是以色列，而是巴勒斯坦的老百姓。要想结束这场灾难，还有待于各民族的更加成熟和理性化，有待于消灭恐怖主义。

三、关于广告的决策

设在某个市场上只有 A、B 两个企业，每个企业都面临做广告和不做广告两种选择。如果两个企业都不做广告，则因为节省了广告开支，他们都可以得到较高的利润 10；如果两个企业都做广告，则只能得到较低的利润 7；如果一个企业做广告而另一个企业不做广告，则做广告的企业可以得到较高的利润 12，不做广告的企业只能得到较低的利润 5 如表 10-11。

表 10-11　企业广告的博弈

		B 企业	
		做广告	不做广告
A 企业	做广告	7，7	12，5
	不做广告	5，12	10，10

可以看到，在这个广告博弈中，有且只有一个纳什均衡（做广告，做广告），即两个企业都做广告。但由于（7，7）劣于（10，10），所以对这两个企业来说，都做广告不是最优的。但是，纳什均衡（做广告，做广告）是稳定的。例如，设一开始的策略组合为（做广告，不做广告），得益组合为右上角的（12，5）。由于该组合中 5 下面没有划线，故 B 企业会改变自己的策略，即从原来的不做广告改为做广告，从而回到两个企业都做广告的纳什均衡。

在表 10-11 中，两个企业也存在合作不稳定的问题：如果他们都不做广告，则得益组合为（10，10），优于都做广告的得益组合（7，7）。这意味着他们有可能通过勾通达成都不做广告的协议。即使这样，这个协议也很容易被他们自己破坏。例如，假定两个企业达成了都不做广告的协议，策略组合为（不做广告，不做广告），从而得益矩阵为右下角的（10，10）。但由于该组合中两个数字下都没画线，故两个企业都会改变自己的策略，即从原来的都不做广告改为都做广告，从而最终还是回到纳什均衡。

四、威胁与可置信度决策

《史记》中有一个破釜沉舟的故事，讲的是一次项羽和刘邦决战，项羽领兵渡河以后把船沉了，把锅也砸了，只带了三天的口粮就去迎敌。问：项羽为什么不给自己留一条后路呢？项羽破釜沉舟的行为实际上是一种“承诺行动”，即当事人使自己的威胁策略变成可置信的行动。项羽有决一死战的决心，他的士兵是不是也和他一样呢？这很难说。为了使这些人和他一样奋不顾身血战到底，项羽的破釜沉舟行为就起了作用。这个例子告诉我们，一种威胁在什么时候才是可置信的？只有在当事人若不施行这种威胁就会遭受更大损失的时候。

有一家汽车公司，专门生产汽车。还有一家发动机公司，专门生产汽车用发动机。发动机公司的大多数产品都卖给汽车公司，只有少量产品出口。所以，发动机公司依赖汽车公司，其生产计划主要是根据汽车公司的生产计划做出的。汽车公司既生产小汽车，也生产大汽车。相应地，发动机公司既生产小发动机，也生产大发动机。表 10-12 给出了两个公司不同产品的得益矩阵，单位是万元。

表 10-12 两个公司的得益矩阵

单位：万元

		汽车公司	
		小汽车	大汽车
发动机公司	小发动机	3 000，6 000	3 000，0
	大发动机	1 000，1 000	8 000，3 000

从表 10-12 中可以看出，汽车公司生产小汽车比较有利，而发动机公司生产大发动机比较有利。如果汽车公司只生产小汽车，发动机公司可就只能生产小发动机，那么汽车公司可赚 6 000 万元，发动机公司只能赚 3 000 万元。而如果发动机公司只生产大发动机，汽车公司就只好生产大汽车，那么发动机公司可赚 8 000 万元，汽车公司只能赚 3 000 万元。于是，到底生产什么呢？两个公司之间就有一场博弈。

假设发动机公司威胁说，不论汽车公司生产什么，它都只生产大发动机。那么，如果汽车公司相信了这种威胁，它就会只生产大汽车。因为如果生产小汽车，将难以找到小发动机的供应商。那样它就只能获利 1 000 万元，而不是生产大汽车的 3 000 万元。但是汽车公司不相信这种威胁，认为一旦汽车公司宣布它将只生产小汽车，发动机公司就不再会有实施它威胁的动因。发动机公司怎样才能使汽车公司相信它的威胁呢？

这时发动机公司可以通过看得见和不可逆地降低矩阵中的某些得益，使威胁变得可信。它甚至可以通过毁掉部分小发动机的生产能力来证明，发动机公司是说到做到的。表 10-13 就是发动机公司修改后的两个公司的得益矩阵。

表 10-13　发动机公司修改后的得益矩阵　　单位：万元

		汽车公司	
		小汽车	大汽车
发动机公司	小发动机	0，1 000	0，0
	大发动机	1 000，1 000	8 000，3 000

现在汽车公司相信，不管它生产什么汽车，发动机公司只生产大发动机。所以在这种情况下，汽车公司只好生产大汽车。因为如果该汽车公司生产小汽车，发动机公司将把它的大发动机卖给其他汽车公司。虽然只能获利 1 000 万元，但总比生产小发动机完全没有利润要好。否则汽车公司必须另外寻找小发动机供应商，其利润因此降低了，仅为 1 000 万元。

通过以上分析，我们可以看到，生产大汽车符合汽车公司利益。发动机公司似乎通过破釜沉舟、背水一战的策略，使自己的威胁具有可置信度，使博弈结果变得对自己更为有利。

第十一章　企业机遇和风险

在企业决策过程中常常要考虑企业的机遇和风险问题。企业风险与机遇常常是并存的，机遇中有风险，风险中蕴含着机遇。在这方面管理学的研究和经济学的研究各有长处，可以相互补充，取长补短。

第一节　企业机遇

《三国演义》第四十九回说，孔明索纸笔，屏退左右，密书十六字曰："欲破曹公，须用火攻，万事俱备，只欠东风。"意思是一切准备工作都做好了，只差最后一个重要条件。这个重要条件就是机遇。

一、企业机遇的概念

机遇是指在市场经济条件下，企业在经济活动过程中所遇到的有利于实现企业目标的各种因素的总和。机遇是企业最宝贵的稀缺资源，是企业赖以做出正确决策的条件，对企业的生存和发展起着重要的作用。

机遇具有以下特性。

第一是有利性。机遇与企业目标有着内在的联系，是企业在经营活动中形成的有利于实现企业目标的无形资源。对企业没有利益，不叫机遇而是陷阱。

第二是普遍性。企业经营活动中充满机遇，就看你能不能捕捉到。机遇"一视同仁"，对每一个企业经营者都具有均等的认识和利用的可能性。

第三是偶然性。机遇的发现和利用没有固定的模式，都是一种"意外"。机遇与所处环境有关，环境的变化性决定了机遇的产生存在很大的不确定性。机遇是以偶然形式出现在企业经营活动过程之中，并不是每个人、每个企业都能看得到并抓得住的。

第四是时效性。机遇是一种有利于企业经营发展的时机。时机本意是指一事物转化为他事物的关键瞬间，是在短时间内形成的，机不可失，失不再来。

第五是与风险的并存性。一个探险者在沙漠上行走，嘴唇干裂，只剩下一壶水。他在断墙后发现一口压力井，高兴极了，跑过去压水，却压不出水来。他看到断墙上写着一句话："只有先倒进一壶水，才能压出水来！"他该怎么办？这时候既存在机遇又存在风险：他如果将这壶水倒入压力井能压出水来，走出沙漠就不成问题了，这就是机遇；但如果将这壶水倒入压力井却压不出水来，他就面临被渴死的危险，这就是风险。

二、机遇的类型

（1）按照方向来划分，机遇可分为同向机遇、类向机遇、异向机遇、背向机遇4类，如图11-1所示。同向机遇是指这类机遇与企业目标是一致的，发现和利用机遇，有利于企业目标的实现。类向机遇是指这类机遇与企业目标大体一致但有一定的偏差，利用机遇时需要进行很好的控制与调整。异向机遇是这类机遇与企业目标并不相关联，但也并不完全悖逆。背向机遇是指机遇的产生在经营者预想的范围之内，但结果却与原先预想的相反。

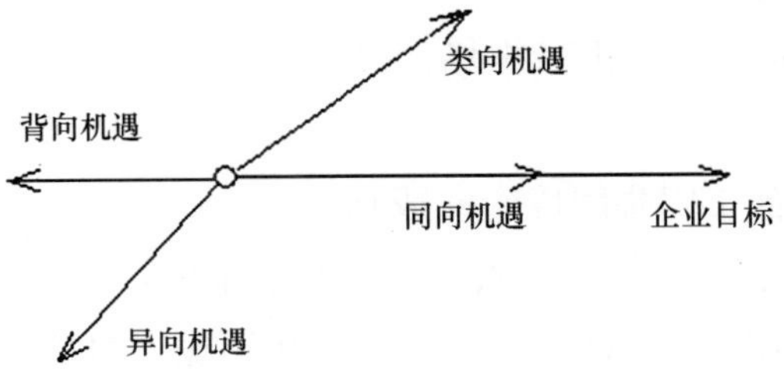

图11-1　方向不同的机遇

（2）按照认识方法来划分，机遇可分为经验型机遇与逻辑型机遇两类。经验型机遇是指企业经营者主要采用经验方法来认识和发现的机遇，这些经验方法如观察法、实验法、现场调查法等。逻辑型机遇是指经营者主要采用逻辑方法，如类比法、归纳法、演绎法等来认识和发现的机遇。

（3）按照经营者与机遇的关系来划分，机遇可分为职业型机遇和非职业型机遇。职业型机遇指专门从事某项经营业务的经营者和研究者，在他们所从事的经营范围内发现和利用的机遇。非职业型机遇指非职业经营者发现和利用的机遇，或者是职业经营者发现的另一职业范围内的机遇。

三、机遇的作用

（1）机遇是现代企业经营管理中的无形稀有资源，具有放大和倍增效应。

任何企业进行经营活动，必须拥有各种资源，作为经营活动的投入。如有形物质资源，包括原材料、设备、厂房、土地、人力等；无形智力资源，包括生产工艺、技术储备、生产技能、管理经验、经营知识、发展机遇等。这两种类型的资源有机结合，同时投入到经营活动中，企业才有可能开始经营活动。机遇是无形资源中的稀有资源，是一种更重要的资源。在企业经营活动中，机遇资源的投入，能放大其他资源配置的功能，产生培增效应，促使企业经营快速成功。

（2）机遇是企业新产品开发的金钥匙。

衡量一个企业经营是否成功，一个很关键的指标就是新产品开发。可以说，新产品开发是现代企业永恒的主题。机遇对新产品开发的作用突出表现在：机遇有助于打开新产品开发的突破口。每个企业都想不断开发新产品，但究竟从哪里突破方能一举成功，这可是企业经营者苦苦思索的问题。而一旦发现和捕捉住经营机会，就会突然点燃经营者开发新产品的思想火花，使人茅塞顿开，迅速找到突破口。

（3）机遇有助于企业产品迅速占领市场，提高市场占有率。

一个企业要想取得成功，一个很关键的因素是迅速占领市场，提高市场占有率。许多企业的经营者深知这个道理，花很大工夫来占领市场，扩大市场份额，甚至为此耗费大量的人力物力。但是，一个企业在经营过程中如果发现和捕捉到机遇，就有可能在很短时间迅速占领市场，以惊人的速度提高市场占有率，获得事半功倍的效果。

（4）机遇有利于企业摆脱困境走向成功。

不可否认，企业处于顺境时一顺百顺，良性循环，挡都挡不住。一旦处于逆境，矛盾丛生，人心涣散，困难重重，甚至一蹶不振。身陷困境的企业自然少不了利用各种资源自救，但要想打好翻身仗，与发现和抓住机遇分不开。有时之所以身陷困境，是因为条件不够，万事俱备，只欠东风。机遇一来，东风就来了，条件都具备了，冏境就可以迅速扭转。

广东某家用电器公司，因外贸受阻，公司有 12 万只电饭煲全部积压在仓库里，公司陷入绝境。正在这时，公司听到一个消息：为了保护森林植被，湖南省有关部门在平江县召开“以电代柴”会议。经过进一步了解，发现中央决定在全国 100 个县实行“以电代柴”试点。这一消息给这家濒临倒闭的企业带来机遇，市场不仅需要电饭煲，还需要电饭锅、白水壶、暖风机等，而这些都是企业能够很快大批量生产的。于是，企业立即开足马力生产这些家用电器，并加大了在农村的销售力度，很快就扭亏为赢、走出了困境。

第二节　企业机遇价值链

一、机遇价值链的概念

美国管理大师德鲁克指出：“成功的企业家不是坐等灵感的降临，寻求突然的灵机一动”，而是要“系统地分析创新机遇”并“有组织地加以运用”，使其成为“日常工作的一部分”。[①] 美国学者迈克·波特首先提出价值链的观念，并将其解释为“一连串互动式的工作”。机遇价值链管理就是企业把机遇作为一种稀缺资源，把寻机、乘机和创机作为一个有机整体，促进其优化升级，最大限度地提高机遇的收益值。机遇价值链如图 11-2，它像一个台阶，寻机、乘机和创机互相衔接，收益值一个比一个高。

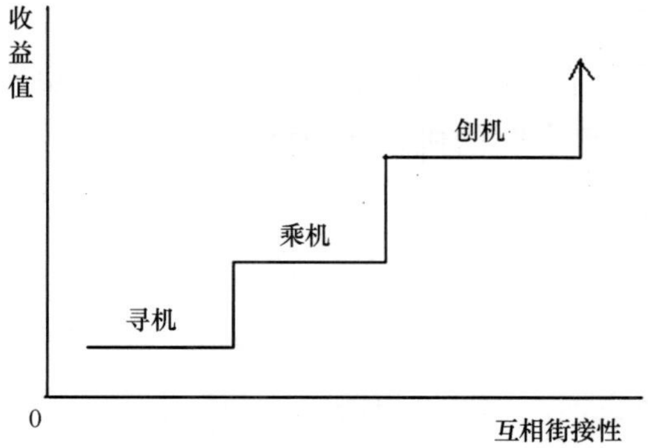

图 11-2 企业机遇价值链

二、寻机

寻机就是寻找机遇。机遇虽然具有普遍性，但如果不去主动寻找，很多机遇就会失之交臂。有人说机遇可遇不可求，这就不对了。机遇的出现有它一定的规律性，抓住这个规律性，机遇也是可求的。机遇的最大价值就是实现企业内部条件与外部环境的最佳衔接。加强寻机管理，是当今企业资源管理与配置的重点从有形资源（人、财、物）向无形资源（时间、信息、知识）转移的大趋势的需要。

寻找机遇的基本方法有以下 4 种。

（1）打破常规，标新立异。

这种寻找机遇的方法是指不能按照那些僵化的思维方式和行为规范办事，而要敢于标新立异，以超越常规的方式去捕捉机遇。机遇常常是在人们意想不到的地方、意想不到的时间出现，如果仍然按照传统的思维方式和行为规范去寻找，当然很难找到机遇。

（2）独具慧眼，思维敏捷。

所谓独具慧眼，就是要有很强的洞察力，能够在复杂多变的环境中一下子就发现机遇。所谓思维敏捷，就是反应要快，因为机遇稍纵即逝，反应迟钝的话它就会

① 参见德鲁克：《变革时代的管理原则与实践》，北京：工人出版社，1989 年，第 39 页。

跑掉了。

（3）善于观察，处处留心。

很多机遇都是通过细微的变化显现出来的，所以做事不能马虎，要注意细节。尽管很多细节不能反映实质性的内容，纠缠于细节会浪费很多精力，但不善于观察，不处处留心，就会使那些能反映实质内容的细节被忽略，从而失去机遇。

（4）出其不意，捷足先登。

市场竞争是很激烈的，大家都在寻找机遇，如果抓不住时机，让别人把机遇抢去了，后悔也晚了。深圳某绒布玩具厂积压了大量的百脚虫玩具，他们利用计算机在 21 世纪之初防范“千年虫”的机遇，巧妙地把“百脚虫”改为“千年虫”，该玩具很快就由滞销变为畅销。

三、乘机

乘机往往被当作贬义词使用，这里的“乘机”就是利用机遇的意思。抓住了机遇，如果不有效地利用它，那也等于白搭。乘机的方法主要有如下 3 种。

（1）多级利用。

一个大的企业往往是多层次的、多元化的，抓住机遇以后不是一级利用，而是各层次、各部门都利用，充分发挥机遇的价值。企业经营中对机遇一般分为三级利用：一是企业最高层的利用，这是最重要的利用，高层不重视，底层再着急也没用；二是业务主管的利用；三是具体经营人员的利用。各级人员的积极性都调动起来，机遇才能得到充分的利用。

（2）优化利用。

因为企业的资源是有限的，所以好钢要用在刀刃上。对机遇的利用应该提出多种方案，进行可行性分析与比较，从中选择一个能有效利用机遇的最佳方案。企业决策时，努力把决策内容与决策优化分析方法结合起来，并把机遇利用的成效作为评价决策的重要标准。

（3）整合利用。

这是指多部门、多方面经营对某种机遇的共同利用。在经营活动中，有的机遇功能多，作用范围大，适用范围广，只有联合利用才能更充分地发挥机遇的作用。有的机遇不适合本企业，可以跨行业利用，进行多元化经营。

四、创机

所谓创机就是创造机遇，即经营者在企业经营活动中通过人为的主观因素作用于形成机遇的各种客观因素，产生有利于成功经营的契机。创机是机遇价值链中的最高级形式。现代企业经营管理中，经营者必须发挥内在的主动性，营造有利于企业发展的各种有利条件，有组织地加以利用来创造各种机遇，才能使企业经营获得成功。

创机的方法是这样的：

（1）系统地分析创新机遇。

著名管理学家德鲁克把创机的来源归于以下7种情况：①产业与市场结构的变化，潜伏着巨大的机遇；②人口的变化，蕴涵着巨大的商机；③观念的改变，给知识咨询产业带来新的机遇；④意想不到的事情，如海尔冰箱出现的质量事故使海尔集团看到了机遇；⑤不协调现象，如装货、卸货的不协调引发了集装箱运输的机遇；⑥经营过程中出现的问题，如超市补货、库存中的问题引发了超市配货中心的机遇；⑦新知识的产生，如纳米技术的兴起促成了纳米材料新机遇。这7种机遇来源像一栋建筑物的7个窗口，每一个窗口看到的部分景色均能从另一个窗口看到，但每一个窗口看到的景色又是不同的。

（2）有组织地利用各种机遇。

它包括利用国家政策的机遇，利用科技新成果的机遇，借助国家重大政治活动的机遇；借助新闻传媒的机遇等。例如，2008年北京奥运会是我国近些年的重大事件，国家要对北京市的基础设施投入1 800亿元人民币，这显然是个巨大的机遇。

第三节　企业风险

一、管理学对风险的研究

“风险”一词最早出自古希腊语“risa”，意为危岩和悬崖。后演变为拉丁语“risicare”和意大利语“rasco”，指航行于悬崖危岩之间。16世纪以后传至英国成为“risk”，意指航行于绝崖峭壁的行为具有危险性。1895年美国学者最早给风险下了定义，提出风险是损失发生的可能性。在此基础上，人们又提出一些定义，但都大同小异，主要认为风险是指在采取某种行动之前，人们能预先知道的所有可能的后果及各种后果出现的可能性。如果用概率论来描述，风险就是指结果的概率分布特征。

概率是指一个事件可能发生的机会。例如，一个厂商的降价行为有60%的机会使其利润增加100万元，有40%的机会使其利润减少50万元。如果把所有这些可能的事件或结果都列示出来，并表明每一事件发生的概率，便构成了概率分布。当然，每一事件的概率必须定位于0到1之间，且所有独立事件的概率之和应等于1。

对随机变量的各种可能结果平均趋势的度量叫作期望值，它是概率分布中各种可能结果与其对应概率的乘积之和，也即加权平均值。如果各种可能结果的数值为 X_i，其对应的概率为 P_i（$i=1, 2, \cdots, n$），期望值为 $E(x)$，则：

$$E(x) = \sum_{i=1}^{n} P_i X_i \tag{11-1}$$

风险就出在随机变量的各种可能结果与期望值的偏离上，与期望值的偏离程度越大，风险就越大；偏离程度越小，风险就越小。方差是对随机变量各种可能结果相对于期望值的偏离程度的度量，计算公式为：

$$Q^2(x) = \sum_{i=1}^{n} P_i\ [X_i - E(x)]^2 \tag{11-2}$$

在实际应用上，为简便起见，人们通常用方差的平方根，即标准差 $Q(x)$ 来衡量各种可能结果相对于期望值分布的宽窄情况，说明两者的差异。显然，$Q(x)$ 越大，则最终决策结果与期望值的偏离程度也可能越大，风险就越大。

这里用“可能”一词而不是肯定的语气，是因为标准差或方差作为用绝对值、而不是用相对值来衡量风险的指标，在某些场合是不适宜的。因此在比较期望值不同的方案的风险程度时，标准差大但期望值也大的方案不一定比标准差小，但期望值也小的方案的风险程度大。为此，引入标准差率指标来评价风险大小。所谓标准差率，又称变异系数，是标准差与期望值的比值，其作用在于用相对数来表示离散程度即风险的大小。若用 CV 表示标准差率，则其计算公式为：

$$CV = Q(x)/E(x) \tag{11-3}$$

例如，假定某电饭锅生产企业考虑将其产品每件提价 10 元。该方案最终能否给企业带来更大的利益取决于广告宣传能否成功。据估计，产品宣传成功与失败的概率均为 50%，且如果成功能使企业利润增加 80 万元，如果失败将使企业利润下降 50 万元。根据式（11-1）、式（11-2）和式（11-3），可以分别算出提价方案使利润增加的期望值、方差、标准差和标准离差率为：

$E(x) = 80 \times 50\% + (-50) \times 50\% = 15$（万元）

$Q^2(x) = (80-15)^2 \times 50\% + (-50-15)^2 \times 50\% = 4225$

$Q(x) = \sqrt{4225} = 65$（万元）

$CV = 65/15 = 4.33$

这说明，给电饭锅提价的方案，增加利润的期望值为 15 万元，当然，如果不提价增加的利润为零。但是，不能据此就决定是否提价还是不提价，还要考虑风险因素，即参数 $Q^2(x)$、$Q(x)$ 和 CV 的数值。这里 $Q^2(x) = 4225$，$Q(x) = 65$ 万元，$CV = 4.33$，究竟表示风险是大还是小？由于不同的决策者对风险的态度不同，所以很难有一个统一的标准。问题的解决有求于经济学的帮助。

二、经济学对风险的研究

经济学认为，风险既是一种客观存在，也是一种主观体验。例如，对一个有经验的船长，在一个他经常来往的航道上驾船行驶，即使两边是悬崖危岩，中间是激流漩涡，他也感觉不到有什么风险；而对于一个没有经验的人，别说让他驾船行驶，就是让他看一眼那情景，也会胆战心惊。有人做过这样一个试验：领几个蒙着眼睛的被试者通过一个小桥，他们很顺利就过去了；但过了桥取掉他们蒙眼睛的黑布，让他们再从桥上回去，他们就无论如何也不敢踏上这高悬在半空中的小桥半步。人们对风险的态度也不一样，有人喜欢冒险，认为只有高风险才会有高收益，“舍不得孩子套不着狼”；也有人害怕风险，喜欢平平稳稳过日子，宁愿少赚钱也不可冒风险。有鉴于此，经济学家引入效用这一概念来量化决策者对风险的态度，并利用效用函数来表示决策者对风险的偏好，以对决策结果进行分析。

所谓效用，是指消费者从商品消费中所获得的满足，是消费者对商品主观上的偏好的评价。效用是人们的一种心理活动现象，而不是商品本身存在的有用性。因此，效用和有用性或商品的使用价值具有不同的含义。前者是主观的、内在的，后者是客观的、外在的。一个商品如果能使消费者获得满足和愉快，这个商品就具有效用；满足程度越大，效用就越大。一个商品如果不能使消费者获得满足，甚至产生厌恶，这个商品就没有效用，或具有负效用。

如果我们把风险当作商品，那它就有了效用：或者是正效用，或者是负效用。所谓风险厌恶，就是对一些人来说，风险具有负效用。由于风险的存在，他们宁愿接受某一确定的收益，而不愿接受不确定的更大的收益。所谓风险偏好，就是对有些人来说风险具有正效用。由于风险的存在，限制了另一些人的加入，使他们获得可能有更大收益的机会。但当期望收益一定时，一般人们总是喜欢风险小的方案。

要确定每种可能的结果对于决策者的效用，必须测定决策者对一系列表明其风险偏好的问题所做出的反应。一般可按以下方法进行。

第一步，任意规定两种货币价值的效用，并满足较好结果的效用高于较坏结果的效用。设 $U(x)$ 表示金额 X 的效用值，由于 $U(x)$ 是在相互比较的意义上存在的，是相对的概念，因此，只要任意选择 $U(x)$ 的两个数值，并使较好结果的效用比较坏结果的效用高，分析的最终结果就不会受到影响。也就是说，分析的最终结果并不取决于所选择的 $U(x)$ 的绝对数值。例如，在电饭锅提价的例子中，可以规定 $U(80)$ 为 10，$U(-50)$ 为 0。

第二步，让决策者在两个方案中进行选择：其一，肯定地得到一笔金额 X_2；其二，参加一场赌博，赌博的结果有两种——以概率 P 为得到第一步的较好结果 X_1

和以概率 1- P 得到第一步的较坏结果 X_3。显然，$X_1 > X_2 > X_3$。于是询问决策者在不同的 P 值下的选择，一直找到他认为两个方案完全等价时所对应的 P 值。由此出发，可以按下式计算得到 X_2 的效用 U（X_2）：

$$U(X_2) = P \times U(X_1) + (1-P) \times U(X_3) \tag{11-4}$$

仍举上例，如果决策者认为利润增加肯定为 0 的方案等价于以 35%的概率增加利润 80 万元，以 65%的概率减少利润 50 万元的方案，根据上式可得到：

$$U(0) = 35\% \times U(80) + 65\% \times U(-50) = 35\% \times 10 + 65\% \times 0 = 3.5$$

即利润增加为 0 的效用是 3.5 个单位。类似地，可以获得利润肯定下降 30 万元、增加 10 万元、20 万元……许多结果的效用，从而反映出决策者的效用与其货币收益或损失之间的数量关系。这实际上构成了决策者的效用函数。

早在 1953 年，纽曼和摩根斯就已证明，一个理智的决策者将根据期望效用原则进行决策，即期望效用值越大的方案，对决策者越有利。因此，决策者应优先选择具有最大期望效用的方案，即电饭锅提价一例，如果不提价，期望效用为 $U(O)$，即 3.5；如果提价，期望效用为

$$50\% \times U(80) + 50\% \times U(-50) = 50\% \times 10 + 50\% \times 0 = 5$$

根据期望效用极大化的行为目标，应选择提价方案。

三、不同风险的效用函数

风险与效用有关，效用的大小与货币收益的大小有关，还与决策者的偏好有关，这些影响效用的因素就构成了效用函数。一般可将效用函数分为三类，如图 11-3。横轴 OX 表示货币收益，纵轴 OU 表示效用，A、B、C 是 3 条不同的效用曲线。对效用曲线 A 来说，起初随着收益的增加曲线上升比较快，但到了一定程度，上升的速度就减慢了。这表明采用这种效用函数的人，最初是个风险偏好者，即当面临风险大收益也大和风险小收益也小的两种选择时，倾向于风险大收益也大的选择；但到后来就逐渐变成风险厌恶者，越来越怕风险，不求有功，但求无过；宁肯少赚钱，也不愿冒风险。

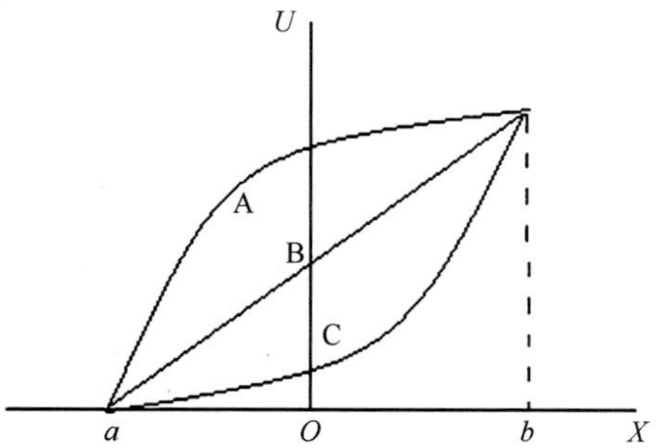

图 11-3 效用函数的类型

对效用曲线 C 来说，起初它随收益的增加上升比较慢，但到了一定程度后上升速度逐渐加快。这表明采用这种效用函数的人最初是风险厌恶者，对收益的增加反应迟钝，喜欢过平稳的日子，在面临风险大收益也大和风险小收益也小的两种选择时，宁愿选择后者。但到后来，随着收益的增加，他们变成了风险偏好者，越来越富有冒险精神，一心想着胜利，很少考虑失败。因此，成功了则业绩辉煌，失败了则后果惨重。

对效用曲线 B 而言，其效用随收益的增加而增加，但边际效用不变。也就是说，无论是起初还是最后，每增加一个单位收益所对应的是不变的效用增量。这种人属于风险中立型，不论风险多大，总是按期望收益最大化原则进行决策。容易证明，对这种决策者而言，如果效用函数是

$$U = a + bX \quad (a、b \text{ 是常数}，b>0)$$

则期望效用 $E(U)$ 与期望收益 $E(X)$ 呈线性相关关系：

$$E(U) = a + bE(X)$$

故只有当 $E(X)$ 最大时，$E(U)$ 才最大。因此，在这种情况下，根据期望收益最大化原则选择的方案与按照期望效用最大化原则所选的方案是一致的。

四、降低风险的措施

从广泛的意义上说，大多数企业还是风险规避型的企业。这里介绍 3 种用来降低风险的措施。

（一）产品的多样化或多功能化

对于一个电器销售企业，它是只销售空调或电热器，还是既销售空调又销售电热器？因为不知道未来天气是较冷还是炎热，这就存在风险。如果天气较冷，只销售空调就会赔本；如果天气炎热，只销售电热器也会赔本。而如果既销售空调又销售电热器，那么不管天气较冷还是炎热，都可以赚钱，风险就被消除了。当然，如果生产的空调既可以制冷，又可以制热，这个问题也解决了。

（二）购买保险

我们知道，风险规避者为规避风险，宁可放弃一部分收入。事实上，如果购买保险的价格正好等于期望损失，风险规避者将会购买足够的保险，以使他们从任何可能遭受的损失中得到全额的补偿。由于信息不对称的原因，车辆保险存在逆向选择的问题，即保险公司不了解投保人的情况，会按其平均事故率收取保费。这就使得事故率低的投保人觉得不合算而退保，从而使平均事故率上升，保险公司又提高

保费，又使事故率较低的投保人退保。如此往复，愿意投保的人会越来越少，万一出现事故，受害人的利益就得不到保证。政府强制上路车辆投第三者责任险，就是为了降低由于信息不对称造成的逆向选择的风险。

（三）重视信息的价值

当存在不确定性时，企业是基于有限的信息进行决策的。如果企业能拥有更多的信息，它就可以进行更好的预计，风险也因此可以得到降低。因为信息是有价值的商品，人们必须进行支付才能享用它。完全信息的价值便是信息完全时进行选择的期望收益与信息不对称时进行选择的期望收益的差额。

让我们通过一个例子来看信息的价值如何确定。一家企业经理要确定秋季服装的订货量。如果订货 100 套，每套进价 180 元；如果订货 50 套，每套进价 200 元。该服装标出的售价是每套 300 元，但不知道其销路如何。当然卖不出去的服装可以退给厂家，但只能得到进价的一半价格。在没有足够信息的情况下，经理只能判断售出 100 套的概率是 0.5，售出 50 套的概率是 0.5。表 11-1 显示了该企业的可能收益。

表 11-1　衣服销售利润　　单位：元

	售出 50 套	售出 100 套	期望收益
订 50 套	5 000	5 000	5 000
订 100 套	1 500	12 000	6 750

如果没有其他信息，风险中性者一定会选择进 100 套，这样收益可能是 12 000 元，也可能是 1 500 元。但如果是风险规避者，可能会选择订 50 套，因为这样会有 5 000 元的固定收益。

如果企业有完全信息，就可以做出正确的订货决策。如果销量有 50 套，经理会订购 50 套，利润将为 5 000 元；如果销量为 100 套，经理会订购 100 套，那利润会有 12 000 元。这两种结果发生的可能性相等，所以在完全信息时，预计收入为 8 500 元。信息价值的计算如下：

完全信息下的期望收益：　　8 500　元

减去　不确定下的预计收益（订 100 套）　　－6 750　元

等于　完全信息的价值　　1 750　元

因此，为取得对销量的准确预计而支付 1 750 元是值得的，即使预计也不是百分之百的准确，但对于信息的投资会使以后销售预计更为准确。

五、企业风险价值链

风险价值链就是将识别、评估、防范等降低风险的活动按流程顺序联结而成的一个表示风险损失值由高到低的链条，如图 11-4。

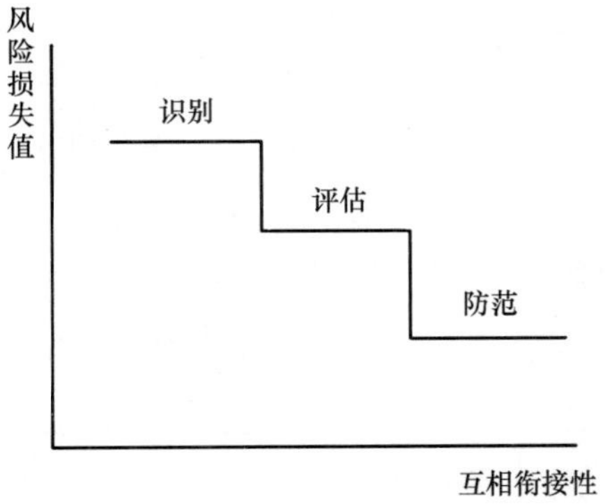

图 11-4 风险价值链

（1）风险的识别。这是指各类风险事件发生前运用具体方法对风险进行辨认和鉴别，是系统地连续地发现风险和不确定性的过程。只有准确地判断和识别企业所存在的风险，我们才能更加有效地防范企业风险的发生，减少风险损失。

（2）风险的评估。风险会对企业带来不利影响，但它是如何产生影响的，影响范围和程度有多大，持续时间有多长等，都需要企业做出明确的分析。企业在日常经营中对风险多是定性分析，但也有很多定量分析的方法。

（3）风险的防范。企业风险防范是风险价值链中最重要的一环，也是对企业风险进行管理的最终目的。在企业实际运作中，人们常采用保险、组合投资等各种措施减少或分散风险损失。

第四节 机遇和风险的双链互动

企业在追求机遇、实现收益最大化的同时，必须规避风险，实现风险的最小化。如果说企业经营是一个复杂的大系统，机遇价值链和风险价值链就是两个子系统。根据德国著名物理学家哈肯（Haken）的协同学理论，这两个子系统的协同行为产生出超越各要素自身的单独作用，从而形成整个系统的统一作用和联合功能。机遇和风险的双链互动，就是企业在寻机、乘机和创机的过程中，同时关注机遇的风险识别、评估和防范，实现机遇的最大收益和风险的最小损失的整体优化。

一、寻找机遇的同时识别风险

机遇与风险是矛盾的对立统一物。寻机管理旨在开发经营上的有利因素，促进企业更快发展，侧重于“趋利”。风险管理旨在通过克服经营上的不利因素，保证企业顺利发展，侧重于“避害”。双链互动，就是企业在制定经营战略、目标等重大决策时，正确把握机遇与风险的辩证关系，在寻机的过程中同时识别可能会出现的风险，既趋利又避害，进而使利趋向最大，害趋向最小。

在寻机管理中识别风险的方法很多，这里主要介绍三阶段法。这种方法就是在机遇来临的时候将识别风险的过程分为筛选、监测、诊断 3 个紧密相连的环节。

（1）筛选。分析人员对企业内部和外部的各种潜在风险因素进行分类，确定哪些因素是重点的风险源，为下一步工作奠定基础。常用“SWOT”矩阵进行此类分析。图 11-5 中，S 代表优势资源，W 代表劣势资源，O 代表企业经营机会，T 代表环境威胁。企业处境可分为 4 个象限。在第 1 象限，优势资源和经营机会相遇，爆发风险的可能性很小，是理想的经营境况；在第 2 象限，企业有优势资源，但存在环境威胁，有一定风险；在第 3 象限，企业有经营机会，但只有劣势资源，也有一定风险；第 4 象限，企业内部只有劣势资源，企业外部又存在环境威胁，企业处于内外交困的高风险境况，是识别风险时应重点关注的区域。

（2）监测。依据某种企业风险及其后果对涉及此类风险的过程、产生原因进行观测、记录和分析，掌握其活动范围和变化趋势。

（3）诊断。根据企业的风险症状、可能出现的后果与病因关系进行评价和判断，找出主要病因和关键风险点进行检查核实，对企业风险做出正确的诊断。

三阶段法可用图 11-6 表示。

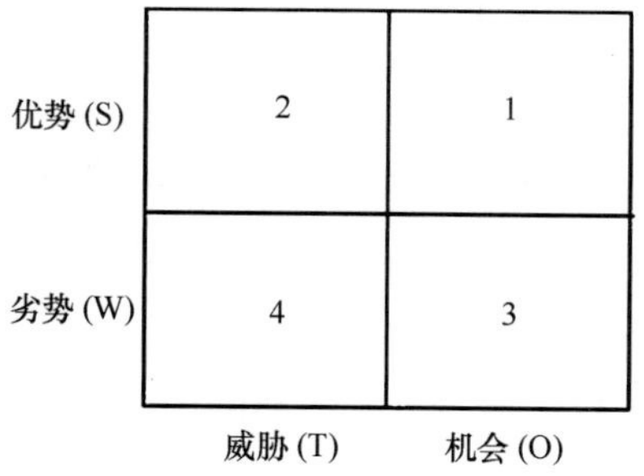

图 11-5　风险筛选

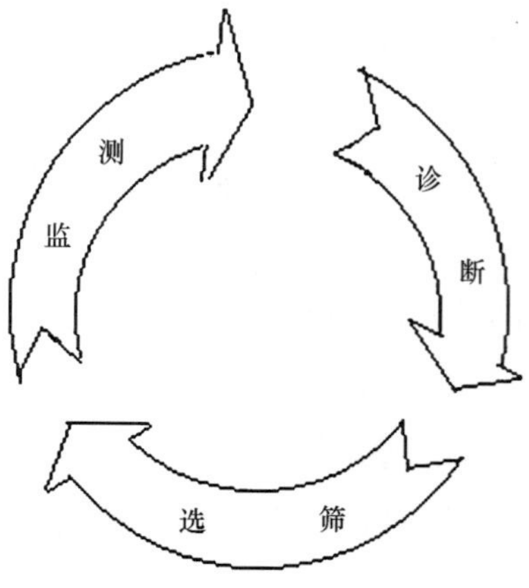

图 11-6　三阶段法

二、机遇收益和风险损失同时评估

企业经营中，我们既要看到机遇可能会带来的收益，也要看到风险带来的损失，并将两者进行比较权衡。如果机遇收益大于风险损失，就应把握时机、快速决策；如果机遇收益小于风险损失，就应谨慎从事，不可盲目决策。也就是说，

$$机遇收益 - 风险损失 > 0$$

对机遇收益的评价就是如何判断机遇的价值。机遇的价值就是该机遇对实现某一目标的意义与利用该机遇所必须付出的代价之比，即：

$$Vop = Vg \times Eop / Cop \quad (11-5)$$

式（11-5）中 Vop 表示机遇的价值；Vg 表示某一目标的价值；Eop 表示利用该机遇后实现该目标的可能性；Cop 表示利用该机遇所必须付出的代价。

例如，根据天气预报，某年夏天我国广大地区天气奇热，这对空调企业显然是一个增加收入的机会。假定我国空调市场需求因此将增加 300 万台，按每台 2 000 元计，总收入为 60 亿元。某企业原来生产电冰箱，为抓住这一市场机遇，计划并购一家国外空调企业，这样可向国内市场销售空调 35 万台。问该企业应不应该进入新的生产领域？

（1）计算收入目标值 Vg。

该企业收入目标价值 $Vg = 35×0.2 = 7$（亿元）。

（2）计算利用该机会后实现该目标的可能性 Eop。

因我国消费者对新牌空调持谨慎态度，估计通过加大促销力度后可在国内售出 18 万台，所以，$Eop = 18/35 = 0.514$。

（3）计算利用该机会的代价 Cop。

并购企业耗资 6 亿元；生产成本 35 万台计 5.2 亿元；销售费用（包括售后服务）每台 1 200 元计，12 000×17 万台 = 2.04 亿元；积压 18 万台折合市值每台 1 500 元计共 2.70 亿元，但要追加销售费用 2.04 亿元；生产线第 2 年市场价 4.8 亿元。这样，总代价为：

$$Cop = 60\,000+52\,000+20\,400-27\,000+20\,400-48\,000 = 77\,800（万元）$$

（4）计算该机遇的价值 Vop。

$$Vop = Vg×Eop/Cop = 70\,000×0.514/77\,800 = 0.46$$

所以，对于该企业来说，这个机遇的价值不大，不应贸然进入新的生产领域。如果该企业有充盈资金，可以修改自己的目标，不是并购国外企业而是购买国内某空调企业的股票，并在适当时候将其抛出，也许机遇价值可以大于 1。

三、乘机过程中防范风险

乘机就是指企业经营者根据所捕捉到的机遇，结合本企业经营的实际情况，制定新的经营方案，有组织有计划地开展经营活动，以获取最大的经营业绩。由于机遇与风险相伴而生，所以乘机过程中防范风险十分重要。

要防范风险，就要判断风险的大小，进行风险分析。风险分析就是对可能发生的某类风险进行预计、度量和估测。“双链互动”的一项重要任务，就是要不断降低企业的风险成本，提高风险收益。

风险成本有广义和狭义之分：

广义风险成本 = 预防费用 + 实际损失 + 处置费用

狭义风险成本 = 实际损失

一般来说，在风险的防范管理中，较多地是从广义角度来理解风险成本的，而在衡量比较企业的实际成本时，则主要考虑狭义的风险成本。

风险收益要比正常收益高，这是因为正是因为有风险，吓阻了一些企业的进入，使得产品数量少，价格高。也正是因为风险收益高于正常收益，才有多余出来的收益用以补偿风险成本。企业决策者在风险条件下决策时，不仅会希望获得正常回报，还会要求获得一定的补偿风险成本的收益，这部分多出来的收益又称为风险溢价。

风险收益也有广义和狭义之分：

广义风险收益 = 正常收益 + 风险溢价

狭义风险收益 = 风险溢价

一般而言，风险越大，风险溢价就越高，风险收益与风险成本是成正比的。这与一般常识也是一致的。如果没有较高的风险收益，谁也不愿意支付较高的风险成本。高科技开发具有很大的风险，因而风险投资（简称“风投”）成本相对较高，但若开发成功，其收益便远远高于一般的投资活动。运作风投的企业家之所以乐此不疲，看中的正是高额的风险收益。

在乘机过程中，如果风险不能很好防范，必然会造成严重后果。例如，中央电视台的广告效果很好，能当“标王”对提高产品的知名度会产生巨大的效应。某酒厂抓住机遇乘机而上，花巨资赢得标王称号，第二年、第三年又不惜血本继续争抢第一。殊不知因为没有进行风险分析和防范，最终使企业入不敷出，陷入困境。

防范风险一般有 3 种办法：第一是风险转移。金融衍生工具的不断出现，使得风险转移的可能性与可操作性大大加强。企业在乘机过程中应充分利用这些工具，达到规避风险的目的；第二是投资分散化。即“不要把鸡蛋放在一个篮子里”。分散投资就意味着分散风险，这里不仅要注意资产品种的多样化，还要注意资产组合时尽量降低各类资产的相关性，否则“城门失火”也会“殃及池鱼”；第三是购买保险。购买保险是一种比较保守但又可靠的避险方法，对于那些难以管理和控制风险的资产，可以交给保险公司管理，以便管理者能腾出手来经营其他资产。

参考文献

陈文汉. 2014. 现代企业管理学. 北京：电子工业出版社.

程华. 2009. 现代企业管理学. 北京：高等教育出版社.

崔卫国. 2017. 地方政府经济学. 北京：中国财政经济出版社.

高鸿业. 2014. 西方经济学（微观部分）. 北京：中国人民大学出版社.

厉以宁. 2015. 西方经济学. 北京：高等教育出版社.

梁小民. 1993. 西方经济学导论. 北京：北京大学出版社.

潘连柏，徐艳兰. 2017. 西方经济学. 上海：上海财经大学出版社.

孙家良，凤进. 2004. 现代经济学. 杭州：浙江大学出版社.

汤敏，茅于轼. 1996. 现代经济学前沿专题（第一集，第二集）. 北京：商务印书馆.

王爱民，张素罗. 2010. 管理学原理. 成都：西南财经大学出版社.

谢识予. 2002. 经济博弈论. 上海：复旦大学出版社.

张利庠，李宝山. 2008. 管理经济学. 北京：中国人民大学出版社.

R. S. 平狄克，D. L. 鲁宾费尔德著. 1997. 第三版. 微观经济学. 张军等译. 北京：中国人民大学出版社 .